社区家庭教育系列

培养孩子从规划开始

小沈妈妈的七堂家教设计课

王晓援◎著

中国社会出版社
国家一级出版社★全国百佳图书出版单位

图书在版编目（CIP）数据

培养孩子从规划开始：小沈妈妈的七堂家教设计课/王晓援著．—北京：中国社会出版社，2012.11

ISBN 978－7－5087－4197－0

Ⅰ.①培…　Ⅱ.①王…　Ⅲ.①儿童教育—家庭教育　Ⅳ.①G78

中国版本图书馆 CIP 数据核字（2012）第 247448 号

书　　名：培养孩子从规划开始：小沈妈妈的七堂家教设计课

著　　者：王晓援

责任编辑：杜　康

助理编辑：高　文

出版发行：中国社会出版社　**邮政编码：**100032

通联方法：北京市西城区二龙路甲 33 号新龙大厦

电　话：编辑部：（010）66061723

邮购部：（010）66081078

销售部：（010）66080300　（010）66085300

（010）66083600

传　真：（010）66051713　（010）66080880

网　　址：www.shcbs.com.cn

经　　销：各地新华书店

印刷装订：中国电影出版社印刷厂

开　　本：170mm×240mm　1/16

印　　张：16

字　　数：220 千字

版　　次：2013 年 1 月第 1 版

印　　次：2013 年 1 月第 1 次印刷

定　　价：32.00 元

前言
QIAN YAN

家教无规划，如同“施工无蓝图”

盖间草房，心里有个大致尺寸就可施工，而盖大楼，没有设计蓝图是不行的。父母把孩子培养成才，比盖大楼要复杂得多，更需要精心规划，全面设计。

楼盖歪了可以推倒重来，家教失败了却无法挽回。几年前，湖南岳阳有位母亲，一心扑在儿子学习上。聪颖过人的儿子13岁就令人羡慕地考上了大学，后来却因严重性格缺陷黯然肄业回家。没有合理规划设计，导致这位母亲品尝到失败的苦果。

家教规划设计，是父母们最值得去做的一件事。

首先，有科学合理的家教规划，尤其是书面规划，头脑中会形成系统的家教框架。将来如何教育孩子，心里就有了底，家教起步后不会出现培养空档，从而杜绝重大失误。

其次，可以避免孩子出现难以纠正的毛病。目前，有些图书专门指导父母纠正孩子毛病。老实说，有些顽固性毛病是父母长期施教失当造成的，很难纠正。与其后来纠正，不如压根没有。有科学合理的家教规划，一开始就对孩子实施正确教育影响，可杜绝这类毛病出现。

最后，科学合理的家教设计，会引领父母把爱与教育统一起来，既收获孩子成才，又收获无限亲情与家庭幸福。

本书把优秀孩子培养分解成七个目标，涵盖较为全面。全书共七章，每章介绍一方面内容，附录有该方面的培养规划。

就每一个目标而言，实施培养都是一个相对独立的系统，有自己的操作特点与逻辑。孩子具有某种品质或能力，是从无到有的形成过程，进行培养要考虑有哪些决定性要素，最初何时下手，怎样下手，接下来需要做什么；还要考虑孩子成长的阶段不同，出现问题各异，父母如何应对为最佳选择，注意避免哪些错误。本书每章对规划实施过程的介绍与演示都是基于这种认识而展开。

书中主人公小沈妈妈是一个创造出来的好妈妈形象，融合了我所熟悉的三个优秀父母和其他成功父母的优点。这三个父母各有所长，孩子不是保送浙大就是高分进了清华，还有一个“闯入”了多伦多大学。除了去清华的孩子身体欠佳之外，其他两个都是国家二级运动员。这三个父母都是有心人，对如何教育孩子事先都有自己的一套设想，其中有一个考虑得还比较全面，但都没有形成文字。

本书能形成系统的家教框架，要感谢他们以及所有在这个领域辛勤实践的父母。唯愿他们的经验教训对读者朋友有所帮助，有所启发，在培养自家宝宝中获得成功！

目录 Contents

看，自强的孩子勇于克服困难，赢得起也输得起，能战胜自身弱点……

培养孩子自强，父母须具备三种本领：会抓、会说、会做。会抓，是善于发现孩子出现的问题，不失时机地进行教育帮助。会说，是善于让孩子理解并接受自己讲的有关道理。会做，是能够提供可行的好办法并帮助孩子逐步实施。

“先下手为强，善下手为智，巧下手为能。”这个原则也适用于开发孩子学习潜能。“先下手”是立足于早开发。“善下手”是强调善于识别机会，能准确抓住时机大做开发智力的文章。“巧下手”则着眼于使用最有成效的办法，激发孩子兴趣，拓宽孩子视野，引导孩子思考。

开发孩子学习潜能是家庭教育中最具魅力的部分之一。父母能充分施展自己的才华，奏响美妙乐章。

第一课

让孩子有健康体魄

孩子身体健康，是多种因素共同作用结出的硕果。良好饮食习惯，喜欢运动，作息有序，穿着适度，讲究卫生等，这些要素构成了孩子的健康系统框架。有趣的是，这些看似彼此孤立的要素有着密切联系，相互影响与作用。父母若谙熟此道，就会像洞悉绘画奥秘的丹青高手进入创作状态一样，在育儿过程中充满乐趣。

1. 爬行，孩子运动第一课

不久前，小沈妈妈问几位刚刚做了母亲的年轻朋友：要想孩子身体健康，除了科学喂养与护理之外，从运动训练的角度看，最初应当从哪些动作或运动时期重点下手，让孩子打下一个好身体底子，开始具有运动习惯？几位年轻母亲一脸茫然。

小沈妈妈提示说："孩子抬头，翻身，抓握，坐立，爬行和行走，重点训练哪一个？"她们思量片刻，还是不知怎么说才好。小沈妈妈说："爬行。"随后，她讲了一个故事。

想当年，有个姓赵的老师到朋友家串门，正碰上朋友的儿子骏骏下床后趴在地上，刚刚抬起一只小手想往前爬，就被朋友揪了起来："多脏啊，不准在地上爬！"

这位朋友没有让孩子运动锻炼的意识，更不知道爬行在孩子成长过程中的重要性，他爱人也没有这方面知识。骏骏在床上时就很少活动，所以下地学走路很晚，从6个月起经常生病，动辄感冒发烧。小学时候每隔两三周就要去一次医院，直到上了高中才好一些。因为病病怏怏经常请假，落下的功课补不上，骏骏学习成绩一直不理想，是这位朋友多年来挥之不去的心病。

婴儿落地，看似嫩弱不堪，但这个小生命体内蕴藏着巨大潜能，其中也包括运动潜能。父母能否有意识地积极开发这种潜能，对孩子的健康乃至生活习惯都影响巨大。爬行，就是父母应当抓住的第一次须重点开发的运动机会。

一般来说，孩子6个月左右开始有爬行要求。他们翻身趴在床上用力抬起头来，见到前面有玩具或其他什么东西，会试图爬过去拿到手里。他们这时肌肉发育和肢体协调能力很差，往往爬行一二步，就会支撑不住倒在床上。有些父母见宝宝累倒在床上，就赶忙把孩子抱起来，人为中止孩子运动。

爬行跟抬头、翻身等动作不同，是全身性运动，能量消耗大。爬行时必须抬头，用四肢支撑身体的重量，克服重压前行，脖颈、手臂、腰腿和胸腹的肌肉、骨骼都能得到很好锻炼，促进全身协调，还通过视觉、听觉和触觉等刺激大脑活动，既强身健体又练脑益智。

孩子爬累了，倒在床上喘息，是在恢复体力。如果他休息之后能坚持继续爬行，挑战自己已有的运动能力，不仅可以增加肌肉力量，还可以磨炼意志。日后孩子锻炼身体不怕吃苦流汗，从某种意义上说就是发端于此。如果此时父母中止孩子运动，那么损失很难弥补。

儿子君君爬行累倒在床上，小沈妈妈总是等他再抬起头来的时候微笑着向他招手示意，或者把君君喜欢的小玩具放在离他很近的地方，轻轻说：“好宝宝，爬过来。对，就这样，真好！”

只要君君付出了努力，哪怕只能再爬半步，小沈妈妈都要说几句鼓励赞扬的话，并且亲亲君君的小脑门。尽管希望儿子多爬多练，小沈妈妈并不认为爬行活动越多越好。君君现在还很稚嫩，爬行锻炼要适度，不能过分。“过犹不及”在这里也是适用的。运动习惯以及坚韧毅力的形成，不在一朝一夕，须循序渐进，持之以恒。

君君腰腿手臂的力量越来越大，偌大一个双人床，已经不能满足他的需要，该下地爬行了。家里铺的是地板砖，小沈妈妈感觉太硬，也太凉，就和老公一起去超市买了带图案的“宝宝爬行地垫”，又把爬行时伸手可及的电源插座及其他危险物品都做了保险处理。

君君第一次下地，可能是觉得很新鲜，兴奋得一口气爬了将近2米。只要没有危险，小沈妈妈对君君爬行一概不加阻止，不会劝阻说“宝宝累了，休息休息吧”之类的话。

为了提高君君爬行的兴趣，小沈妈妈时常在地垫上放些君君喜欢或者是没有见过的小玩具，有时只是一个竖立起来的彩色塑料瓶，或者是一个拳头大小的彩色塑料空心球。后来，家里又买来一些拼图地垫，加上原有的把客厅地面铺得满满当当不说，还延伸到卧室里，让君君在更加宽敞的环境中玩耍锻炼。

小沈妈妈买了一个布艺猴子，用一根细绳拴在猴子尾巴上，另一端拿在自己手里。布艺猴子一放到君君面前，君君就想抓到手。小沈妈妈轻轻拉动猴子，让猴子不断后退，引得君君使劲往前爬。看君君爬得差不多了，她就停下手来，让君君一把抓住，获得成功的喜悦。后来，追逐布艺猴子成了君君特别喜欢的游戏。

随着时间的慢慢推移，君君爬行的距离越来越远，速度越来越快。终于有一天，小沈妈妈发现君君自己扶着沙发站了起来。爬行，让君君吃饭香，睡眠酣，小身体越来越结实。

2. 饿一点更愿吃饭

良好饮食习惯有两方面内容，一是膳食结构合理，一是良好就餐习惯，都需要从头抓起。从头抓起，事半功倍。等问题出现了再纠正，就难上加难了。

在网上曾见过一个帖子，开头第一句话是：“哭死，表弟这辈子估计最多也就长到1.5米了。”帖子里的“表弟”是发帖人叔叔的儿子，当时刚上初中，因近一年时间几乎没有长高，父母带他到医院检查，发现骨骺已经闭合，长高无望了。叔叔婶婶个头都不矮，为了儿子长得高大健硕，其正餐鸡鸭鱼肉就不用说了，餐后还不断补充大量钙片和各种补品。现在，叔叔婶婶后悔得要死，但为时已晚。

孩子膳食结构不合理，都是父母或家里老人造成的。帖子里的事很典型，但毕竟是个例。孩子喜欢吃肥肉的情况不算很少，父母多有反映，并且求教该怎么办？这些孩子大部分是两三岁，甚至不到两岁。

有的父母说：“宝宝不吃青菜，就喜欢吃肥肉，有瘦肉也吐出来，谁有好办法?”还有的说：“孩子只吃肥肉，肉和饭掺在一起就不吃了，怎么办呢?”

这种膳食结构对孩子发育成长十分不利，对孩子未来健康更不利，不少患心脑血管疾病英年早逝的中年人当初也是这样“贪食肥肉”。上面两位父母求教该怎么办，在局外人看来，解决这个问题非常容易：你做饭不放肥肉不就OK了？

但是可怜天下父母心！身为父母，就知道这样做有多么难了。还是那句话，如果一开始就“正确操作”，也就没有这个问题了。建立孩子合理的膳食结构，从头开始既能让孩子健康，又可免去很多烦恼。

孩子断奶后吃“过渡餐”，父母大多能注意荤素搭配，做到“碎、软、烂”。过渡完成之后，孩子开始和父母一起吃饭，问题往往出在这个时候。父母膳食结构合理，孩子自然受益，但有些父母眼睛喜欢盯着孩子，发现孩子喜欢吃什么，就多做什么来满足孩子。时间一久，孩子偏食的毛病就出来了，其中也包括偏食肥肉。

小沈妈妈和老公的口味偏重鱼肉，对红烧肉也情有独钟，每周一饱口福，起码要3顿以上。她怀君君的时候潜心学习育儿知识，才连带发现自己饮食习惯不好，不仅损害自己身体，还有可能影响孩子，遂下决心改变。鉴于自己过去因缺乏饮食知识而造成损害的教训，她在餐桌上很注意饭菜的营养成分及其对人体的作用，引导君君的膳食取向。君君受益于妈妈的科学认识，饭食素多荤少，辅以水果，吃得很健康。

三岁左右的孩子养成偏食习惯，纠正起来并不难，关键在父母有没有决心和正确的纠偏方法。就说偏食肥肉吧，父母可采取逐步减少“肥肉供给”的菜品替代法。减少肥肉供给可几天减少一点，没有明显变化，在不知不觉中减到最低限度。在减少肥肉的同时，增加孩子爱吃的肉丸、肉饼或肉包等瘦肉含量多的替代品。

如果孩子拒绝进餐，父母不要妥协，不要怕饿坏孩子。饥肠辘辘时，没有一个孩子会拒绝送到面前的饭菜，哪怕里面没有一点肉星。需要强调的是，父母态度坚决，不等于态度生硬，也不等于说话难听。

孩子膳食结构不合理是父母或家里老人造成的，那么过快或过慢的不良就餐习惯又是谁造成的呢?

强强上小学一年级了，吃饭慢得像蜗牛，筷子在手里摆弄过来摆弄过去，一个小时才吃半小碗米饭。妈妈天天催他快吃，有一次拿出剪刀来吓唬他，也无济于事。尤其是早上，要赶着送他上学，看他慢悠悠的样子，妈妈恨不能打他两巴掌。

妈妈曾变着法地做强强喜欢吃的饭菜，也曾提出一些奖励办法哄他快吃，可是都没有奏效。上周末，强强吃了两口米饭，又磨蹭起来。妈妈让他快点吃，他又撇嘴又摇头。妈妈本来就烦，火一下蹿上来，打了他手一下，筷子飞了出去。强强大哭，赌气把嘴里的饭吐得干干净净。妈妈觉得自己快崩溃了。

单看这些情况，是强强不好，吃饭太拖拉，妈妈努力纠偏是对的。如果往上追根溯源，就会发现问题并不这么简单。

强强三个月大的时候，妈妈停奶了，给他喂奶粉。妈妈总觉得对不住孩子，想方设法让他多吃。小孩子饭量大小，没有统一标准。妈妈见人家孩子能吃150毫克奶粉，也让强强吃150毫克。其实，强强的饭量只有100毫克左右，剩下的50毫克只能边玩边吃。妈妈怕奶凉了对胃不好，有时要把奶热好几次才能喂完。强强吃饭慢的毛病就是从那时起开始形成的。

孩子吃饭和大人一样，饥饱自知。饿了，就吃得又快又香；饱了，自然慢慢腾腾。解决这个问题，父母只需有一颗平常心，尊重孩子的感受，发现孩子不想吃了，就不要喂了，不要等一会儿再喂一点，再等一会儿再喂一点……

孩子吃奶时没有养成不良习惯，是不是以后也不会再有呢？这也要看父母是否有心正确教育影响孩子。

多多小时体质较弱，吃奶尚可，妈妈从来没有像强强妈那样对他“超灌”，所以没有养成边玩边慢慢吃的习惯。现在，他已经上小学四年级，喜欢边看电视边吃饭，小小年纪，经常胃部隐痛。

多多父母有个看着电视吃饭的习惯，多多坐上餐桌以后，也跟着大人边看边吃。不久，他学会了自己吃饭，爸爸妈妈吃完了，就留他一个人在饭桌上慢慢吃。后来，有时家里吃饭忘了打开电视，他就自己去打开，看电视成了吃饭不可分割的一部分。爸爸妈妈看电视不误吃饭，他就不行了，经常看着看着就忘了咀嚼，经爸爸妈妈提醒才想起来。

后来上了学，多多成绩较差。妈妈开始“纠偏”，大致说来，经历了“讲道理—提醒催促—责骂—关电视机—动手打”这样一个过程。结果多多坏毛病没改，还因吃饭时闹别扭伤了自己的胃。

一般来说，孩子三四岁就已经形成稳定的就餐习惯，出现问题的孩子只是少数。父母担心孩子吃不饱而硬喂，是导致出现不良就餐习惯的主要原因，另外父母自身就餐习惯不好或者不自觉纵容孩子吃饭时玩玩具、看图书等，也是重要原因。从时间节点看，断奶后是最早可能出现不良就餐习惯的时段。这时，父母只要进行目的明确的引导，以后再出问题的可能性就很小了。

孩子已经养成了不良就餐习惯，只要父母方法正确，纠正过来是没有问题的。以强强吃饭太慢为例，妈妈催促他“快点吃饭”，催促几次发现无济于事之后，要果断停止这种纠偏方式，考虑怎样做才有实效。

妈妈可以告诉强强，吃饭太慢危害身体健康，希望他能主动吃得快一些。在这件事上，妈妈可以帮助他。

接下来就进入实质性帮助，确定一顿饭所需时间。现在强强一顿饭要用 40 分钟才能吃完，而多数孩子仅需 15 到 20 分钟。根据逐步减少的原则，这个月的奋斗目标就确定为一顿饭用 35 分钟。善于做工作的妈妈会让孩子参与制订减时计划，并且让孩子乐于接受妈妈的建议。

实施减时计划，要有必要的奖惩。治家之道和治国之道是相同的，要有奖惩，并且奖惩要分明。

吃饭时把表放在饭桌上，到时间没有吃完也不再延长，把饭菜撤掉。这是“惩”。妈妈不要担心会饿着孩子。体会到挨饿的滋味，孩子下次吃饭就会加快速度，再说饿几次也不会影响生长发育。

“奖”，就是孩子在规定时间内吃完饭，及时表扬。表扬可以是口头的，也可以剪朵小红花贴在孩子床头上，每次一朵，让孩子体会成功的喜悦，提高落实减时计划的积极性。

按照每月减少 5 分钟的进度，不出意外，强强 4 个月后就可改掉吃饭太慢的毛病。

君君在吃饭问题上没有养成不良习惯，该吃饭时坐下就吃，不紧不慢，也不挑食。家里早就立下规矩，吃饭时不能做别的事情，玩具之类的东西不能带上餐桌。有一次，君君想破戒，没有“得逞”。

那天，爸爸给他买来一些恐龙图片，他喜欢得不得了。吃饭的时候，把恐龙图片放在自己碗筷旁边，打算边看边吃。小沈妈妈让他把图片拿掉，说：“吃饭就是吃饭，不准做其他事情。”君君不肯，说：“爸爸怎么能做其他事情？”

确实，爸爸有时把报纸放在餐桌上，边看边吃。小沈妈妈心想，这小鬼头还挺会找理由呢，就说：“爸爸做得不对，也要改正。你看，爸爸马上就会把报纸收起来。”说着，用胳膊肘轻轻捣了老公一下。

老公笑了笑，说：“好吧，爸爸知错就改，以后吃饭不看了。”说着收起报纸站起来，把报纸放到沙发上。此后，君君再也没把无关的东西带上餐桌，吃饭就是吃饭。

一手抓“膳食结构”，一手抓“就餐习惯”，两手都要硬，才能使孩子养成健康饮食习惯。回想起来，小沈妈妈在这方面没有花费多少精力，君君的好习惯就养成了。这是不是得益于起步时就有“两手都要抓”的认识呢？笔者认为应该是。

3. 冷水浴

小儿疾病五花八门，但最常见的是感冒，感冒容易引起诸多并发症。因此，不少父母很害怕孩子受凉引发感冒，一有风吹草动就给孩子多加衣服，结果适得其反。

欣欣上小学的时候就获得了一个绰号，叫“卷心菜”，因为他穿的衣服太多，就像卷心菜叶一样一层又一层包裹着小身子。每年入冬以后，他就经常感冒发烧，请假看病耽误了很多功课。

欣欣第一次感冒是在7个月大的时候。本来，他盖着小被子睡在妈妈身边。妈妈半夜里睡得迷迷糊糊，觉得身边有点冷，下意识一摸，发现欣欣已蹬开小被子滚到床边，身上冰凉。第二天下午，欣欣就开始流鼻涕。晚上9点多，妈妈摸了一下他的额头，发现有些热，一试体温表，37.9度，赶忙给他喝了一点温水。快到11点的时候，欣欣哭闹起来，又试了一次体温，38.4度。妈妈慌了，急忙和老公抱着他打车去医院。欣欣一开始是吃药，后来高烧下不来就挂上了吊瓶。

这次经历，让妈妈得出一个教训：孩子，决不能冻着。于是，她特意去买了防踢护肩婴儿被，并且天一冷就给欣欣加衣服。她觉得，哪怕多穿点，也比冻着感冒发烧强。

欣欣呢，一点也不争气，平均四五个星期感冒一次，一感冒就发烧，一发烧就是38度以上。现在上初中了，妈妈还是整天提着一颗心。

对于小儿感冒，小沈妈妈是这样认识的：小孩子是弱小的生命体，但却是成长中朝气蓬勃的生命体。他们抗拒疾病的能力，是在跟形形色色疾病的斗争中发展起来的。父母应当相信，孩子自身具有对感冒等疾病的抵抗力，尽管在生命之初它很微弱，但在斗争中会越来越强大，若放弃斗争则微弱依旧。

所谓“跟感冒斗争”，是调动自身的力量战胜感冒，尽量减少对药物的依赖。依赖药物，会加快痊愈的进程，但孩子自身的抵抗力却有可能因失去“斗争”机会而无法强大起来。父母在孩子感冒时要把握好一个“度”：既不能放弃对孩子的护理，又不能过分依赖药物。

君君第一次感冒，也是受凉引起的，开始的时候有点鼻塞，额头微热。小沈妈妈看他蔫蔫的样子，十分心疼，但没有贸然给他服用家里的感冒药，而是多给他喂水，多削些水果给他吃，看他能否挺过去。

第二天晚上，君君体温很快升到了38度，小脸烧得红扑扑的。小沈妈妈赶紧抱着君君，和老公一起去了家门口的社区医院。医生诊断后说：“体温38.4度，可以考虑挂吊瓶，把体温迅速降下来。”小沈妈妈知道，孩子高烧不超过38.5度，不必用退烧药，看了老公一眼，然后对医生说："这样吧，还是开点口服药吧。"医生有点不高兴，给开了泰诺林和希刻劳。

回家后，小沈妈妈仔细看了两种药品的说明书，决定先给君君喂一点希刻劳。泰诺林属于退烧药，等君君烧过38.5度再说。晚上九点半，君君烧到了38.5度，小沈妈妈没有贸然用药，也没有添加衣被给他"捂汗"，而是不断用温水给他擦身降温。下半夜，体温有所下降。烧到第三天的时候，君君体温到了38.6度，小沈妈妈有些沉不住气，差点用上泰诺林，但还是忍住了。没想到，君君挺到这一天烧就退了，精神好起来，饭量也大了。小沈妈妈长舒了一口气！

君君再次感冒是在9个月以后，算是感冒很少的孩子了。这当然要归功于小沈妈妈。她除了注意孩子感冒时尽量少用药，促使其自身产生抗体之外，还注意让孩子适应外界环境变化，平时少穿些衣服，不因孩子曾受凉感冒而将他包裹得严严实实，就是发烧时也没有多加衣服。

在小沈妈妈看来，孩子多穿衣服，直接的害处主要有两点。第一，穿得多必然身上热，身上热往往不想活动，而且穿得多活动不方便，遏制孩子的运动冲动。缺乏运动的孩子是很容易生病的。第二，穿得多，一活动就出汗。孩子热得难受，就忍不住要脱衣服，这时候最容易着凉感冒，因为人出汗时毛孔张开，风寒最容易侵入。孩子少穿衣服，经常保持"三分寒"状态，则可避免这些弊端。

平时，孩子少穿些衣服倒不难，难的是在遇到大风降温时怎么办。每遇大风降温，医院里总是挤满感冒就诊的孩子。这些孩子突发感冒，确实有不少是因为受凉过度，但也有不少是父母对大风降温过于恐惧，给孩子添加衣服过多所致。

我们都有这样的生活经验：持续的大风降温很少，大多是冷空气前锋来到时气温降幅较大，而后气温则逐渐回暖。气温降幅较大时，只可适当给孩子添加衣服，不可保暖过度，等气温回暖再逐步减少。

让身体适应外部环境变化，也存在一个"两手抓，两手都要硬"

的问题。一手要抓的是“穿衣服要适量”，另一手要抓的是“冷水浴”。给孩子洗脸洗澡，水温要适当凉一些。

这样一说，大概不少父母会担心孩子适应不了：“孩子太小，用凉水哪行啊！”

在人类前行的历史中，发现过熊孩、豹孩、猴孩甚至绵羊哺育的小孩，其中以1920年在印度发现的两个狼孩最有代表性。被发现时，大的大约8岁，小的估计才3岁。她们不肯吃熟食，专吃生肉；不肯穿衣服，但一点也不怕冷。这说明什么呢？说明幼儿适应环境的能力十分惊人。在温室中生长，可以适应温室的环境，长得弱不禁风，经不起寒风冷雨。在野外生长，则可适应野外的环境，经受狂风暴雨的考验。同理，只要引导得当，我们的孩子完全可以用温度稍凉的水洗浴，适应天气的冷暖变化。

记得有个同事患有挺严重的鼻炎，一到冬天就犯病。每年一入冬就带上大口罩，受了好多罪。有一次，我对她说，用凉水洗脸，增加鼻子的耐寒力，说不定管用。后来有一天她对我说，你说的办法真好，我今年鼻炎基本没犯。当然，她是成年人，但洗冷水耐寒是普遍现象，对孩子也适用。

小沈妈妈是这样做的：君君是年底生人，从第二年夏天开始，无论洗脸洗头还是洗澡，都是使用凉水。洗脸好说，洗澡要注意有个小过渡，让君君有个适应过程。

洗澡，先用凉水轻轻拍湿身体，然后逐渐加大水量。夏末秋初，天气渐渐转凉，适应过程逐渐加长。

洗澡要依照先“点”后“面”逐渐铺开的原则。先用凉水洗孩子一只小手和上臂，再扩大到整个胳膊。洗完一只胳膊，再顺次洗另一只。洗完后，才用凉水拍打孩子的前胸，再拍打后背。等孩子适应了，再站到水盆里。

入秋以后，如果孩子觉得凉，可坐在水盆边上，妈妈先用凉水拍洗他的一只脚和小腿，等他适应了再伸进水盆，然后拍洗另一只，如法炮制。最后，逐渐完成全身洗浴。

到了11月，已经颇有些寒气。用凉水洗脸问题不大，洗澡就会感觉有些凉，必要时可以在澡盆里添加适量的热水。孩子是需要鼓励的。小沈妈妈经常赞扬君君，说他是“是好样的”，“敢用冷水洗澡，比爸爸妈妈都强”。君君听到这些话可来劲啦，小胸脯一挺，十分自豪。

话虽这么说，小沈妈妈还是根据实际情况来合理调节水温。一般到了11月中下旬，在洗澡水中添加的热水就比较多了。入冬以后，就不再用凉水，而用温热的水。不过，君君进入澡盆以后就不再添加，直到最后。到来年4月前后，再恢复使用稍凉的水。总的来说，洗脸可以一年四季用凉水，洗澡在冬天要使用温热水。

4. 运动与三分饥寒等良性互动

婴幼儿运动大致有两个时期，一个是本能运动时期，一个是兴趣运动时期。

正常使用手脚腰腿，进行伸手、弯腰、爬行、走路及跑步等活动，是日常生活所必须具备的身体能力。孩子为获得这些身体能力而进行的运动，是本能运动。孩子获得这种能力，一般是在两岁之前。也就是说，从孩子出生到两岁之前，是孩子的本能运动时期。

这个时期的孩子，在生命成长的强大内驱力下，自发进行运动，有点像刚下生的小鹿，自己摇摇晃晃地顽强站立起来，力求能够尽快站稳并且奔跑。在本能运动时期，孩子从翻身到爬行，从走路到小跑，动作发展迅速。父母不必多么操心劳神，孩子也会或早或晚自我获得这些身体能力。

正因为如此，有些父母误以为孩子会一直这样“自发”下去，所以忽略了对孩子兴趣运动的引导。兴趣运动，是为提高孩子自身运动能力而进行的锻炼活动。父母在这方面对孩子的影响很大，不管是有意的还是无意的。

“我儿子快3岁了，一点也不喜欢活动，身体很弱。”孟女士说，“平时不是坐着翻看图片杂志，就是在本子上画来画去，好长时间不挪窝。差不多每个月都要生病，十天八天好不了。我和他爸爸都很着急，有时撵他出门活动。他出去走不了几步就站住，站一会儿之后，又回来坐下看书画画。你说，这孩子是不是天生就不爱活动啊?”

孟女士和老公都是高学历人士，在农科院从事研究工作。他们对儿子膳食搭配很在意，更重视儿子智力开发，买图书杂志，购画本颜料，乐此不疲。在他们头脑中，几乎没有“引导孩子运动”这个概念，因此在这方面投入的精力微乎其微。她儿子不爱活动并非天生，是与她和老公缺乏孩子运动习惯培养意识，无意中营造的不良环境分不开的。

抬头，翻身，伸手抓握，坐立，爬行，行走和跑步等，都是孩子本能运动时期的运动形式。前面曾介绍过，在本能运动时期小沈妈妈最重视的是孩子爬行训练，为此想出了不少办法，付出了智慧和汗水。

孩子在本能运动阶段打下良好的身体基础，并不意味着此后自然而然喜欢运动。孩子在本能运动时期获得了能够进行日常生活的身体能力之后，自发运动机能因完成了历史使命而迅速衰退。一个新的运动时期——兴趣运动时期开始了。

这时，孩子对世界充满了好奇，身体也具备了初步的运动能力。如果引导得当，他们能够逐步养成运动的好习惯。不加引导，甚至有意无意进行实质意义上的阻拦，他们也能丧失运动兴趣，变得爱静不爱动。孟女士的儿子就是属于这种情况。

早在孩子本能运动时期，孟女士就没有重视培养儿子的运动习惯。翻身啊，爬行啊，就不用说了，单说走路吧。儿子刚学会走路的时候，去稍远一点的地方，她怕儿子累着，仍然放在童车里，自己推着走。后来在小区附近闲逛，也怕儿子摔倒，不断大声对前面的儿子下达抑制性命令："别跑！慢点走！"还时不常紧赶几步，把儿子拉住。

小沈妈妈正相反，君君刚学会走路的时候，尽量让他自己走。那时，君君的姥姥刚退休，在这里帮忙。小沈妈妈嘱托母亲，常领君君到外面走走，任由小家伙跌跌撞撞到处"闯荡"。

外出游玩，君君走累了，常停下来向妈妈伸出小手，让妈妈抱。小沈妈妈则会蹲下身子，抱起他走上一段。有时路远，君君"贪图安逸"，想一直让妈妈抱着走。小沈妈妈会疲惫地说："妈妈也累了，快抱不动你了，还是你自己走一会儿吧。将来妈妈老了，走不动了，还要你来抱呢。你要好好锻炼，才能长得有力气抱妈妈呀。"这样一说，君君就爽快地从妈妈怀里下到地上。这时候，小沈妈妈总忘不了表扬他几句。

君君不到一岁半就已经会跑，小沈妈妈担心他像有些孩子那样出现"运动惰性"，给他设计了多种保持运动势头的办法。这些办法的共同特点是能引起他的好奇心和新鲜感，在运动中得到快乐。

去植物园漫步各个园区，观赏各种各样的植物；到动物园参观各动物场馆，看老虎打盹，看孔雀开屏，看猴子上蹿下跳……不知不觉间，君君又走又跑，忘记了疲劳。

在家里及附近地区，小沈妈妈和君君玩捉迷藏游戏，还进行拍皮球和滚地球比赛，时常故意输给君君，以免他失去继续玩的兴趣。

君君最喜欢的游戏是"踩蛇尾"。小沈妈妈编了一条小拇指粗细的绳子，大约有1.5米。游戏时，绳子的四分之一左右在地上。小沈妈妈一边拿着绳子轻轻舞动，一边倒退，让绳子像蛇一样蜿蜒游动。每一轮游戏，君君都可以踩两次，只要踩到一次，就算获得了胜利。奖品是弯曲食指轻轻刮一下妈妈的鼻子。如果两次都没有踩到，那么妈妈就胜利了，可以同样刮一下君君的鼻子。

其实，小沈妈妈完全有能力让君君脚脚踩空，但她总是掌握得让君君赢多输少，越玩兴致越高，身体能够充分活动。

君君5岁的时候，小沈妈妈开始培养他晚上出来跑步。吃完晚饭一个半小时以后，小沈妈妈就和君君一起下楼，从楼下拐角处顺着路边小路围着楼群慢慢小跑。刚开始的时候，一次跑四五分钟，然后溜达回家。后来，君君跑步速度加快，时间也逐渐增加到15分钟左右。除了遇到下大雨等恶劣天气以及其他特殊情况，跑步没有间断过。

后来，跑步的习惯一直伴随君君，中长跑是他的运动强项，篮球打得也很出色。小沈妈妈和老公个头都不高，君君却长出了1.87米的大个子，健硕挺拔，朝气蓬勃。

附录

孩子健康习惯培养规划

一、培养目标

18 岁成年时，身体健康，有下列良好习惯：作息规律，讲究卫生，喜欢运动，膳食结构合理，三分饥寒，适当冷水浴。

二、指导思想

着眼于让孩子养成“运动”的习惯。其他相关习惯，如饮食习惯与着装习惯等，要与“运动”形成良性互动。

各种健康习惯尽早培养，从起始阶段开始下手，不能等不良习惯形成之后再来纠正。

三、实施设想

1. 培养良好运动习惯

运动习惯培养分为两个时期，本能运动时期和兴趣运动时期。

本能运动时期（从开始进行床上活动到走跑成熟），重点引导鼓励孩子爬行，促进身体发育，为将来形成运动习惯打下良好基础。

兴趣运动时期（走跑成熟之后），用游戏等方式，积极引导孩子进行经常性跑跳投掷等活动，将孩子本能运动时期勤于活动的优点巩固下来并继续发展，形成良好运动习惯。发现孩子有某项运动特长，创造条件令其充分发挥。

2. 培养良好饮食习惯

膳食：结构合理，营养均衡。

就餐环境：不提供电视节目、画册、图片，也不提供玩具及其他物品，营造孩子专心吃饭的氛围。

餐桌语言：多讲各类菜蔬果品肉类所含营养成分及对人体的好处，不说某饭菜不好吃，鼓励孩子“杂食”，养成不挑肥拣瘦的好习惯。孩子吃饭好，要及时夸奖。

饭量：以孩子集中精力进食，停止为吃饱的判断依据，不拖延时间，不劝吃，不硬塞。

在孩子三四岁的时候，将良好饮食习惯固定下来。

3. 培养良好着装与沐浴习惯

若孩子是冬天出生，则在第一个暑期之后（若孩子是夏天出生，则在第二个暑期之后），随着天气转凉，有意识地适当用凉水沐浴，同时有意识地适当少添加衣服，为孩子创造有利于运动的着装条件，增强孩子自身活力，逐步适应寒冷，适应即将到来的严冬。有目的坚持数年，直至孩子养成习惯。

4. 培养良好作息习惯

5. 培养良好卫生（包括口腔卫生和用眼卫生）习惯

第二课

自立自主，自我担当

家教意义上的自立自主，是能够不依赖父母而生存，遇事自己做主并对自己的行为负责。自立自主的涉事范围十分广泛，吃、穿、住、行、玩、学习和劳动等均在其中，但最容易被我们忽视的是经济上独立自主。孩子成人后脱离家庭，也是以经济上独立为重要标志。

培养孩子自立自主，自我担当，是全方位系统操作。操作时依据的原则为“五让”：主意让孩子自己拿，事情让孩子自己做，责任让孩子自己负，零花钱让孩子自己挣，赔偿让孩子自己适当承担。

1. 有意识“旁观”

“宝宝”1岁左右开始学走路，一般不用多长时间就可以不要大人扶助。由于头大、个矮、重心低，加上经验不足，在独立行走以及玩耍过程中，难免要跌倒。这是上天送到父母面前的培养机会，但并不是每个父母都能认识到这一点。面对孩子跌倒，父母的做法主要有以下几种。

第一种，祸水外引法及栽赃法

小孩子摔倒在地，张嘴“哇哇”大哭。老人赶忙过去把小孩子抱起来，一边用手掌一遍遍轻抚孩子头发，一边反复念叨：“扑拉扑拉毛，吓不着。吓着人家，吓不着自家。”

“扑拉扑拉毛”是山东方言，意思是抚摸头发，有安抚、抚慰的含义。“吓着人家，吓不着自家”，就是祸水外引。自己跌倒了，反而希望别人受到惊吓，自己安然无恙，自私得有点说不过去。

栽赃法则是有些老人在孩子倒地后，赶忙跑过去把孩子抱起来，一边给孩子擦眼泪，一边使劲拍打孩子跌倒的地方说：“打！打！你怎么把俺孩子绊倒了？你怎么这么坏！”孩子泪眼婆娑地看着老人惩罚地面，哭声越来越小。

这类办法弊端很多，主要有三。第一，使孩子产生依赖性。老人赶忙跑过去把孩子抱起来，给孩子传达了这样一个信息：你跌倒在地，会有人来解救你，你不必自己爬起来，坐等援手即可。

第二，它告诉孩子，你自己不慎摔倒了，但责任不在你自己，而在地面。这样，使孩子形成一种不良思维习惯，出了问题不从自身寻找原因，而是不分青红皂白把错误怪在对方头上，为孩子日后思维混乱、横竖不讲理埋下种子。

第三，让孩子变得不爱思索，懒于总结经验教训。小孩子磕倒在地，娇嫩皮肉会感觉十分疼痛，免不了要大哭。在他还没来得及思考为什么会磕倒之际，父母已经跑过来帮他发现了问题：原来是地面这坏家伙把我弄倒了。

如果没有监护人代劳，孩子可能会发现一块高出地面的石头，原来是被它绊倒，以后再见到这种高出地面的东西，就会小心。

第二种，暴力威胁法

暴力威胁针对的大多是男孩子。有些父母认为：“男儿有泪不轻弹”，须从小培养，所以见孩子跌倒哭泣就横眉立目，大喝“闭嘴”。

有个叫潺潺的男孩从小就被告知“再疼也不准哭”。他母亲认为，哭说明孩子承受挫折能力差，是无能的表现。潺潺跌倒哭泣，母亲不但不安慰，反而气冲冲地打他小脸两巴掌：“再哭还打!”

这一招还真灵，打过几次巴掌之后，潺潺再摔倒，就是疼得龇牙咧嘴，也不敢再出声哭泣。

暴力下的坚强，不是真正的坚强，是恐惧下的坚强，被逼无奈的坚强。潺潺在“坚强”起来的同时，性格中也隐隐添加了几许冷酷。后来在幼儿园推打小朋友，也不准人家哭泣。

哭泣，是幼小儿童疼痛时的自然反应，等成长到一定年龄会自然停止。父母硬性规定孩子疼痛时不准哭泣，做不到就动粗，既违背孩子成长规律，又违背国家法律，还给孩子做出了暴力榜样，很不可取。

第三种，勇敢坚强法

还有一种坚强培养，比打巴掌要好得多。我曾目睹过如下情景：

一个3岁左右的小女孩跟父亲拉着手，蹦蹦跳跳往前走。走过一个路口，女孩发现前面不远有个吹糖人的，就撒开父亲的手朝那边跑。跑了十几步，忽然摔倒。近旁有个老大爷想拉孩子一把，却听得女孩父亲在后面一声大喊："勇敢前进！"小姑娘忽地一下从地上爬起来，也喊着"勇敢前进"，右手握拳伸向前方，朝前面冲去。

看来，这位父亲平时在家对女儿进行过"坚强训练"，让孩子遇到磕磕碰碰就大喊"勇敢前进"，爬起身来忘掉疼痛。这样跟扇巴掌相比确实是天上地下，可是也有它的不足，忽略了让孩子自己独自来完成坚强的过程，忽略了让孩子独立思考总结摔倒的教训。

第四种，转移视线法

有位母亲带着3岁的儿子出去散步，遇到一位同事，两人就闲聊起来。儿子自己跑到旁边的大树下玩耍，不小心被突出地面的树根绊了一下，小嫩脸触到粗硬的树干上，大哭起来。

当妈的赶忙过去把他抱起来，看小脸蛋并无大碍，就指着远处路口问大哭的儿子："爸爸的车来了吗？"儿子睁开泪水涟涟的眼睛顺着手指看了看："没有啊。"说完，接着又哭。妈妈抬起头看着树上："树上有小猴子吗？"儿子停止哭泣，抬头看了看："没有啊。"又哭起来，但哭声已经减弱。就这样，他的注意力不断被转移，一会儿就忘了疼痛，从妈妈怀中出去玩了。

这不失为一种让孩子止哭的好办法，比起拍打抱怨树干要高明很多，但也有不可取之处。和上面的勇敢坚强法一样，它忽略了让孩子独立思考，总结摔倒的教训。

第五种，过分渲染法

小女孩箩箩学会走路之后，恰好她姥姥退休了，从外地赶来照看外孙女。没过多久，母亲发现，以前摔倒不怎么哭的箩箩，现在变成了只要倒地就大哭。

经仔细观察，母亲发现箩箩摔倒之后，她姥姥总是满脸惊恐地在第一时间赶到跟前，把孩子扶起来，盯着箩箩的眼睛问："哪里疼？摔破了吗？"她惊惶的样子，让箩箩感觉仿佛灾难降临，莫名恐惧。

母亲忽然悟到，是姥姥对孩子倒地的惊恐反应，让孩子误认为倒地是件很严重的事，才大哭起来。于是，母亲把自己的发现讲给箩箩姥姥听，让她以后不要惊恐万状，也不要去扶孩子，让箩箩自己爬起来。这样经过一段时间以后，箩箩果然好多了。

第六种，善意谎言法

小孩子在跑动中有时会不慎碰到桌椅沙发，自己原地转圈的时候，有时也会"晕倒"在地。有些父母遇到类似情况，关切地抚摸桌椅沙发或者地面，问它们疼不疼，意在培养孩子同情心。

孩子摔倒，自己身上很疼，却被引导去安慰不知疼痛的桌椅、地面，确实十分高尚。这样既可以使孩子疼痛转移，又能学会同情对方，也是一种较好办法，比起拍打惩罚桌椅或地面无疑是一种进步。不过，它的不足也较为明显：父母代替孩子处理，代替孩子思考。

另外，赋予桌椅沙发或地面等非生命体以鲜活的生命，并且把它们视为同情的对象，也值得商榷。小孩子无知，用“善意的谎言”忽悠可以有一时之效。“善意的谎言”毕竟也是谎言，随着时间推移终将被戳穿。其实，培养孩子具有同情心机会多多，可以放弃这种机会。

第七种，自救反思法

君君一岁半的时候，小沈妈妈一家子到青岛游玩。在海边沙滩上，小沈妈妈戴着墨镜，躺在帆布椅上享受日光和海风。君君自己在一边兴致勃勃地掏沙洞。不一会儿，小沈妈妈听到君君哭，扭头一看，君君趴在沙滩上，大哭的脸上沾了不少沙子，嘴巴里面也有。小沈妈妈看他能自己处理，就扭回头去，继续享受日光和海风。

这时候，旁边有个中年妇女用青岛话大声对小沈妈妈说：“孩子满嘴沙子，你怎么也不管！”小沈妈妈扭头冲她笑了笑，说：“孩子自己能处理。”中年妇女瞪着眼半天没缓过神来，想不通这个当妈的怎么这么狠，见小沈妈妈优哉游哉的样子，鄙视地“哼”了一声，扭头再也不理她。

君君哭了一阵之后，开始往外吐沙子，边吐边抹去嘴边的沙子。收拾了一会儿，觉得嘴里没有东西了，又开始挖沙洞玩。这次吃沙子的经历让他知道，在沙滩上跌倒会让嘴里很不舒服，再跌倒的时候起码要把嘴巴闭住。

自救反思法，就是让孩子跌倒后不依赖他人，自己考虑该怎么办，在自己处理的过程中增长“才干”。自己爬起来，孩子必然会思考为什么跌倒了，教训是什么，以后就会不再犯同样的错误。凡是孩子有能力自己解决的“意外”，父母都不要插手。孩子自己爬起来，不仅是身体上爬起来，更是能力和精神上站起来。

君君在海滩上跌倒，虽然一嘴沙子，但他完全可以自己爬起来，自已把嘴里嘴外的沙子清除干净。小沈妈妈正是看到了这一点，才不施援手。不久前，君君在楼前空地上被一个小姐姐推倒，头碰到儿童车上，皮破血出，大哭。小沈妈妈赶紧把他抱到社区卫生站去敷药包扎。那一次，她为什么要出手相助呢？因为解决皮破血出问题已经超出了君君的能力范围。

目前有种观点，认为孩子摔倒后父母不去把他扶起来，孩子会受到负面影响，变得缺乏同情心，将来看到别人摔倒也会冷漠相待。其实，父母任凭孩子自己爬起来，是因为孩子有爬起来的能力，是有意识“旁观”，跟冷漠缺乏同情心无关。上面小沈妈妈针对君君两次摔倒而采取的不同做法，就是很好的说明。

2. “你眼光太差！还是我来吧。”

莎莎11岁，转过年来就要上初中。妈妈是个性格豪爽的女人，那天回到家来，兴奋得满脸放光。原来，今天有家服装店“含泪清仓大甩卖”，她进去淘宝，发现一款上衣很适合女儿，跟店主讨价还价，砍掉“含泪价”的20%之后把上衣买了下来。莎莎看不上这件上衣的款式和颜色，脸上毫无喜色，妈妈一把把上衣夺过来，前后展示着说：“你看这样式，颜色，还有布料，做工，多好啊！你穿最合适，穿上我看看！”

在妈妈的命令下，莎莎不情愿地穿上，在穿衣镜前站了站，脸拉得老长。妈妈说：“小孩子家懂什么？你看，穿着多漂亮！你还不高兴，什么眼光啊！”莎莎拗不过妈妈，只好像过去一样，接受了这件自己不喜欢的衣服。

每个人都有自己的审美眼光，小孩子也不例外。受父母审美观影响，孩子很可能有相同或近似的审美倾向。一般来说，父母买来的衣服，孩子不会看不上眼。这很容易掩盖或者淡化父母替孩子做主的问题。莎莎跟妈妈的审美取向不同，才使得这一问题凸显出来。

不少父母有挥之不去的“家长情结”，处处表现出强烈的包办意愿，事事替孩子做主，使得孩子严重依赖父母，处理问题和应对意外的能力退化。几年前，天津就出现过一件很典型的事情。

天津某高校即将毕业的大学生韩某，让父亲带着去一家公司应聘。回家时，父子俩在路上被挤散。韩某不见父亲踪影，急得团团转，忽然看到路边有个电话亭，跑过去之后才发现没有带钱。

这时，韩某看到一名交警，急忙跑过去求救。交警告诉他回家应当乘几路车，走哪条路。韩某听得一头雾水。原来，父母从来不让他单独上街，上大学后也是由父亲接送。还好，韩某把家里电话号码告诉给交警，交警和他父亲取得了联系，问题才得到解决。

主意让孩子自己拿，是培养孩子自立自主的一个重要内容。有时这个问题单独存在，有时和其他方面问题混在一起，父母须综合考虑。单纯培养孩子自己做主并不难，把选择权交给孩子，让孩子自己做决定就是了，关键是父母有没有这种培养意识，能不能放下“家长架子”。

培养孩子自己做主，自然是越早越好，完全可以在孩子学习自己吃饭时和跌倒了自己能爬起来之前就有目的地进行。君君尚在婴儿床上的时候，小沈妈妈就开始“征求”他的意见。比如说，她想抱起君君来，不是下手就抱，而是笑着伸出双手说：“宝宝，让妈妈抱一下好吗?”

她把决定权交给孩子，抱还是不抱，由孩子决定。如果君君现出欢喜的表情或张开两只小手，表示接受妈妈的请求，小沈妈妈就会高高兴兴地把他抱起来。如果君君表情冷淡或置之不理，表示不同意妈妈的请求，她就会放弃。

君君4岁生日那天，小沈妈妈带他到一家“西饼屋”买生日蛋糕，恰逢一位身穿咖啡色夹克的年轻父亲和7岁左右的女儿也在挑选。

父亲问女儿：“丹丹，你看哪种颜色的好?”丹丹指着样品柜里一款粉红色生日蛋糕说：“我喜欢这个。”父亲摇头说：“太土气了，再挑个颜色好点的。”

丹丹小声说：“我就看它好。”父亲说：“你眼光太差！还是我来吧。”说着，他选中了一款咖啡色的，让服务员制作去了。丹丹毫无表情地站在那里，看样子早已习惯了老爸替自己做主。

接下来是君君挑选，小沈妈妈和君君讨论哪种蛋糕的花样设计和色彩更好。君君相中的那一款，她并不觉得造型和色彩有多好，可是没有干涉。道理很简单，君君过生日，他自己喜欢是最重要的。

蛋糕做好装盒后，小沈妈妈拎在手里走出店铺。君君高兴地跟在旁边，拉着妈妈的手一路蹦蹦跳跳。

某个周末，小沈妈妈带君君去郊区森林公园游玩。本来好好的天气，快中午时突然刮起了冷风，越刮越急。君君穿着短衫，有点抗不住，对妈妈说：“妈妈，我冷。”

小沈妈妈从挎包里拿出一件运动衫和一件长袖上衣，问君君：“你穿哪一件?”君君看着两件衣服，犹豫不决，觉得哪件都行，就说：“你说穿哪件，我就穿那件。”小沈妈妈摇了摇头：“你自己说。”君君犹豫了一会儿，选择了运动衫。小沈妈妈夸奖他说：“这就对了，自己应该有主见。”

母子俩的这一幕，让旁边一位老大爷看在眼里。等君君穿好运动衫，他悄悄地把小沈妈妈拉到一边，小声说：“咱俩素不相识，我说这话没有恶意。你呀，有点惯孩子。大人不能处处听孩子的，该怎么办还得怎么办。”

小沈妈妈笑着向老人致谢：“谢谢！你是一片好心，我很明白。”她没有忍心纠正好心的老人家。她知道，自己是在让孩子选择，并不是顺从孩子提出的要求。

强调孩子自己做主，有时容易让孩子走向另一个极端。作为监护人，父母要做到心中有底，孩子做主也是有底线的。

有一年春节期间，君君全家三口人到饭店去吃晚饭。点完饭菜后，服务员问小沈妈妈和其老公“喝点什么”。确定之后，服务员问小沈妈妈：“孩子喝什么?”虽然小沈妈妈知道君君平时喜欢喝橙汁，但没有代替君君决定。她转过脸问君君：“你想喝什么?”君君果然希望喝橙汁。小沈妈妈没有充当传话筒，提醒君君说：“你自己给阿姨说喜欢喝什么。”3 岁多的君君毫不打怵地看着服务员说：“阿姨，我想喝橙汁。”

小沈妈妈和老公都是要的红葡萄酒，倒在杯子里色彩诱人。君君是第一次见爸爸妈妈喝红酒，好奇心大增，提出自己也要喝。

“不行，小孩不能喝酒。”小沈妈妈拒绝了君君的要求。君君不高兴了，说：“尝尝也不行吗?”小沈妈妈觉得孩子尝尝还是可以的，就说：“行，用筷子蘸一下，尝尝是什么滋味就可以了。”说着，把酒杯端到君君面前，让君君用筷子蘸着尝了一下。

君君高兴地说：“甜甜的，真好！妈妈，我还想尝！”“不行，不能再尝了！”小沈妈妈口气很坚决。

“为什么你们能喝，我尝都不行?”君君拉着哭腔，一副委屈样子。小沈妈妈耐心解释说：“红酒里面含有酒精，对小孩身体有危害。国家有规定，未成年人不准饮酒。你已经尝过了，再尝就是饮酒了。”见君君脸色缓和下来，她接着说：“君君，妈妈不喜欢你刚才的样子。”

喝红酒这件事，小沈妈妈没有让君君自己做主。不过，反思这次吃饭，小沈妈妈感觉自己有一个地方做得不够妥当，服务员问自己君君喝什么，自己转问君君，这样不够好。现在君君已经能决定自己喝什么，并且也有能力和服务员直接对话，自己为什么要充当“传声筒”呢？她想，再遇到服务员问自己君君喝什么，自己就对服务员说：“对不起，你直接问孩子吧。”

有个叫素素的4岁小男孩，很早就想要个玩具汽车，前天爸爸给买了一个。他非常高兴，把小汽车放在床头上，睡觉前都要摸一摸。这天上午，妈妈的同事领着一个小弟弟来家里串门。妈妈领着他们参观素素卧室，小弟弟看到小汽车就拿起来玩，爱不释手。他妈妈说：“这是小哥哥的，快放下。”他扭着身子，就是不肯放手。素素妈说：“没关系，让他玩吧。”

素素站在旁边，心里老大不高兴，脸上当然不好看。妈妈偷偷拉了他一把，意思是别这么小气。临走时，小弟弟仍然抓着小汽车不放，想带回家去。同事又是瞪眼又是哄骗，让他把小汽车还给素素，他死活不肯。素素妈笑着说：“孩子喜欢，就送给他了。拿好啊，宝宝，送给你了，拿回家玩吧。”

他们走后，素素一直撅着嘴。妈妈说：“不就是一个玩具汽车吗？你也太小气了。”

素素妈对这件事处理欠妥。在她的潜意识里，孩子的玩具是爹妈掏钱买的，支配权当然非爹妈莫属。同事的孩子喜欢玩具汽车，为融洽同事关系，自己应当送给人家。不就是破费几个钱吗？比起同事关系来，这又算什么呢？

素素妈没有意识到，给孩子买来的玩具，已经属于孩子所有，玩具赠与的决定权已经转移到孩子手上。把孩子撇在一边，自己代替孩子送出去，显然欠妥。

小沈妈妈也遇到过类似事情。当时，同事的孩子看上的是君君心爱的爬行娃娃。同事要回去了，可她儿子抓着爬行娃娃就是不肯放手。小沈妈妈走过去，蹲下来对他说：“宝宝，这个爬行娃娃是小哥哥的。我和小哥哥商量一下，希望他能送给你，好吗？”

接着，她转过身子征求君君的意见说：“小弟弟很喜欢这个爬行娃娃。我想，就送给他吧。你觉得怎么样？”

君君不高兴地说：“我不想送给他，我还没玩够呢。”小沈妈妈沉思了一下，说：“你看这样行不行，把这个送给小弟弟，改天让你爸再给你买个新的。”君君说：“我现在就想玩。要不，让爸爸再买个新的给他。”

“这样吧，你先送给小弟弟玩几天。等他玩够了再送回来，怎么样？”君君仍然不同意：“不行。”小沈妈妈只好又退一步，说：“玩一天总可以吧？你是大哥哥呀。”君君想了想，终于同意了。

“好孩子，”小沈妈妈高兴地说，“去跟小弟弟说，你已经同意送给他玩了。”君君对小弟弟说：“你拿去玩吧，只玩一天，希望你能爱护它。”同事赶忙让小弟弟向君君道谢。

从买衣服玩具，到出去吃饭选择餐馆，从订阅报纸杂志，到选购君君的床上用品，甚至是布置、装饰君君的房间，小沈妈妈都是提建议多而拍板少，主意大多是让他自己拿。

3. 经济独立从挣零花钱开始

最早听说发达国家孩子干家务活挣零花钱，还是在 20 世纪 80 年代。刚听说的时候心里确实有几分不屑，鄙夷地想：资本主义国家果然是认钱不认人，连家庭中都是如此。一家人还分什么你我？孩子干活家长付钱，还叫一家人吗？后来，才慢慢转过弯来。

我们常说，“天下没有免费的午餐”，“人生中没有人会替你埋单”，以及诸如此类的话。说这些话的时候我们都头脑清醒，知道孩子要靠自己努力，才能在社会上生存发展。可是，在家庭中面对孩子的时候，我们却往往不由自主地按照传统习惯为他们提供“免费午餐”，为他们的所有开销“埋单”。

诚然，不是每个家庭都给孩子零花钱，不少贫困家庭的孩子从来没有得到过零花钱。可是，这并不意味着这些父母没有给孩子零花钱的愿望，他们只是没有钱给孩子罢了。一旦他们成为有钱人，很可能会毫不吝啬地给孩子大把零花钱。当今不少暴富的有钱人任由“富二代”挥霍自己积聚的财产，不就是极好的证明吗？

目前，仍有不少监护人在孩子干家务活挣零花钱的问题上存有模糊认识。他们认为，不应当把零花钱和干家务活联系在一起，理由是孩子干家务活是应尽的义务：“孩子做自己应当做的事，怎么还要给报酬？我们小时候，干家务活爹妈哪给过零花钱？”

不管怎么说，目前孩子干家务活挣零花钱已经在少数家庭中实行起来。因为我国实行市场经济的时间较短，发达国家家庭教育经验传入的时间也较短，所以还没有形成普遍成熟的家教理念和正确操作，更没有形成良好传统。一些先锋家庭大胆“试水”，还仅仅处于摸索阶段，问题较多。

从时间上看，不少实施干家务活给零花钱的家庭，都是孩子上小学三年级以后才开始的，更晚一些的是孩子上初中以后。

前几年，有个孩子小学毕业后要上寄宿中学。过去，家里每个月都给孩子80元零花钱，孩子月月花得精光。妈妈怕孩子到寄宿学校后管不住自己，就利用暑假实施干家务活给零花钱的“政策”，目的是让孩子知道挣钱不容易，把乱花钱的“恶习”改掉。

妈妈给孩子开出的价码是：每天把拖地擦桌子全包了给2元，买菜加上给自己做中午饭给5元，洗自己的衣服每次给2元，加上大人的衣服，再加3元。1个多月下来，孩子挣了300多元，还学会了记账，花钱比以前克制多了，感觉收获很大。监护人欣喜地看到，孩子以前从来不知道存钱，现在已经有了若干储蓄。

这个家庭对孩子实施的不是真正意义上干家务活挣零花钱的教育，只是权宜之计。监护人要求比较低，孩子不乱花钱就可以了。另外，仅在假期实行了1个多月，时间太短，对孩子的影响有限。

有些父母觉得，反正家里的财产将来都是孩子的，所以实施干家务活挣零花钱的“政策”时，把“支付标准”定得很高。

有位妈妈过去给孩子零花钱是每月200元，改为干活挣零花钱之后，采用计件付款的办法，每周一结算。

妈妈给孩子规定的计件标准及支配标准是这样的：把自己使用的碗筷等餐具洗出来，每次奖励5元；每次把客厅和自己卧室的地面拖一遍奖励10元；倒垃圾每次奖励5元。孩子所得收入全部由自己自由支配，父母不加干涉。

按照这个标准计算一下，这个上小学5年级的孩子每日三餐洗3次碗筷等餐具，可得15元奖励，每月按30天计算，可获得零花钱450元。每周7天，他拖地2次即可获20元，每月可得零花钱80元。每天倒垃圾1次，每月可得零花钱150元。三项奖励相加，共680元。

一个上小学5年级的孩子，在2005年左右每月可获得近700元零花钱，显然太多了。孩子挣零花钱太容易，开始的时候可能积极性很高，手头上钱多了以后积极性很容易降低。另外，零花钱爱怎么花就怎么花，父母不得干涉，也可能让孩子误入歧途。

看来，指导思想必须明确而且方向正确，才有可能正确操作。那么，孩子干家务活挣零花钱，到底是为了什么呢？用一句话来概括：让孩子开始在经济上具有一定独立性。孩子最终要走向社会，经济上独立自主，让孩子逐渐脱离对家庭的经济依赖，与社会平稳对接好呢？还是让孩子一味依赖家庭，与社会生硬对接好？答案自然是前者。

让孩子在经济上独立自主，是培养孩子自立自主的重要内容之一。它有自己的起步时间和发展轨迹。培养孩子自己做主，起步于孩子对父母的要求有明显反应之时，而培养孩子在经济上独立，则起步于孩子能够做家务活之后。

君君快要5岁的时候学会了扫地，扫完地把垃圾倒在厨房垃圾箱里。虽然动作有些笨拙，但已经能够完成任务。小沈妈妈觉得时机已到，有天晚上把君君叫到客厅，让他坐在沙发上。君君觉得气氛跟平时有点不同，不知发生了什么事，疑惑地看着妈妈。

小沈妈妈夸奖他说："你现在有很多好习惯，像玩儿完以后马上把玩具有条理地放回玩具柜，上床睡觉前把脱下的鞋放整齐，把衣服挂在床头上，还有好多好多。"君君笑起来，身子一下靠到沙发背上。

小沈妈妈继续夸奖道："你很能干，现在能帮爸爸妈妈扫地。我想，过一会儿教你叠被子铺被子，你愿意学吗?"君君说："愿意啊，要不现在就学吧。"

小沈妈妈说："不急，过一会儿吧。以后你要学的家务活多着呢，还要学会自己洗碗，帮爸爸妈妈倒垃圾卖废品，拖地，收拾桌子。不过，这些不是白干，我和你爸爸会付给你零花钱，作为你的劳动所得。你觉得怎么样?""好啊!"君君很高兴，"给我多少零花钱?"

小沈妈妈说："现在，你能承担的家务活还比较少，得到的零花钱就比较少。等你长得再大一些，承担的家务活多了，得到的零花钱就会多一些。等你上了高中，和爸爸妈妈一样高了，还能到外面帮人家打零工，挣更多的零花钱。”“现在给多少呢？”

小沈妈妈笑着说：“看把你急得。我和你爸商量，你每天自己铺床叠被子，把自己房间里的桌子擦干净，把地扫干净，给你1元零花钱。每周结算1次，一共7元钱。”

君君小脑瓜一动，调皮地说：“我要是忘了呢？”小沈妈妈说：“我发现了，会提醒你。开始的时候可能会忘，以后养成习惯，就不会忘了。不过，只要没有干，不管是什么原因，都不会得到零花钱。”

事情就这样定下来了。小沈妈妈故意没有说零花钱的保管和使用，想看看君君自己怎么处理。第一周，君君每天都自己铺床叠被、扫地擦桌，干得很起劲。小沈妈妈每天都夸奖他几句，夸得他“干劲倍增”，一次也没有忘记。

小沈妈妈第一次把7元钱给了君君后，君君说要把钱放在自己床头柜里。四个星期后，他的零花钱达到28元。小沈妈妈问君君，用零花钱买了什么好东西。君君说没舍得花。两个多月过去了，君君的床头柜里应当有72元钱了。小沈妈妈问他买了什么，君君还是说没舍得花。

“你现在最想得到的东西是什么？”小沈妈妈问。君君想了想说：“最想要能飞起来的气球。”

小沈妈妈又问：“为什么不用零花钱买呢？”君君说：“奶奶和姥姥给我的压岁钱，你都存起来了，说等以后再用。我也想把零花钱存起来，等以后再用。”

小沈妈妈眼睛一热，把君君抱在怀里，亲着他的额头说：“真是妈妈的好孩子。”少许，接着说道，“零花钱就是让你现在用的。你那么想要气球，就应该去买。妈妈和爸爸勤奋工作，就是为了咱全家能享受更好的生活。你劳动挣来零花钱，也应当是为了享受更好的生活。我替你把压岁钱存起来，是因为你现在还没有正确处理这么多钱的能力。等你长大了有这方面能力的时候，我会把存折交给你。”

小沈妈妈一直不希望老人给君君压岁钱，担心给他造成负面影响，但无法说服老人，只好代君君收下来并存入银行。没想到，君君深受影响，认为钱应当存起来，哪怕自己需要也不能花掉。

第二天，小沈妈妈和君君一起去商场购物。君君挑选了一黄一红两个海豚玩具氢气球，独自付款时非常兴奋。这是他第一次用自己劳动挣来的钱购买喜爱的东西，十分开心。

回到家，等君君玩得差不多了，小沈妈妈对他说："你的零花钱除了买自己喜欢的东西之外，还有别的用途。给小朋友买礼物的钱，给爸爸妈妈和奶奶买礼物的钱，还有你在家里和外面闯祸应当支付的赔款，都要从里面出。"

君君不明白什么是闯祸应支付的赔款。小沈妈妈说："比如说吧，你摔坏了小朋友的玩具，小朋友让你赔，买玩具的钱就应该由你自己负担。你要为自己的错误埋单。"

半年以后，君君铺床叠被、收拾自己房间已经很熟练了。其间，仅忘记过两次，经妈妈提醒后，赶紧动手补了回来。上小学后，小沈妈妈把君君负担的家务活逐渐增加，添加了洗碗筷、拖地和倒垃圾等，零花钱也逐渐增加到每天 2 元钱。当时，每天挣 2 元零花钱属于比较低的水平。

君君在妈妈的启发下学会了花钱，但从不乱花，只是偶尔去买些自己最喜欢的东西，其中也包括图书。后来，他还学会了把剩余的钱存入银行，让钱生出利息来。

君君上小学 5 年级的时候，有一次开"家长会"，小沈妈妈听到班主任刘老师不点名地批评一部分学生，说他们逃避做卫生值日，不是偷偷溜号，就是马马虎虎漫不经心，东一笤帚西一笤帚，干活没有干活的样子。接着，刘老师表扬起君君来，说他不光认真肯干，而且干得很在行，扫地擦玻璃又快又干净。小沈妈妈心里明白，这和君君几年来一直干家务活是分不开的。

君君上初二的时候，有次小沈妈妈在街上遇到君君的班主任于老师。于老师见了面就问她，孩子在家里干活给不给钱。原来，于老师上周刚刚就地震捐款来源在班里做过一次调查。学生捐款，大部分是向父母要的，只有4个学生是从自己的钱里拿出来，其中3个学生的钱来自压岁钱或父母给的零花钱，只有君君的钱是自己干家务活挣来的。

于老师一直认为，凡是孩子干家务活父母给钱的，教育不出好孩子来，所以对君君也是这样挣零花钱半信半疑。以前，她曾教过一个男生，就是干家务活挣父母的钱，结果钻到钱眼里。有一次，学校要提前收下学期书费。他妈妈跑到学校来，问有没有这回事。原来，这个男生曾谎称学校收费，骗过家里的钱。像君君这样优秀的学生，也干家务活挣零花钱，确实让她感到意外。

孩子劳动挣零花钱，发达国家提供的渠道较多。不光父母会给孩子劳动报酬，爷爷奶奶等长辈也是如此，而很难想象我国的爷爷奶奶们会这样做。不光自己家庭是这样，家庭之外的街坊邻居也是如此。他们真这样做了，会被误解为羞辱孩子和孩子父母。不过，随着社会不断发展进步，人们的观念和社会环境会越来越有利于孩子向自立自主方面发展。

孩子有意或无意损坏了人家东西，仅口头承认错误，往往缺乏“切肤之痛”。用零花钱赔偿人家，能直接感受到自己错误的代价，对于深刻汲取教训有更好的作用。

4. 春游，应当谁来准备

在幼儿园后期，老师往往要带孩子们外出春游。孩子们从封闭的幼儿园到春意盎然的郊野游玩，都兴奋异常。

芹芹妈对自己当年春游的回忆毫无愉快可言。她没有上过幼儿园，直到上初中转到城里才有了春游经历。同学们有的带着扒鸡和卤鸡蛋，有的带着炸肉盒和糕点，几乎每个同学都带了一些小食品，而自己挎包里只有软塌塌的隔夜油条烧饼，那是妈妈草草准备的。现在芹芹要去春游，她不想让女儿和自己当年一样"委屈"，精心制作了春卷和肉饼，还买了雪饼、话梅等一堆小食品，塞在女儿书包里。

像芹芹妈这样不想让孩子比人家带得差而准备春游食品的父母，毕竟比较少。大多数父母的出发点很简单，不过是想让孩子吃得香甜，玩得尽兴罢了。她们制作精美食品，有些还暗含着让孩子与同学分享，让他们羡慕孩子有一个能干的好妈妈，孩子也为自己有这样的好妈妈而自豪。

如果父母们仅仅把春游看作孩子难得的游山玩水，就会沉浸在"愉快而兴奋的忙碌"之中，错失培养孩子的大好机会。

君君告诉妈妈幼儿园要春游，小沈妈妈便问君君："马老师发通知了吗?""没有。"君君十分肯定。小沈妈妈接着问，老师让带什么东西。君君支支吾吾说不上来。原来孩子们听说要出去春游，激动得唧唧喳喳。他不知道这时老师的交代非常重要，没有注意听。

"怎么办?"小沈妈妈看着君君的眼睛，没有埋怨他。其实，这事不难解决，她只需拿起电话来询问一下，就什么都了解了，只是君君很难接受教训，“这样吧，你给马老师打个电话，问问她。”

君君有些为难，思量了一会儿，央求地看着妈妈说：“要不，还是你打吧。”“你没有认真听，责任在你自己，你应该为自己的错误负责。我看，还是你自己打最好。你说呢？”

没有办法，君君只好答应了。小沈妈妈把自己的常用电话号码本打开，找到马老师的电话号码，放到君君面前：“你打算怎么对马老师说？”君君想了一下：“我说，我没听清春游带不带东西，请老师告诉我。”

小沈妈妈摇了摇头：“我看，应该先向老师道歉，说对不起，打扰老师休息；然后自我批评，说老师交代事情时，自己不应该分散注意力；最后，再说没有听清春游的要求，希望老师告诉自己。”

君君练习了两遍，觉得差不多了，就拨通了马老师的电话，按照妈妈说的先道歉，再自我批评，最后说希望知道春游的要求。马老师在电话里夸奖君君，说他懂事。原来，马老师此前已经接到不少孩子父母打来的电话，询问有关春游的事，君君是唯一一个自己打电话来的孩子。

君君打完电话后告诉妈妈，说食物等要自己准备。小沈妈妈说：“好吧，你自己先想想应该带什么。这事不急，你好好想，过一会儿想好了再告诉我。”

君君把打算带的东西说了一遍。小沈妈妈感觉太多：“其实，你在外面就是吃一顿中午饭。就算出去运动量大，也吃不了很多。你想想，你一顿饭有多大饭量？再说还要带零食呢。不过，这事你自己拿主意，带多了吃不了，还要自己背回来。”

君君听从妈妈的建议，决定只带面包、火腿肠和西红柿各一个，一瓶饮料，还有若干零食。最后，他忽然想起还要带个塑料袋，用来装垃圾，让小沈妈妈眼睛一亮，忍不住夸了他几句。

第二天晚饭后，小沈妈妈和君君一起到附近一家大超市，提着购物篮在货架间边看边走。以前，小沈妈妈也带君君来过几次，这次特别提醒他："你看，货架上摆得多整齐啊。要是乱摆乱放，我们买东西就会很不方便。超市为了方便顾客，每类商品都集中放在一个区域。你不是想带一瓶饮料吗？那边都是饮料和饮用水，咱过去看看。"

过去小沈妈妈带君君来买饮料，都是君君说要哪一瓶，小沈妈妈拿哪一瓶。这一次，小沈妈妈把他抱起来靠近货架。君君指着一瓶果汁饮料，对妈妈说："我要这一瓶。"小沈妈妈说："你看看，是多少钱。"君君问："怎么看啊？"

小沈妈妈指着价格标签，教给他如何识别，还查看瓶子上的保质期和出厂日期。到了小食品卖区，买一种东西，就看看价格标签上是多少钱，查看一下袋子上的保质期和生产日期。离开超市的时候，君君已经很熟悉，自己就能查看。

春游前一天，小沈妈妈让君君把已经准备好的物品放在桌子上，自己装包。在妈妈的指导下，君君学会了自己做春游准备，增长了本领。

第二次春游，他已经上小学二年级。说起准备春游物品，他第一句话就是"这次要多带瓶水，上次渴坏了"，第二句话是"还要带纸巾"。显然，上次春游事前想得不周到，有教训。

这次做准备，和上次有两个不同之处，一是买零食的钱君君自己负担，从自己干家务活挣的零花钱里支付；一是和小沈妈妈一起做了自己最愿吃的五彩蛋卷。

上次春游，小朋友们带的精美食品让君君大开眼界，回来就对妈妈说了，让小沈妈妈心里有种说不出来的感觉。这次，君君提出让妈妈也露一手，让同学们也羡慕自己有个手巧的好妈妈。小沈妈妈爽快地答应了，不过提了一个条件：君君和自己一起做。君君巴不得呢，当然同意。两人商量的最后结果是做五彩蛋卷，而且多做一些，让小朋友分享，或者和小朋友交换他们的美食。

做蛋卷时，君君帮忙有限，大多时候是在一边观看。他忽然问：

"妈妈，你小时候有春游吗?""有啊。"

"姥姥也给你做蛋卷吗?"沉默少许，小沈妈妈说："没有，姥姥工作太忙，给我带的是烧饼和榨菜。那时候，我可羡慕那些带点心吃零食的同学了。"君君上前轻轻抱住妈妈，好长时间没说一句话。

春游准备这件事，小沈妈妈处理得很好，做到了"主意让孩子自己拿，事情让孩子自己做，责任让孩子自己负"。

君君没注意听老师交代春游事宜，小沈妈妈让他自己打电话向老师询问，是"责任让孩子自己负"。春游需要携带什么物品，让君君自己考虑决定，自己只是提供建议，是"主意让孩子自己拿"，同时又是"责任让孩子自己负"。带君君去超市购买春游物品，行前让他自己装包，则是"事情让孩子自己做"。

抓住春游这类具有培养意义的"大事"，可让孩子自立自主意识与能力在日常量变的基础上产生某种意义上的质变，提升到新的高度。

5. 早饭，孩子能做吗

关于吃早饭，班主任老师大概都听到过学生的抱怨。有位女学生在班主任定期阅读的周记中倒苦水说，妈妈一点不体谅自己，每天早饭都是煮两个鸡蛋，逼自己吃下去，说吃了才有精力学习，而自己一点也不愿吃。

有一天，她早上浑身难受，看到又是煮鸡蛋，一点胃口都没有，就说自己不饿，不想吃。妈妈态度很强硬，说："不想吃，也得吃。"她气急了，大声说："我就是不吃。"说完拿起书包就往外走，可是没到门口就被妈妈拦住了。

"不吃，你今天就别上学！"妈妈这么不讲理，她眼泪都要掉下来了。没有办法，只好含泪硬吃了一个，下咽时差点吐出来。妈妈这才放她出了家门。

这是孩子方面的抱怨，父母方面怎么样呢？小沈妈妈没有结婚的时候，听办公室几位妈妈多次唠叨过孩子吃早饭的事。

"愁死我了，庆庆天天早上吃饭都那么难。今天早上，在我威逼利诱之下，才喝了一杯豆浆，吃了一小片火腿，鸡蛋是死活不吃。就这点东西，能撑到中午吗？"

"唉，都一样，龙龙也是不吃，使劲逼着才吃一点。今天早晨只吃了一口蛋糕，半个鸡蛋，还喝了几口牛奶。你说能吃饱吗？我最烦他说的一句话就是，我没胃口。"

"等孩子上了初中，你们就知道厉害了。孩子得早早到校学习，我把闹钟定到6点，起了床就赶紧做饭，变着法地做。就这样，孩子还不满意呢，有时候吃几口就不吃了，有时候一口也不吃。烦死了。"

这是父母方面的抱怨。在早饭问题上，有时候孩子不满意，父母也不满意，责任在谁呢？实事求是地说，在父母。父母爱子弥深，晚睡早起，为孩子张罗饭食，就是脸上爬满操劳的皱纹也毫不在乎。结果呢？孩子不领情。再说，孩子动手能力和统筹安排能力也得不到锻炼，真可谓一举几不得。

有人说，孩子的长处常常是父母的短处，孩子的短处常常是父母的长处。这话有道理，比如说，父母都不擅社交，没有人脉资源，孩子只好自己去闯荡，建立自己的人脉网。父母社会活动能力很强，事事都替孩子“搞定”，孩子反而走不出家门，成为低社交能力群落中的一员。

当然，这是自然状态下的情形。如果父母懂教育，就会遏制自己的自然行为倾向。即使自己社会活动能力很强，也会想方设法让孩子去闯。即使自己很勤快，也会故意懒惰一些，把勤快的机会让给孩子。

小沈妈妈是个勤快人，早在君君不到5岁时就教给他扫地，几年后就能承担不少家务活了。君君上小学6年级以后，开始培养他独自解决自己的早饭问题。从消极的角度看，孩子自己动手，至少不存在不爱吃的问题。这个困扰不少父母和孩子的“难题”，也就迎刃而解了。不过，小沈妈妈的出发点不在这上面。她考虑得更多，而且如何实施是经过深思熟虑的。

那是一个周五的晚上，君君写完作业来到客厅，小沈妈妈对他说：“明天早饭妈妈教你做，你看怎么样？”君君疑惑地问：“为什么？”“想让你以后自己做早饭吃，把爸爸妈妈解放出来。”“真的？”小沈妈妈笑着说：“当然是真的。早饭一般就是面包、牛奶、鸡蛋，不难做。明天早上咱们还是吃老一套。面包已经买好了，我教你热牛奶和煮鸡蛋。”君君调皮地说：“好，咱一言为定。”

第二天早上，小沈妈妈叫君君一起到厨房里，先来到灶台前，告诉君君怎样使用灶具，如何注意安全，演示之后让君君操作了一遍。随后，她从冰箱里拿出一盒牛奶和两个鸡蛋放在灶台上：“你说，应该先热牛奶，还是先煮鸡蛋？”君君眨了眨眼睛，说：“不知道。”

“要先煮鸡蛋，因为煮鸡蛋用的时间长，热牛奶时间短。如果先把牛奶热好了，再煮鸡蛋，那么鸡蛋煮好以后，牛奶也就快凉了。”小沈妈妈说着，把两个鸡蛋放在加了水的小锅里，打开煤气灶旋钮，将火苗调得不大不小。不一会儿锅开了，热气从锅盖边上冲出来。

接着，她让君君看看石英钟显示的时间：“从现在开始，过5分钟，鸡蛋就熟了。你看，应该几点几分关火？”君君稍一计算说：“7点20。”

鸡蛋煮好后，小沈妈妈用勺子把鸡蛋一一捞在一个碗里，然后在碗里添加了一点凉水：“这是给鸡蛋降温，要不然剥皮会很烫手。”说罢，她让君君注意，看自己是怎样剪开牛奶盒，把牛奶倒在奶锅里，然后注意牛奶热到什么程度，及时关上煤气灶旋钮。

小沈妈妈尽量做到让君君看明白，并且明白为什么这样操作。整个过程完成之后，她问君君：“看明白了吗?”君君点了点头。

星期天早上，君君洗漱完毕后，小沈妈妈再次和他来到厨房，笑着说：“大师傅，开始吧。”君君开始操作，动作有些笨拙。小沈妈妈一声不响，注视着他的一举一动。君君倒牛奶的时候不小心洒出来一些，看了妈妈一眼。小沈妈妈微笑着摇了摇头，示意没有什么。

不一会儿，君君忙完了。小沈妈妈高兴地对他竖起大拇指说：“大师傅出徒了！来，快去叫你爸爸，看看大师傅的手艺。”这顿早饭，君君自己吃得津津有味。

君君做早饭，小沈妈妈一开始安排他周六周日早上各做1次。两个月后，又教他学会了难度系数更高的煎鸡蛋。小学6年级的最后两个月，君君都是自己每天早上做早饭，吃完上学去。

有一次，君君说：“我想早上出去吃几顿饭。”“为什么?”小沈妈妈很奇怪他有这种要求，以为他自己早上做饭做腻了。

君君神情羡慕地说：“我们班赵浩生天天在小食摊吃饭，吃得那个香啊，我也想尝尝。”小沈妈妈忍不住笑了，爽快地答应了他的要求：“行啊，出去吃能换换口味。”

君君在外面吃了几次，觉得也没有什么，不如家里对口味。小沈妈妈则觉得外面小食摊不干净，尝尝鲜可以，经常在那里吃就不好了。所以，君君吃过几次后就算了，依然在家里“自己动手，丰衣足食”。后来，他学会了用微波炉给食品加热，菜包、肉包、豆沙包，各色小酱菜等，经常变换口味。

升入初中后，功课数量不断增加，作业更是随着功课数量的增加而增加，早上到校时间比起小学来大大提前。小沈妈妈担心君君太累，就和他商量早饭问题：“你觉得早上自己做饭能吃得消吗?”君君信心十足地说：“妈，你放心吧。挤出这点时间来，富富有余。”

确实，君君把时间抓得很紧，做饭、学习和休息娱乐安排得井井有条。活没少干，觉也没少睡，学习成绩照样在班里名列前茅。

培养孩子自己解决早饭问题，有些父母感觉没有必要。他们认为：“解决早饭是父母分内的事，孩子的任务是学习。只要孩子把学习搞好了，我们当父母的就是再苦再累也心甘。”殊不知，只注重学习的孩子，学习也不见得就好。人的不少能力具有相通性。一个从小就自我服务、把自己的事安排得井井有条的孩子，学习潜力会开发得更好。

指导孩子热牛奶、煮鸡蛋，难度不大，但孩子能自己解决早饭问题，却是一件“了不起的事”。它标志着孩子在自立自主的道路上迈出了坚实的一步。循着从孩子婴儿期起步的培养路线，抓住日常小事和关键时候的“大事”，全方位下手，一定会实现规划中的培养目标。

附录

孩子自立自主培养规划

一、培养目标

孩子年满18岁时，能够不依赖父母而独立生活，部分或全部生活费用能够自己获得，是一个独立自主的人。

二、指导思想

日常生活、学习和劳动等诸多方面的事情，尽早放手让孩子自己去做。孩子自己的事，父母可以提供意见，但应让孩子自己做主。

在经济上，让孩子逐步独立。孩子通过干家务活及其他力所能及的劳动获得零花钱。在损坏家庭或他人物品需要赔偿时，孩子要适当承担，从自己零花钱中支付。

三、实施设想

1. 自己的事自己做，自己的事自己做主，自己为自己负责

适时开始培养孩子自己吃饭、洗漱、穿脱衣服、整理床铺等基本生活能力，尽早达到日常生活基本自理。

孩子学会走路之后若不慎跌倒，尽量让孩子自己来处理。

孩子外出活动（包括最早的幼儿园春游）需携带什么东西，培养孩子自己决定并动手准备，在出行方面上一个新台阶。

孩子上五六年级时，培养孩子动手做早饭，自己解决早饭问题，在饭食自理方面上一个新台阶。

2. 自己的事情与物品，自己做主

从孩子三四岁开始，就有目的地抓住一些与孩子有关的日常生活小事，让孩子来选择决定，如买什么糖果、玩具、图书，穿哪件衣服，买

什么款式的衣服，到哪里游玩，房间如何布置等。孩子自己的衣服、玩具和图书等物品，父母若想送人，要征求孩子的意见，最终由孩子来决定。

3. 经济独立

初期：孩子 5 岁左右学会干简单的家务活，由此每次可获得一点零花钱。这是孩子成为独立“经济核算体”的开端，也是孩子经济独立进程的开始。父母要引导孩子合理使用零花钱，既不铺张浪费，又不吝啬抠门。

后期：孩子上高中前后，利用假期走出家门，到社会上通过劳动获得一定报酬。若上大学，能够在社会上获得更多劳动报酬，解决自己的生活费用，摆脱对家庭的经济依赖。

无意中损坏自家或他人物品，要让孩子明白错在何处，并且从自己零花钱中支付部分赔款。如果故意损坏物品，支付赔款比例要更高，直至全额赔付。

第三课

自尊无价

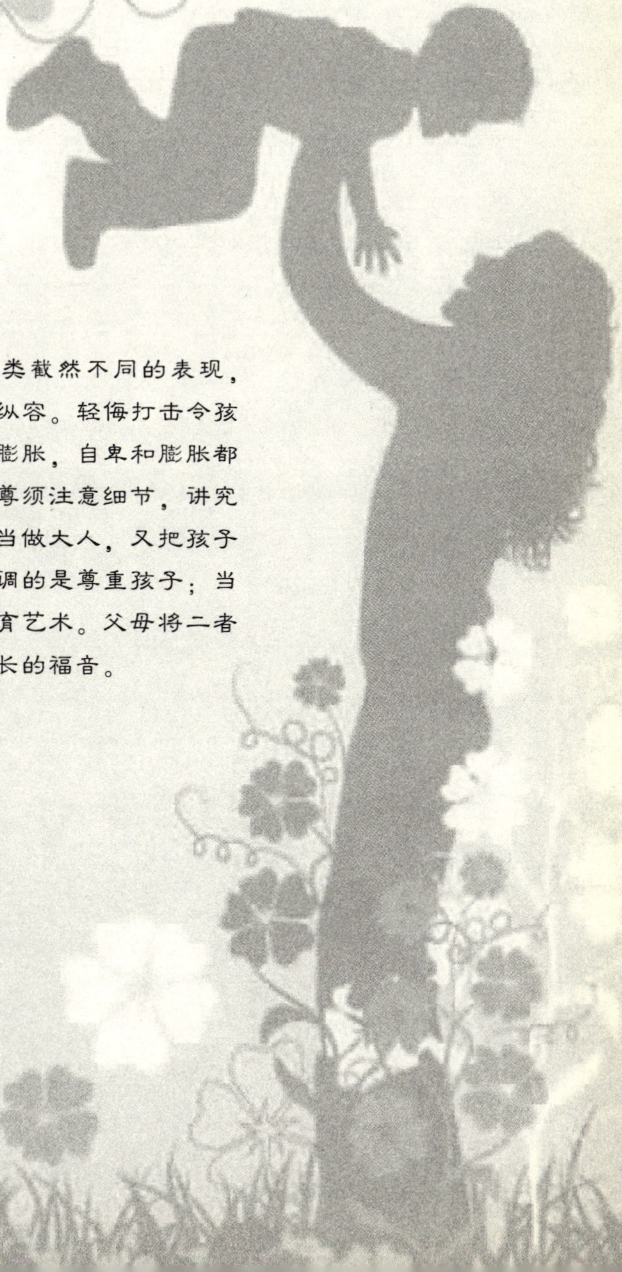

伤害孩子自尊，有两类截然不同的表现，一是轻侮打击，一是放任纵容。轻侮打击令孩子自卑，放任纵容让孩子膨胀，自卑和膨胀都与自尊无缘。培养孩子自尊须注意细节，讲究方法。一句话，既把孩子当做大人，又把孩子当成孩子。当做大人，强调的是尊重孩子；当做孩子，强调的是讲究教育艺术。父母将二者有机结合，是孩子健康成长的福音。

1. “对不起，妈妈太粗心了。”

正在处理公司业务的刘女士接到牧老师电话，说嘉嘉拉裤子了，她包里没有带替换的衣服。她看了一下表，刚刚9点半，心里老大不高兴。早上起来的时候，她曾让嘉嘉大解，嘉嘉别别扭扭就是不肯，走时还不让往包里放衣服，要不哪有这种事？她赶紧请了假，回家找好替换的衣服，送到幼儿园，把嘉嘉换下来的臭裤子拿回家来。

下午3点半，牧老师又打来电话，说嘉嘉尿了裤子。刘女士一听火就蹿上来，只好又请假回家拿衣服。到了幼儿园，见嘉嘉站在教室外面，没好气地训斥道：“你看你，都5岁了，还又拉又尿，该打了！”嘉嘉嘴一咧，哭起来。

放学回家后，嘉嘉把拉尿的事忘得干干净净，高高兴兴地玩起了芭比娃娃。可是，晚上睡觉前，她忽然小声对刘女士说：“我明天不想去幼儿园了，我怕。”“怕什么？”“怕尿裤子，妈妈生气。”

刘女士看着女儿稚嫩的脸上写满忧虑，忽然十分心疼，这才觉察到白天训斥她有些过火，本想说声“对不起”，可是怎么也说不出口来。过了一会儿，提醒嘉嘉说：“想尿的时候快去厕所，就不尿裤子了。”

有些父母觉察到自己伤害了孩子，却往往羞于向孩子道歉。刘女士的表现，具有一定代表性。“对不起”说不出口，说明父母在孩子面前放不下“家长架子”，没有把孩子当做平等的权利主体。

培养孩子自尊，父母应当具有平等意识并且能平等对待孩子。目前，我国很多家庭缺乏尊重孩子的传统。换句话说，我们很多年轻父母没有从老一辈那里潜移默化地继承平等教育子女的思想，在培养孩子自尊时有先天不足，应当改变自己的不良传承。

改变不良传承，让孩子受益，从什么时候开始为好呢？当然是孩子越小越好。用什么方式开始为好呢？当然是从道歉说“对不起”开始为好。孩子越小越不懂事，父母道歉越容易，因为没有什么放不下的脸面。孩子越大，父母越不容易开口。

小沈妈妈第一次向君君道歉，就是在坐月子期间。那天，小沈妈妈抱起君君来准备喂奶的时候，不小心碰疼了他的小胳膊，他大声啼哭。小沈妈妈赶紧道歉说：“对不起，妈妈太粗心了。”

其实她知道，小宝宝根本听不懂妈妈的话，但她认为孩子能感觉到妈妈的歉意。

君君3个月的时候，小手的指甲长了，需要剪一剪。小沈妈妈把他抱在怀里，小心翼翼地将指甲剪靠在他的小手指上，轻轻一按压，一块小指甲剪下来。剪了几下之后，忽然君君大哭。小沈妈妈仔细一看，呀！指甲剪深了，险些剪掉嫩皮。小沈妈妈又心疼又悔恨，不断地说：“对不起，宝宝。妈妈太大意了，对不起。”

君君2岁左右的时候，小沈妈妈和他有个小小约定：睡觉前妈妈吻一下君君的额头，君君亲一下妈妈的脸颊。

有天晚上，小沈妈妈感觉很疲劳，躺下后眼皮打架昏昏欲睡。这时候，君君在旁边自己跟自己说着话，还哼着儿歌。过了一会儿，他见妈妈翻了一下身子，就说：“妈妈，亲。”

小沈妈妈迷迷糊糊地说：“睡吧，困死了。”君君又说了一遍：“妈妈，亲。”见妈妈还不理他，就哭起来。君君一哭，小沈妈妈清醒了一些，说：“明天吧，我太累了。”君君还是哭，而且声音越来越大。小沈妈妈被哭得心烦意乱，忍不住呵斥道：“别哭了，闭嘴！”

君君一惊，吓得停止了哭泣，陌生地看着生气的妈妈，说：“妈妈，不，不，妈妈抱……”接着很无助地靠过来，靠在妈妈怀里又哭起来。小沈妈妈忽然意识到自己严重伤害了宝宝，内疚极了，把他抱在怀里说：“对不起，宝宝。原谅妈妈，妈妈再也不会这样了。”

君君上学后一直品学兼优，小沈妈妈对他很放心。大概是上小学四年级的时候，有天早上晴空万里，快中午的时候却乌云翻卷，看样子要下大雨。小沈妈妈到别的单位去办事，回来时顺便到君君学校给他送伞。在教室外面，她隔着后门窗户往里瞅了一眼，见君君在回头和后面的同学说笑，心里顿时窝火，把伞交给老师后匆匆离开了学校。

中午，君君回家吃饭。小沈妈妈平静地问他：“你今天上课听讲怎么样?”君君回答说：“挺好。”

中午在家时间短，小沈妈妈不想占用吃饭时间谈这些事，就说：“你好好想想，有没有做得不好的地方。晚上再给我说。”君君想不出自己哪里做得不好，好长时间没有说话。

晚饭后，小沈妈妈打开电视。不一会儿，君君从自己房间走过来，坐到她旁边，说：“妈妈，我想了好长时间，没记得有不好的地方。”小沈妈妈看着他说：“第4节课，再想想。”君君又想了一会儿，说：“第4节课，没有不好啊。”

小沈妈妈脸色变得难看起来：“你回头和后面那个男生说说笑笑，我看得清清楚楚。”君君这才明白过来，赶忙解释说：“老师出了一道口头对话题，让我和马光华在下边先练习一下，再到讲台上面对全班同学表演。”

一时间，小沈妈妈感到十分尴尬，沉默片刻之后不好意思地说：“对不起，妈妈误解了，向你道歉。”

父母对孩子说“对不起”，孩子头脑中不会出现“平等”二字，却能感觉到自己很重要，可以平视父母的眼睛。道歉，不仅是平等意义上的教育行为，还是文明的表现。事实上，平等本身就是文明，而不平等本身就是野蛮与蒙昧。当父母向孩子道歉成为一种习惯的时候，即使没有要求孩子为自己的错误向他人道歉，孩子也会主动去做。

君君10岁的时候，曾发生过这样一件事。那是一个周六的上午，小沈妈妈正在家收拾房间，忽听有人敲门，打开一看，一位满脸怒气的老太太站在门口，旁边是一个年龄和君君相仿的孩子。

老太太不客气地问："你就是君君的妈妈?"小沈妈妈不知发生了什么事，赶忙说："是啊，怎么啦?"

原来，君君和几个孩子玩捉人游戏，玩着玩着，为了一点鸡毛蒜皮的事吵起来。老太太的孙子骂了君君一句，君君说："你怎么骂人!"那孩子说："我就骂!"君君上去揪住他衣领，顶着他下巴用力一推。那孩子倒在地上，大哭起来。

小沈妈妈听完老太太陈述，马上表示，等君君回来，自己一定好好教育他，并代君君向老太太和她的孙子道歉。老太太这才满意地领着孙子下楼去。

君君中午回来吃饭，小沈妈妈说有个老太太领着孙子来告状，问他是怎么回事。君君把事情经过说了一遍，然后低下头来，沉默不语。小沈妈妈问他："你怎么看这件事?"君君说："我不该把他推倒，可是他骂人。"

小沈妈妈说："他骂人，肯定不对。不过，我们应当想自己错在哪里。"君君好长时间没有说话，最后承认了错误："妈妈，我一听他骂人就火了，没管住自己。"

小沈妈妈接着问："怎么办呢?"君君想了一下，说："向他道歉，我想现在就去。"小沈妈妈觉得应该这样，但考虑到当时正是午饭时间，怕影响人家吃饭，建议君君吃了饭再去。君君同意了。

第二天，小沈妈妈出去买菜，遇到了昨天告状的老太太。老太太笑着和她打招呼，说："哎呀，你太客气了，还让君君到家里赔不是。"小沈妈妈说："不是我让他去的，是他自己要去的。"

老太太一愣。她万万没有想到，一个小孩子能主动去别人家登门道歉。对小沈妈妈的话，她将信将疑。

自尊的外在表现形式很多，道歉就是其中一种。孩子能做到这一点，说明父母在这方面的培养教育已经结出了硕果。

2. 从襁褓期开始的尊严差异

有个小男孩磊磊刚刚能抓着扶手在童车里站立，爸爸把他推到小区花园边上晒太阳。旁边坐着几个熟悉的小伙子，其中一个摘下自己的墨镜，放到磊磊眼前。磊磊眼睛害怕得快速眨动起来，越眨闭得越小，样子很好笑，几个小伙子大笑起来。爸爸觉得很好玩，也跟着大笑。他取过墨镜，靠向孩子眼睛，孩子眼睛又害怕得快速眨动起来，越闭越小。这时，大家又爆发出一阵开心的大笑。

很明显，包括磊磊爸在内的几个小伙子，把磊磊害怕得眨眼当做笑料。他们大笑并无恶意，只是感到快乐罢了，可是他们没有意识到，这种“大笑”对磊磊是很不尊重的。

这时的磊磊，完全不懂什么叫尊严，他甚至不知道大人们为什么要大笑。磊磊不知道什么是尊严，但包括他父亲在内的成年小伙子们应当知道什么是尊严。

记得看过一个故事，有位丈夫失忆痴呆，妻子却每天照样和丈夫一起吃饭唠嗑。别人不解地问她：“他还认得你吗?”妻子说：“他不认得我了，可我认得他啊。”夫妻间的恩爱，自然跟尊严不是一码事，但心中有爱与没有爱是不同的。同样，对待不懂事的孩子，父母心中有尊严和没有尊严也是不相同的。尊重孩子，培养孩子自尊自重，必然注意维护孩子尊严，不做伤害孩子尊严的事情。

小沈妈妈遇到这种情形，会有另外一种处理方式。见君君害怕得眨眼，她自然也会觉得好笑，跟着小伙子们一起笑起来。可是，她会立刻意识到这是对儿子的不尊重。

“可以借用一下你的墨镜吗?”小沈妈妈从那个小伙子手里接过墨镜，语气轻柔地对君君说：“宝宝你看，它不会伤害人。”说着，小沈妈妈把头靠在君君的头旁边，把墨镜从远处慢慢移到自己眼前很近的地方，转脸和蔼地对君君说：“你看，它没有伤害我，一点也不可怕。”

接着，她又把墨镜由远而近慢慢移动，移到君君眼前20公分左右的地方停下来，然后说：“你看，它也没有伤害你，不要担心。”说完，再把墨镜靠得稍微近一点，打消他对墨镜的恐惧。

如此重复几次，每次都比上次更近，逐渐让君君对墨镜失去恐惧感。最后，终于慢慢将墨镜由远而近移到君君眼前较近的地方。这时候，君君已经一点儿也不害怕了，眼睛不再快速眨动。

小沈妈妈高兴地说：“这东西看着挺黑，挺吓人，但实际上对人没有危险。你摸一摸，对，就这样，很好！怎么样，它可怕吗?一点儿也不可怕。”

小沈妈妈头脑里有尊重孩子的意识，把自尊作为培养孩子的目标之一。从向孩子道歉起步，从日常生活中遇到的每一件小事做起，聚沙成塔，最终实现了自己的奋斗目标。

虽然这件事她没有遇到过，但遇到过包括磊磊爸妈在内的很多父母都遇到过的具有共性的事，比如孩子会笑了，孩子又尿床了等。下面分别做几组比较，从中可窥见两个家庭的不同教育轨迹。

比较一：“宝宝会笑了”

磊磊两三个月大的时候，躺在床上面无表情地望着天花板。这时，妈妈的脸出现在他的视野里。忽然，他咧开没牙的小嘴笑了。

“宝宝会笑了！”妈妈兴奋得喊起来，把老公叫过来分享，“宝宝，再笑一个给妈看看。好宝宝，再笑一个。”她高兴地逗着磊磊。少许，磊磊又笑起来，爸爸妈妈非常开心。

过了一会儿，妈妈又过来逗磊磊笑。可是磊磊像没有听到一样，面无表情。“宝宝，不高兴啦？笑一笑啊！”见磊磊还没反应，妈妈装出生气的样子，“你再不笑，妈妈可生气了，不要你了，送给收废品的。再笑笑，再笑一个给妈妈看！”

再不笑，就要把他送给收废品的。妈妈确实是开玩笑，不过可以看出，她潜意识里缺乏对孩子的尊重。

君君第一次出现笑容，小沈妈妈正在厨房做饭，是老公发现的。她听到老公喊“宝宝会笑了”，急忙放下手中活，跑到君君床边，躺在床上的君君见妈妈笑容满面地看着自己，咧开小嘴甜甜地笑起来。小沈妈妈高兴得直拍手，说：“笑得真美，真漂亮。我就知道，宝宝看到爸爸妈妈，心里特别特别高兴。”

君君笑过之后，脸又变得毫无表情。老公见君君不笑了，就逗他说“再笑一个，给爸爸妈妈看看”。逗了一会儿，君君果然又笑起来，还是那么甜美。后来，老公再怎么逗他，他也不笑了。

“别逗了，他累了，让他安静一会儿吧。”小沈妈妈劝止了意犹未尽的老公。

单纯看对逗笑的反应，两个孩子没有什么不同，但尊严差异却因父母的“教育理念和实践”不同而已经开始产生。这样说，可能有些人不认同，认为这样小的孩子没有自觉意识，不可能有尊严差异。其实这并不重要，重要的是父母的尊严培养意识存在明显差异，在孩子日后的成长过程中将显示出越来越重要的影响。

比较二：尿床出现反复

磊磊3岁多就不尿床了，可是快5岁的时候又尿了一次。妈妈告诉他，睡觉前不要喝水，可是磊磊口渴，还是忍不住。有天夜里，他做梦尿急找厕所，好不容易找到一个，尿了个痛快，忽然身下热乎乎，才迷迷糊糊觉得尿床了。

早上起来后，磊磊告诉了妈妈。妈妈一听脸就沉下来，掀开他的被褥，没好气地说："烦人，又尿床！"磊磊怯怯地站在一边，一言不发。

妈妈一边把尿湿的被单褥子等往床下扔，一边生气地说："让你睡觉前别喝水，你就是不听。从今天晚上起，再渴也不能喝水，听见了吗？""听见了。"磊磊小声回答。

"声音大一点，我没听见。"妈妈为了让他长记性，让他再大声说一遍。磊磊只好又大声说了一遍。

君君停止尿床后，也出现过反复。有天早上，君君不好意思地对小沈妈妈说："妈妈，我又尿床了。"小沈妈妈看他难为情的样子，安慰他说："没关系，我和你一样大的时候还不如你呢。"一句话，把君君给逗笑了。

来到君君房间，小沈妈妈掀开被褥说："来，咱们一起收拾，先把被单放到洗衣机里。"君君接过妈妈递过来的被单，跑出门去。

收拾完床铺，小沈妈妈问君君："你已经很长时间不尿床了，怎么又尿了呢？"君君没有出声。

小沈妈妈又问："你昨晚喝水多吗？"君君想了想说："不多。""那，睡觉前小便了吗？""……可能没有。"

小沈妈妈说："我记得以前提醒过你，睡觉前小便，晚上就不容易尿床。你一直坚持得挺好，可能昨天晚上疏忽了。"从此，君君天天晚上睡觉前想着一定要小便，果然没有再发生尿床的事。

比较三：孩子发音不准

磊磊刚学说话的时候，“吃饭”的“吃”字发音不准，而且很不清晰，让人听起来很像走了调的“扯”。开始的时候，妈妈觉得很好玩，常开玩笑说：“磊磊，扯饭怎么扯?”

磊磊上小学了，说“吃饭”还是“扯饭”。妈妈很着急，早已没心思开玩笑，曾多次帮他纠正。“你说‘吃’，听好了，是说‘吃’。看着我的嘴，跟我说，吃——”磊磊看着妈妈的口型，说出来却还是“扯”。

见磊磊死活没有长进，妈妈说：“唉，这孩子怎么这么笨。”有一次，妈妈让磊磊张开嘴，仔细查看，看口腔牙齿结构有没有毛病。

各种努力均告失败之后，妈妈心灰意冷，丧气地说：“完了，这孩子没治了，这辈子算是说不清了。”磊磊听了很伤心，差点落下泪来。

当全家人都不再抱有希望，甚至都不再去想它的时候，有一天忽然发现，磊磊的“扯”竟然变成了“吃”。妈妈喜出望外，却没有想到，自己过去的所作所为已经在磊磊心灵上留下了阴影。

君君刚学说话的时候，也有个别字发音不准，“走”字发音有点接近“肘”。开始的时候老公有点着急，小沈妈妈笑着说：“别担心，不少小孩子一开始都有这个问题，慢慢会好的。”

这样，两个人都没有纠正君君发音，更没有说那些伤害君君自尊的话。随着时间推移，君君的发音问题跟磊磊一样，在自然状态下得到了解决。

比较四：孩子画画

磊磊有过一段短暂的绘画经历。妈妈同事的孩子从3岁起就喜欢画画，如今创作的儿童画在市里得了三等奖。妈妈希望磊磊也能画出点名堂来，早早买来画板和彩笔，而磊磊也确实喜欢“涂鸦”。

有一次，磊磊画画的时候，妈妈站在他身后，看他画完了就蹲下来问道：“你画的是什么呀？”磊磊用小手指着画板，奶声奶气地说：“这是太阳，这是云彩，这是大山。”

妈妈笑起来，边笑边说：“磊磊，你见过太阳是扁的？你见的云彩是蓝的？画的都是些什么呀。”

有一天，妈妈有个同事来玩，看到了磊磊画板上的“涂鸦”。妈妈不好意思地对同事说：“磊磊没有绘画细胞，画得乱七八糟，你别笑话。”磊磊在一边听着，神色黯然。不久，画板就扔在一边，再也没动过。

君君和很多孩子一样，有段时间很喜欢画画，老公希望君君将来能成为画家。小沈妈妈认为，孩子有这方面天赋，拦都拦不住，没这方面天赋，家里再使劲也白搭，所以还是有个平常心最好。

君君全神贯注画画的时候，小沈妈妈从不打扰。对君君的“画作”，常常是赞不绝口。其实，有时她看不出君君在画什么，但她知道，每个孩子都是用幼稚的画笔表现自己心目中的世界，多多鼓励赞扬为好。

有一次，她问君君：“你画的是什么呀？”君君指着画板高兴地说：“这是太阳，这是云彩，这是大树。”小沈妈妈感觉能看出太阳、云彩和大树的样子，频频点头说：“画得好！你想想，还能画上什么呢？”

君君想了想，说：“还能画小草。”“对，还能画小草。你会画吗？”君君摇着小脑袋，得意地说：“当然会。”

画完小草之后，小沈妈妈又称赞几句，然后拍拍君君的小脑瓜，说：“我做饭去了。你自己画吧，想想还能画上些什么。”君君想了想，又想出不少东西，觉得上面还可以画小鸟、蝴蝶、大象……

君君画画，始终得到爸爸妈妈的尊重和鼓励。不过，他确实缺乏这方面天赋，后来逐渐对绘画失去了兴趣。

比较五：表演“中国功夫”

磊磊上幼儿园以后，跟小朋友学了几个“武打动作”，回家来给爸爸妈妈表演。一开始，爸爸妈妈觉得挺好玩，被他的幼稚动作逗得哈哈大笑。后来，爸爸常站起来模仿磊磊，边模仿边哈哈大笑。重复几次之后，磊磊觉得爸爸是笑话自己，就再也不表演了。

那天，爸爸有个朋友来玩。爸爸把磊磊拉到屋子中间，说“小子，给叔叔表演个中国功夫。”磊磊看了爸爸一眼，一动也不动。爸爸不高兴了：“这孩子，这么不场面，快点！不就是拿个架势嘛！”

磊磊还是没动。爸爸火了，要起身迫他就范。妈妈赶紧上前，把磊磊拉走了。

君君也有一段时间喜欢表演“中国功夫”，和喜欢画画一样，常得到爸爸妈妈夸奖。他不光表演给爸爸妈妈看，还给家里老人亲戚甚至邻居展示过。后来和画画一样，逐渐对它失去了兴趣。

比较六：日益扩大的尊严差异

磊磊5岁的时候，有一次妈妈到外地出差。磊磊不愿吃爸爸做的肉片炒茄子。爸爸说：“你全吃了，我晚上给你买巧克力。”磊磊为了吃巧克力，把剩下的炒茄子全部吃光了。

晚饭后，爸爸觉得很累，就早早上了床。磊磊推开爸爸房间的门，说：“爸爸，还没买巧克力呢。”爸爸说：“我先睡一会儿。”

爸爸一睡就睡到快8点了，迷迷糊糊地被磊磊推醒：“爸爸，你还没买巧克力呢！”爸爸把磊磊的手一拨，嘴里含混不清地说：“什么时候了，去去，睡觉去。”

“你说话不算数。”磊磊不干了，非要拉他起来。爸爸气得推了磊磊一把，把他推了个趔趄。磊磊躺在地上，哭闹起来。爸爸睡意全消，翻身下床，照着他屁股就是一巴掌，接着把他拎到他房间，顺势丢在小床上，出来锁上了门。

第二天一早，爸爸打开磊磊房间门一看，气得差点休克。磊磊脸上抹得横七竖八，直挺挺地躺在地上。房间的桌子上、小床上和地上，扔得乱七八糟。他揪起磊磊来，狠狠扇了他两巴掌："以后还敢吗？说！还敢吗？"磊磊疼得大哭，说"以后不敢了"，爸爸才罢休。

磊磊上小学后，不守纪律，爱捣乱。老师发现他最怕"请家长"，一说"请家长"就掉眼泪，可怜巴巴地说"老师，我改了"，可是老实不了几天，上课捣乱的老毛病就会重犯。爸爸被老师请到学校来，回家就打磊磊。磊磊每次都发誓："以后一定改正"，但始终也没有"改正"。

君君上学后，遵纪好学，开朗大方，在同学中威信很高，老师也很喜欢他。对磊磊这种三天两头出点"事"的学生，老师很挠头，爸爸妈妈也很挠头。他们每次被"请"到学校，见到老师就说："唉，俺怎么摊上这么个孩子。平时没少说他，也没少揍他，他怎么就是不改呢？"他们至今不明白，不是自己不幸"摊上这么个孩子"，而是孩子不幸生在不懂教育的家庭。

起于逗笑的尊严差异，随着时间推移，在两家父母有意无意地教育影响下差距越来越大。两个襁褓中的可爱天使，如今变得一个让人喜爱，一个让人头疼。比较他们的成长过程，令人警醒。

3. 两个“允许”

哪怕不赞成，也允许孩子自然情绪表达

父母送给孩子一件心爱的生日礼物，孩子会喜形于色，甚至会高喊一声“耶”。这时，父母不会制止孩子表达欢喜之情，因为父母觉得这很自然也很正当。父母喝令制止的，是自己认为荒唐可笑或者可恨可气的情绪表达。

有对夫妇带着5岁的儿子小虎去南方旅游。在某旅游景点，几只彩色大蝴蝶上下飞舞，让游客们大饱眼福。这时，一只蝴蝶飞到小虎旁边。小虎吓得缩起脖子，一边嚷着“它咬我，它咬我”，一边躲着蝴蝶跑。

父亲感觉小虎太丢人现眼，但碍于其他游客在场，没有发作，说：“蝴蝶有什么好怕的？胆小鬼，别跑了！你站住看看，它咬不咬你。”小虎哪里敢停步，还是不停地跑来跑去。

父亲终于忍不住了，喝道：“别跑了！”小虎不敢跑了，却哭起来，抹眼泪时仍偷看着在旁边飞来飞去的蝴蝶。

父亲不准小虎害怕蝴蝶，是因为蝴蝶不咬人。可是，小虎害怕，怎么办？训斥能解除孩子的恐惧吗？不能，只能让他感到自己非常渺小，渺小得无足轻重，连害怕的资格都没有。

成年人自然知道蝴蝶不会咬人，但孩子就不同了。当然，不少孩子很小就见过蝴蝶，至少在画册图片上知道蝴蝶是怎么回事，但不是每个孩子都知道蝴蝶不咬人。小虎怕蝴蝶咬自己，肯定是缺乏这方面常识，也可能曾被蜜蜂之类的昆虫叮咬过。父亲不准他害怕，而且当着众游客的面骂他“胆小鬼”，是对他自尊的伤害。

一个有尊严意识又懂得如何教育孩子的父亲，会对躲避蝴蝶的小虎说：“别害怕，蝴蝶不咬人！”小虎自然听不进去，还是躲来躲去。父亲会平静地等待这个小插曲终了，然后对小虎详细介绍蝴蝶的习性，消除他对蝴蝶的恐惧。

君君上小学2年级的时候，有天晚上已经像往常一样关灯躺下了。忽然，君君神色惶恐地从自己房间跑出来，出门时还往后看了一眼，跑到正在看电视的妈妈身边说：“妈妈，我怕。你和我一块儿睡，行吗？”

小沈妈妈感到很奇怪：“怎么啦？”原来，君君班里有个同学说世界上有鬼，还讲了一些鬼的故事。其中有个故事是这样的：有个小女孩晚上在自己房间里睡觉。她妈妈听到有声音，就起来到她房间查看。妈妈推开门，只见屋里绿幽幽的，小女孩的头被鬼拿到桌子上，正在用梳子一下一下地梳。她惊叫一声，昏了过去。

小沈妈妈听了这个故事也感到头皮发麻。她把君君揽在怀里说：“相信妈妈，这个故事是编造的，世界上根本没有鬼。”接着，她讲自己小时候也听过一些鬼的故事，去问爸爸。爸爸说，别听那些人胡说，全是吓唬小孩的！

君君眨着眼睛问：“你那时候害怕吗？”小沈妈妈说：“一开始有些害怕，后来就不怕了。”随后，她和君君一起来到君君房间，给他讲了“鲁迅先生踢鬼”的故事，讲得他笑起来。

“时间不早了，你该睡了。”她说，“相信妈妈，世界上没有鬼。你今天晚上是自己睡，还是让妈妈陪你一会儿？”君君犹豫了一下，说：“我自己睡吧。实在不行，再叫你。”小沈妈妈离开房间后，他没过多久就自己睡熟了。

君君怕鬼这件事，处理难度较小。真正不好处理的是孩子非理性情绪表达，而父母正与孩子激烈冲突，处在非理性状态，因而把握不住自己的态度。

爸爸妈妈要去看刚刚引进的大片《阿凡达》。鹿鹿想和爸爸妈妈一起去。爸爸妈妈考虑票价太高，再说觉得 7 岁的孩子看不出什么道道，就没给他买票。

吃晚饭的时候，鹿鹿得知没给自己买票，很不高兴。晚饭后，爸爸妈妈穿得暖暖和和，准备出门。妈妈对鹿鹿说："你自己在家好好写作业。我和你爸用不了多长时间就回来。"鹿鹿知道他们去看电影，嚷着要跟他们一起去。

"不行，写作业！"爸爸拉下脸来，对鹿鹿下了命令。鹿鹿气得转过身子，抓起沙发上的玩具熊狠狠掷到墙角里，接着把眼睛一翻，躺在了地上。

爸爸火了，大声喝道："起来！听见没有！"鹿鹿不但不起来，还故意把两条腿踢了两下。爸爸摘下手套，走到鹿鹿面前，指着他说："你起来不起来？我数三下，你还不起来，有你好受的！"说罢开始慢慢数数，当他就要数到三的时候，鹿鹿撅着嘴坐了起来。

"你撅什么嘴？爹妈欠你什么了？把嘴收回去！我再数三下，收不回去，别说我心狠。"他刚数完二，鹿鹿的小嘴已经收回去了。

这种事情，不会发生在小沈妈妈家，因为在妈妈平日的理性教育影响下，君君不会把玩具熊狠狠掷向墙角，也不会眼睛一翻，躺在地上不肯起来。

鹿鹿看电影的目的达不到，再加上爸爸变脸发火，气不打一处来，又掷玩具熊，又躺地翻白眼。他这样做显然缺乏自尊，很不理智，是不可取的。爸爸以动手相威胁，不准他生气，也不准他不满。用伤害孩子自尊的方式，强迫孩子放弃非理性情绪表达，也是不可取的。

孩子非理性情绪表达，不管有没有道理，只要不造成人身伤害或较大财产损失，父母应当允许，不要强行制止。正确的处理方法，是不理会他，让他发脾气，哭闹躺地都可以，等他脾气发完了，冷静下来之后，再“晓之以理”。

就鹿鹿生气这件事而言，爸爸在“晓之以理”之前，应当首先作自我批评，说自己不该对鹿鹿耍态度。道理讲清楚之后，鹿鹿仍然“执迷不悟”，爸爸可以让他去面壁思过，什么时候想明白了，什么时候对爸爸说自己错在哪里。鹿鹿认识到错误之后，爸爸则可不失时机地肯定鹿鹿认识上的进步。

父母应当允许孩子插话，但要掌握分寸

在孩子插话问题上，有两种错误态度，一种是限制禁止，一种是纵容放任。

妈妈带着5岁的菲菲参加同学聚会。席间，同坐一桌的源源爸提议，全桌5个小朋友，每人出一个节目给大家助兴，唱歌、讲故事、表演中国功夫等。大家纷纷表示赞同。

表演当然是从源源开始，源源唱了一段京戏，赢得满堂喝彩。按照表演顺序，接下来轮到菲菲了。菲菲垂着眼皮，一副“不合作”的样子。妈妈强笑着动员她，不断提她擅长的节目，希望她别扫了大家的兴。菲菲不管妈妈怎么说，也不管在场的叔叔阿姨已经鼓了几次掌，就是不表演，气得妈妈没有一点办法。

菲菲这样“上不了台面”，全在妈妈的“教育培养”。妈妈喜欢女孩子安安稳稳，最看不上那些喜欢表现自己、“不知自己姓什么”的小女孩。

菲菲3岁左右的时候，有一次家里来了妈妈的几个好朋友。妈妈和叔叔阿姨坐在沙发上谈笑风生。菲菲跑到妈妈跟前说："妈妈，我要喝可乐。"妈妈说："不行。"

菲菲扭着身子不想离开。妈妈拉下脸来，说："不准这样，没见妈妈在和叔叔阿姨说话吗？"菲菲只好撅着嘴走了。

还有一次，菲菲听妈妈和叔叔阿姨谈话。有个阿姨说："我家妞妞就爱吃肯德基，吃起来不要命。我怕妞妞发胖，尽量不带她去。"菲菲插话说："我也爱吃肯德基，可是我不胖。"妈妈转过脸来，没好气地说："大人说话，别插嘴。"菲菲悻悻地离开了大人的谈话圈。

跟菲菲妈相反，壮壮的妈妈喜欢孩子出头。她小时候曾经有插话被父母呵斥的经历，记忆深刻。她觉得，父母和孩子应该是平等的，不能限制孩子参与大人交谈。

壮壮3岁左右的时候，家里亲戚或者妈妈的朋友同事来了，妈妈总是特意把他拉进谈话圈。壮壮在大人们说话的时候，经常插嘴。每逢这时，妈妈都笑眯眯看着宝贝儿子，觉得他很可爱。

后来，壮壮喜欢打断别人讲话，抢着大声说："听我说，你们听我说！"有一次，壮壮的舅舅正在说话，被壮壮一句"听我说"给打断了，不高兴地说："壮壮，打断别人说话很不礼貌，以后不能这样！听见了吗？"壮壮就像没听见一样，照样讲自己的。妈妈只是笑，不置一词。

壮壮平时和妈妈交谈，话头经常被妈妈打断，妈妈说话也经常被壮壮打断，两人都不觉得有什么不好。尤其是妈妈，觉得自己的话被打断，说明母子俩平等。

在幼儿园里，老师讲话的时候，壮壮也爱插嘴。老师给壮壮妈反映，说这孩子回答问题很积极，就是好乱插嘴。妈妈告诉壮壮：你和妈妈说话，可以随便一些，但是不能打断老师讲话。妈妈讲求“平等”，只是提建议，壮壮不听也不“追究”，所以壮壮依然我行我素。

小学四年级，壮壮班换了一个很严厉的班主任赵老师。她决不允许学生随便插话，而壮壮恶习难改，几次被当堂批评罚站，甚至站到教室门外。

“你这个学生真没教养！”有天放学后，赵老师在办公室狠狠训斥“屡教不改”的壮壮，“老师讲道理不听，批评不在乎，罚站也不在乎，脸皮也够厚了！”

壮壮妈被赵老师请到学校，希望能配合老师做孩子工作。她早就听壮壮回家讲过学校的事，对赵老师一肚子意见，但不好意思当面讲。赵老师看了出来，不客气地说，壮壮“这样下去很危险，将来没出息不说，还有可能出大问题”。妈妈回家把赵老师的话说给壮壮听，壮壮在校表现更差了。

菲菲在不准插话的教育下，变得自闭寡言。壮壮恰好相反，在妈妈的放任下插话无度，由在家无礼演化成在校违纪。两个孩子殊途同归，都成了有性格缺陷的学生。

在插话问题上，小沈妈妈是这样考虑的：拒绝孩子参与大人间谈话，会伤害他自尊，让他感到自己无足轻重。孩子迟早要踏入社会跟各类人交往，让他从小参与到大人的谈话中来，可以早早适应交往要求，增长知识，获得自信。

君君三四岁的时候，家里有客人来，小沈妈妈都是先向客人介绍一下：“这是我儿子君君。”然后再向君君介绍客人：“这是某某叔叔（或阿姨）。”这时君君会向客人问好：“叔叔（或阿姨）好。”

客人落座后，小沈妈妈根据当时情况，或者把君君揽在怀里，或者让君君继续做自己的事情。

有一次，小沈妈妈正在对客人说话，君君走到沙发旁大声问：“妈妈，金箍棒放在哪里了?”小沈妈妈扭头说：“稍等一下，妈妈正在说话。”把话讲完之后，她告诉君君，金箍棒在他房间的玩具柜旁边。

送走客人，小沈妈妈对君君说：“妈妈和客人说话，你不要插话打断，打断别人说话很不礼貌。你想问妈妈金箍棒在哪里，可是妈妈正在说话。你要先说‘对不起’，对打断妈妈的话表示歉意，然后再问金箍棒的事。”

后来，小沈妈妈开始培养君君迎接客人。客人到来之前，小沈妈妈提前告诉君君，说有客人要到咱家来，你该怎样称呼人家，客人是妈妈的同事或是朋友等。接下来，让君君也参与接待准备，如收拾房间，整理桌子，放好水果、茶点等。

客人进门以后，小沈妈妈首先向人家介绍君君，然后向君君介绍客人，让他和客人相识，缩短两人之间的距离，产生认同感。落座之后，让君君大大方方回答客人提出的关于自己的问题，也积极向客人提问，很自然地参与到交谈中来。

这样做确实很有成效，君君上学后没有像菲菲那样见到老师躲着避着，出现某种程度的交流障碍，也没有像壮壮那样上课乱插话，无视老师批评告诫。他见到老师落落大方，不卑不亢，上课遵纪守规，有问题积极提出，而且提问讲究方式。这些年来，他经历过各种教育风格的老师，有和蔼可亲的，也有严厉可畏的，但相处交流都没有问题。

4. “再让幼儿园撵出来，咱就没地儿去了。”

一说伤害孩子自尊，人们就会想到伤孩子脸面的讽刺挖苦、打骂侮辱。要说父母放任纵容孩子让孩子也丧失尊严，恐怕有些人就不一定那么认可了。下面的情形，大概不少人都不陌生。

某商场，一个7岁左右的小男孩冬冬站在柜台前。他相中了一支玩具手枪，让妈妈买下来。妈妈说："家里已经不少了，不能再买了。"

冬冬一听就不高兴了，大声说："就买，就买！"妈妈生气地压低声音说："越喊越不买。"冬冬一下躺在地上，两腿乱踢，张开嘴巴"哇哇"大哭，拉他也拉不起来。妈妈见众多顾客驻足观看，窘迫得满脸通红，恨不能找个地缝钻进去。

"算了算了，别在这丢人了。"她只好让营业员给拿了一支。冬冬这才破涕为笑，被妈妈拉了起来。

为了得到一支玩具手枪，在众目睽睽之下躺地踢腿，张嘴大哭，是很缺乏自尊的表现。尊严无价，冬冬却用无价尊严来要挟妈妈，以换取玩具手枪。尽管冬冬认识不到这一点，但妈妈在这种情况下满足他的要求，就是鼓励他降低自己，以后继续为一点物质要求而放弃尊严。

冬冬妈是个心肠很软的人，不愿看到孩子"受委屈"。冬冬一两岁时，要求得不到满足就不高兴，甚至哭泣。尤其是哭泣的时候，妈妈不光把东西送到他手上，还满怀歉意地哄他别哭，好像自己犯了很大错误。

婴幼儿要求得不到满足而不高兴或哭泣，是很自然的反应。如果父母都像冬冬妈那样溺爱孩子，用满足孩子要求来安抚和取悦孩子，就会让孩子形成"条件反射"：以后只要父母不答应自己的要求，就生气，就大哭。这样，要求就会得到满足。

随着孩子年龄增长，他想得到的东西越来越多，越来越不合理。父母拒绝时，他的反应会升级，由哭泣到坐地大哭，再到躺地哭闹，而且会在大庭广众之下"丢人现眼"。可悲的是，他丝毫不感觉难堪，不知自己已经尊严扫地。

杜绝这类现象，父母头脑中要有尊严意识，要有培养意识，依顺孩子要有底线。从孩子一两岁开始，只要是不合理要求，不管他生气也罢，哭泣也罢，都不予满足。前面说过，应当允许孩子表达情绪。他哭，就让他哭。他不吃饭，就让他不吃饭。等他情绪平静下来之后，再心平气和地告诉他，为什么不能满足他的要求。

如果孩子 5 岁时已经养成打滚哭闹的恶习，而父母刚刚明白尊严是怎么回事，想改变孩子，怎么办呢？在孩子理智时做一次深谈，先自我批评，承担造成孩子哭闹要挟的责任，并且表示以后自己会坚决改正，然后告诉他打滚哭闹是怎么回事，希望以后不再出现这种情况。

如果日后孩子又打滚哭闹，父母劝阻无效可径自离开，留他自己在那里。等他哭闹够了，会自己没趣地爬起来。这种现实教育比讲道理更能让他明白“哭闹没用”，以后就不会再做这“无用功”了。父母则可在回家后对他进行严厉批评，批评他为了得到一点东西而不惜“丢人现眼”放弃尊严，让他接受教训，做一个自尊自重的人。

父母放任纵容而导致的孩子缺乏自尊，还有一种表现是抢夺小朋友东西，推打欺侮小朋友。

有个叫阳阳的 5 岁小男孩，在同龄孩子中长得人高马大，经常抢夺小朋友的玩具和其他东西，甚至打骂小朋友，是幼儿园老师和众多父母头痛的主。

阳阳的妈妈很袒护孩子，爸爸好一些，曾经多次批评阳阳，让他给被“抢劫”欺侮的小朋友道歉。阳阳不听那一套，爸爸也不怎么在意，大概跟自家孩子没吃亏有很大关系。

后来，幼儿园迫于“家长方面的压力”，动员阳阳父母把孩子转走了。在进新幼儿园之前，妈妈语重心长地告诫阳阳：“在这个幼儿园，你不能再像以前那样抢他人玩具，也不能再欺负小朋友！要是再让幼儿园撵出来，咱可就没地儿去，只能窝在家里了。”

孩子抢小朋友玩具，推打小朋友，给人家造成身心伤害，阳阳父母全然没有考虑，想到的仅仅是“再让幼儿园撵出来，咱可就没地儿去，只能窝在家里了”。这种只想着自己不考虑别人的教育，怎能让儿子良心发现“重新做人”呢？

果然，阳阳刚到新幼儿园就抢了小朋友奇奇的玩具救火车，奇奇的“铁哥们”大龙奋勇上前，要夺回玩具救火车，被阳阳推倒在地上。奇奇和大龙哭着向老师告状。老师让阳阳把玩具救火车还给奇奇，阳阳满脸的不在乎。

大概所有的孩子在婴儿期都咬过或者抓过自己的父母，那是他们接触世界、认识世界的一种方式。第一次被咬被抓，父母们都会产生孩子“长大了”的喜悦，不会在意自己手臂上那点微微的疼痛。不过，随着孩子逐渐长大，当他们抓咬具有明显“功利”目的的时候，父母们处理起来就有所不同了。

阳阳还是婴儿时，伸手向父母索要一些东西，像父母手中的玩具、奶瓶之类。他要什么，满怀爱意的爸爸妈妈就给他什么。有一次，妈妈没有注意他，他有些生气，抓了妈妈一下。妈妈看着自己被抓出印痕的手，笑起来，说：“宝宝还挺厉害呢，把我手都抓出道道来了。”

这时，妈妈忽然悟到，宝宝是想要自己手里的玩具，就把玩具给了他。过了几天，阳阳又伸手向妈妈要玩具。妈妈故意不给他，看他有什么反应。阳阳咬了妈妈手背一口。妈妈又笑起来，说：“好家伙，宝宝脾气还挺大呢。”说着，把玩具放在了他手里。

如此几次，让正在学习处世规则的阳阳明白了一个道理：索要不成，就抓咬对方。这样，东西就会送到手上。

冬冬是通过哭闹来得到自己需要的东西，阳阳则是通过抓咬来获得。哭闹丧失尊严，抓咬也是不知自尊为何物。一个自尊自重的人，不允许他人侵犯自己，同时自己也不侵犯他人。不尊重他人，就是不尊重自己。侵犯他人，是自轻自贱的表现。

孩子抓咬父母，是侵犯父母人身权的行为。当然，他自己浑然不知，很多父母也不把这当回事，好像问题并不严重。如果父母像阳阳的爸爸妈妈那样“有咬必应”，那么孩子侵犯父母人身权就会形成习惯。和小朋友在一起，索要玩具不成，就会侵犯小朋友的物权和人身权。“自尊始于知耻”，不以暴力抢夺他人物品为耻的孩子，实际上把自己降低成毫无自尊而言的“抢劫者”。

杜绝孩子出现此类不良行为，父母要在孩子刚刚开始出现企图用抓咬来达到索物目的的时候，让他空手而归。这时的孩子大多还听不懂大人讲话，但能明白父母表情和语气的含义。父母在拒绝他要求的同时，要批评他抓咬父母的行为。这样不出几次，孩子知道此路不通，而且自己的做法令父母厌恶，就不会再重复这类行为。

5. 不怕孩子有错，就怕父母糊涂

孩子犯错误，父母若反应失当，最容易伤害孩子自尊。能这样看问题的父母，反而不容易反应失当。为什么呢？因为他们怕伤害孩子，所以喜欢探究如何正确对待孩子犯错误，教育失误自然就少。

有的父母喜欢向人讨教“怎样让孩子认错”。一般说来，到了向人讨教这个问题的时候，父母已经在为孩子不肯认错而头痛了。孩子不肯认错，通常是父母纠错教育出了问题。

在邻居们眼里，胡工程师有个很出息的女儿，刚上小学三年级就已经是少先队“大队干部”。胡工夫妇对女儿要求很严，早早定下了一条家规：女儿犯了错误，脱下裤子用尺子打屁股。女儿从3岁起就开始被打，以致后来只要犯了错误，不用父母吆喝，自己就去把尺子拿来，主动脱下裤子让父母打。女儿“大队干部”的耀眼光环，让胡工夫妇以自己“教育得法”而沾沾自喜。

有一天，胡工发现女儿床头多了一个小小的布艺玩具，就问女儿哪来的。女儿开始不肯说，后来承认是在小摊上“拿”的。若在过去，女儿早已主动去拿尺子，可这次就是不认错。气得胡工自己把尺子拿来扔在沙发上，让她自己脱裤子。她不仅不脱，还拿过尺子用力折断了。

胡工勃然大怒，把女儿裤子扒掉，按在沙发上用折扇把她屁股打得又红又肿。女儿几天不敢正坐，只能斜靠在椅子上。就这样，女儿还是不说自己错了。胡工夫妇甚感茫然，不知怎么才能让女儿低头认错。他们翻书看报，上网搜索，四处打听“良方妙药”。

胡工的女儿很清楚自己“拿”小摊上的玩具属于什么性质的错误，但就是不承认，是故意而为，意在抗议父亲多年来的暴力纠错。

小女孩能犯什么了不起的错误，需要脱下裤子用尺子打屁股？父亲定下的这个荒唐规矩，3岁的小女孩会以为是天经地义。稍大一点之后，甚至还主动拿尺子为自己的错误接受惩罚。但当她有了羞耻感，并且知道这个规矩是错误的之后，就再也无法忍受这种羞辱。

如果胡工最初能用正确方法处理女儿所犯错误，就不会有后来的女儿“不肯认错”。如此看来，父母怎样让孩子承认错误固然重要，但最重要的还是自己如何对待孩子的错误。

如何面对孩子的无意识过失

正确对待孩子的错误，首先要搞清孩子错误的性质，然后才有可能对症下药，采用正确方法处理。

小沈妈妈认为，孩子是在不断犯错误的过程中成长起来的。他们呱呱坠地来到这个世界，对什么都不了解，对什么都茫然无知，要通过接触各种事物，跟各种人物打交道，才能学习知识增长才干。错误，在这个过程中是无法避免的。就是成年人，在面对自己不熟悉的问题时也难免失误出错，更何况小孩呢？

早在君君出生之初，小沈妈妈就确定了对待孩子犯错误的原则。第一，孩子出现错误的时候，自己不能态度失控，可以生气但不能凶狠，要理智判断孩子错误的性质，到底是无意识过失，还是品行错误。第二，要耐心细致说理，让孩子知道他错在哪里。即使孩子犯了严重错误，也决不谩骂体罚，尊重孩子人格尊严。第三，必要时，孩子要面壁自省，说出自己对错误的认识及未来打算。第四，让孩子学会承认错误，不文过饰非。

君君2岁多的时候，有一天小沈妈妈给他倒了一杯牛奶，放在茶几上说："君君，牛奶有点热，冷一冷再喝。"说完就去了厨房。在厨房里，她忽然听到客厅里君君"呀"的一声叫，赶忙跑出来，只见杯子倒在茶几上，牛奶全都洒了出来，一直流到地上，君君手上袖子上全是白色奶汁，一脸惶惑。

"没烫着吧？"她察看了一下君君的小手，接着把他抱起来，到厨房里轻轻擦掉他袖子上的奶渍，然后把茶几、地面擦拭干净。忙完之后，坐下来和蔼地问君君："牛奶是怎么洒的？"君君说："我拿杯子，它就倒了。"

原来，君君没把杯子拿稳。这是他以前从没出现过的失误。小沈妈妈没有责备他，也没有埋怨他，感觉牛奶淌得到处都是，对他来说是极好的教训。不用大人说，他自己也不愿再出现这样的事情。

后来，又出了一件事。那天，小沈妈妈正在卧室叠衣服，君君自己在客厅里玩。忽然客厅传来“哗啦”一声响，她赶忙放下衣服跑出卧室，只见刚买的玉手镯摔碎了，散落在地上。君君不知所措地站在那里。

“哎呀!”小沈妈妈登时心疼得变了脸色，大声说：“你怎么搞的!”

君君一看妈妈的样子，才意识到事情很严重，吓得哭起来。小沈妈妈这才意识到自己反应过分了，其实他并不知道手镯是可以摔坏的，而且头脑中没有贵贱的概念，缓和了一下情绪，把他抱起来说：“君君不哭，告诉妈妈，它是怎么掉地上的?”

君君止住哭泣之后，说自己看它挺好玩，就从茶几上拿起来，不知道为什么就掉在地上了。小沈妈妈把君君放在沙发上，拿来扫把簸箕将碎玉扫起来，说：“这个手镯是翡翠玉的，很贵。妈妈很早就想买它，可是一直没舍得买。唉，不说了。”

君君内疚地说：“妈妈，对不起。”小沈妈妈说：“妈妈不怪你，谁都有失手的时候。以后拿这种东西要小心，它很容易摔碎。”

洒牛奶和摔碎玉手镯，都是君君成长付出的代价。小沈妈妈处理得当，没有让这些过失成为伤害君君自尊的导火索。有一次，一个小朋友坐在自行车后座椅上，不小心把手里的雪糕掉在地上。妈妈停下车子，对他大声训斥，还打他的小手，打得他大哭。对孩子失误采用这种办法，百害而无一利。

君君上了幼儿园之后，跟小朋友打过架。那天，小沈妈妈去接君君，发现他脸上有抓痕，就问是怎么回事。君君说，是舟舟抓的。原来，君君玩积木，舟舟过来抓走一块，让他还，他不给，君君就去抢了回来。抢夺的时候，舟舟使劲抓他的脸。

小沈妈妈问：“那，你是怎么做的?”君君说：“我把他推倒了，碰到小椅子，他哭了。”

“是碰的后脑勺吗?”“是。”

“出血了吗?”“没有。”

“你哭了吗?”“没有。”

“老师知道吗?”“知道。”

“老师批评你了吗?”“批评了。”

“老师批评的什么?”“不该推倒他。”

“批评他了吗?”“没有。”

“下次舟舟再拿你积木，你怎么办?”“我抓他脸。”

小沈妈妈沉思片刻，又问：“这件事，你有做错的地方吗?”君君说：“没有。”小沈妈妈没再说什么，默默领着君君往家走去。晚饭后，君君到自己房间里拿出玩具来，玩得津津有味，幼儿园打架的事早已忘到脑后。

小沈妈妈等君君玩得差不多了，就到他房间里，和他谈起了幼儿园打架的事：“君君，你现在还觉得，和舟舟打架没有错吗?”君君“嗯”了一声，放下了玩具。

小沈妈妈说：“我觉得，你不该没轻没重地把舟舟推倒。他后面有小椅子，头碰在上面很容易出大问题。爸爸妈妈过去教你推开抢东西的孩子，目的是自卫，不是让你伤害他们。当然，爸爸妈妈没有说清楚，应当负主要责任。去年，集成幼儿园有个小朋友打闹的时候摔倒了，头碰在桌子上，出了好多血，到医院缝了 5 针。你想让舟舟也这样吗?”君君说：“不想，只想把他推倒。”

小沈妈妈说：“可是班里有那么多小椅子，太危险，真碰破了头，后悔也来不及了。你说，这算不算你做错的地方?”君君想了想，说：“算，可是他抓我脸，怎么办?”

“你可以大声喊‘你不能抢我东西’，把他推开，也可以死死抓住他的手，大声叫老师，说舟舟抢我积木，还抓我脸。”小沈妈妈说，“这样，老师就会过来制止，仗就打不起来了。你不是说，老师批评了你，没有批评舟舟吗？为什么没有批评他呢？你想想。”君君想了一会儿，说：“他哭了。”

小沈妈妈忍不住笑起来，说：“我想不是，可能有两个原因。你下手太重，舟舟受到的伤害比你大得多，这是一个原因。还有一个原因，老师只看到舟舟倒在地上，不知道前面发生了什么。如果你能向老师讲清楚他抢你积木在先，老师就了解了事情全过程，发现舟舟也有做错的地方。这样，老师就会批评教育他。”

君君聚精会神地听妈妈讲道理，总算明白了为什么老师没有批评舟舟。小沈妈妈见君君有所领悟，心里很高兴，继续说道：“舟舟抢你的积木，你又抢回来，是对的。可是，我觉得你还能做得更好。你想过吗？”君君说：“没想过。”

小沈妈妈说：“舟舟抢你的积木，你可以对他说，积木是我的，你想玩，应该向我借，我会借给你。你看你，上来就抢，很不礼貌，可是这次我原谅你，希望你玩完了归还我。君君，你这样做，是帮助舟舟，帮他做一个好孩子。”

君君问：“他不还我，怎么办？”小沈妈妈说：“你可以去夺回来，让他知道你不会放弃自己的东西。另外，你也可以去找老师。在幼儿园里发生纠纷，你处理不了的，应该找老师处理。你去告诉老师，舟舟抢走了你的积木不归还，并且把你怎么对舟舟讲道理也告诉老师，相信老师会处理好这件事。”

小沈妈妈处理这件事，目的是让君君认识到自己的错误，懂得如何解决跟小朋友产生的矛盾纠纷，以及自己解决不了的时候该怎样去做。君君年龄小，可能无法完全理解，但大致原则还是能明白的，尤其是妈妈的理智态度会对他产生积极而深远的影响。

孩子最初“拿东西”，父母怎么办

下面，我们再看另外一位母亲——睿睿妈教育孩子的案例，是关于孩子“拿东西”的。

那天，妈妈去幼儿园接4岁多的儿子睿睿回家。睿睿出教室的时候顺手拿起一只幼儿园的小铲子，母亲发现的时候，两人已经快要走出楼道。妈妈让睿睿把小铲子放回教室，睿睿不高兴地说：“我还要挖沙洞呢。”妈妈这才想起，最近自己楼下有一大堆沙子，楼上很多小朋友都在那里玩得不亦乐乎，但她不想让孩子养成“拿东西不归还原处”的坏习惯，坚持让睿睿把小铲子送回教室。

睿睿不高兴地把小铲子扔到地上，一脚踢到墙脚。“睿睿，这样不好。”妈妈说，“不放回原处，要是丢了，下次你再想玩的时候，就找不到了。快放回去吧。”

睿睿说：“丢不了，我记着呢。”妈妈说：“那也不行，你不送回去，咱们今天就不回家了。”说着停住脚步，不再往前走。睿睿没有办法，很不情愿地撅着嘴，把小铲子放回了教室。

睿睿回来后，妈妈问他：“你开始的时候不想把小铲子送回去，对不对？”睿睿不说话。妈妈知道他不想认错，就生气地放开手，不再牵着他的小手，不再说话。

两人出了幼儿园大门，路过一个杂物摊时，睿睿拉住妈妈的手，说：“妈妈，给我买包泡泡糖吧。”妈妈站住，冷冷地看着睿睿说：“不买，你还没认错呢。我不会给不认错的孩子买东西。”

睿睿又撅起嘴来，问道：“我怎么认错呢？”母亲蹲下身子，教给他说：“你说：我错了，妈妈。”睿睿小声重复了一遍。

母亲高兴地说：“这才是妈妈的好孩子。”说罢，掏出钱来给睿睿买了一包泡泡糖。睿睿高兴得跳起来。

睿睿承认了自己的错误，但并没有真正认识到自己错在哪里。睿睿妈对孩子的错误做到了不认同不迁就，可惜教育没有到位。

首先，睿睿妈没有抓住问题的实质来教育孩子。睿睿离开教室时顺手拿走一只小铲子，而这只小铲子是幼儿园为小朋友准备的玩具。睿睿没有经过老师允许，擅自将小铲子拿走，是不对的。妈妈仅仅把睿睿的行为看做是没有把玩完的东西放回原处，显然搞错了事情的性质。

其次，利用睿睿要求妈妈给买泡泡糖的机会，将买泡泡糖作为筹码，换取睿睿认错，也是教育失误。从表面上看，睿睿承认了错误，但那是为了让妈妈买泡泡糖，并不是真正认识了自己的错误。

君君在幼儿园也曾有过类似睿睿的行为，小沈妈妈对事情的处理跟睿睿的妈妈有所不同。

那天，小沈妈妈也是接君君回家。君君出教室的时候顺手拿了一只小玩具桶，小沈妈妈发现的时候已经快要走出楼道了。小沈妈妈让君君把小玩具桶放回去。君君不高兴地说："我还要用它浇花呢。"

"浇花？家里有浇花桶啊。""我喜欢用这个。"

小沈妈妈蹲下来，看着君君的眼睛说："这个小桶是幼儿园的，不是咱家的。听妈妈的，把它放回去。"君君说："我浇完花，明天就带回来。"

小沈妈妈说："那也不行，用人家的东西，要经过人家允许。你忘了，舟舟没有经过你的允许拿你的积木，你不是很不高兴吗？你想拿小桶回家浇花，应当向老师提出来。老师允许，你才能拿走。老师不允许，你就不能拿走。"君君为难地说："老师已经回家了。"

小沈妈妈说："那就送回去，等明天再问老师。"君君虽然很不情愿，但还是把小玩具桶送回了空无一人的教室。

第二天，君君向老师提出来要借小桶回家浇花，明天归还，老师同意了。君君很高兴。小沈妈妈来接他的时候，他老远就提起小桶来给妈妈看。小沈妈妈也很高兴，远远向他伸出了大拇指。

小孩子最初拿幼儿园或者其他孩子的东西，以为可以跟在家里拿东西一样随便。他们不知道家里和外面有什么区别，父母应当把道理给孩子讲清楚。孩子明白了道理，知道怎样做对，怎样做错，明是非知荣辱，自尊感会油然而生。

孩子“偷钱”，怎么办

孩子最初“拿东西”，父母没有处理好，那么以后可能会面临很多棘手问题，“偷钱”就是其中一个。当然，孩子“偷钱”，情况复杂，不能一概而论。不过，从父母方面来说，很容易做出激烈反应，以孩子自尊为代价进行纠错。

江江是个小胖子，上小学二年级。某天下课后，同桌急着去小解，怕兜里的5元钱丢掉，掏出来放到文具盒里，然后匆匆跑出去。江江早就想放学后买麻辣串吃，可是家里不给钱，眼见同桌把钱放在文具盒里，眼睛不觉一热，左右看了看，见同学们都没注意自己，就伸手把5元钱拿出来塞进自己兜里，跑出教室去。

上课铃响了，江江随同学们走进教室，见同桌一脸焦急，旁边围了几个同学，看样子是在安慰他。一见江江进来，后面一个高个同学站起来，指着他说：“就是他拿的，我看见了！”江江一下傻了眼，红着脸把钱掏出来，还给了同桌。

这件事，老师立刻打电话和江江的爸爸通了气。爸爸感觉事态严重，又马上拨通了妻子的电话。两人都觉得在大是大非面前不能犹豫，也不能手软，一定要把孩子刚刚开始的坏苗头打下去。

晚上，江江做完作业，被脸色阴沉的爸爸叫到跟前：“今天在学校干坏事了吗？”江江低着头，没有说话。

“我问你呢！怎么不说话？”爸爸拍了一下桌子，抬高声音道，“我问你，今天在学校干坏事了没有？”江江用眼角偷偷瞟了爸爸一眼，脸涨红了，嘴里哼唧了几声，听不出说的是什么。

爸爸吼道：“把裤子脱下来，趴在床上！”江江只能老老实实照办。

父亲倒拿鸡毛掸子，朝着江江的嫩屁股就是一下子，一道红筋立时暴起。江江疼得大声哭叫：“我改了！爸爸！再也不敢了！”

爸爸恨恨地说：“小子，要记住，偷钱可耻！”说着又是一鸡毛掸子，又一道红筋暴起。江江尖叫一声，拼命哭喊：“妈妈！快来救我啊！我改了！”

“喊也没用，你妈救不了你。我说的话记住了吗？”爸爸又把鸡毛掸子举起来，江江见状急忙滚到一边，顾不上去抹满脸泪水，恐怖得大叫：“记住了！爸爸！记住了！”

“孩子不一定要成才，但必须成人。”若干年之后，江江爸跟同事闲聊，回忆起当初自己动手打孩子的一幕，说自己事后也很心疼孩子，但为自己能对孩子实施正确教育而倍感欣慰，因为江江从那以后再也没有偷过钱。

江江爸在“偷钱”问题上对孩子不姑息迁就，态度坚决，十分可取，但方法欠佳。究其原因，还是对孩子缺乏了解，忽略了孩子内心有向善的要求，有在同学中维护良好形象的愿望。另外，也缺乏对孩子人身权利的尊重。

小孩子偷同学钱，不少是一时鬼迷心窍，幼稚地以为别人不会发现才动手。一旦事情败露，往往羞愧难当，江江就属这类孩子。当后排高个同学揭发他偷钱的时候，他“红着脸”把钱掏出来归还同桌，就是很典型的表现。

一个能为做错事而“红脸”的孩子，难堪与羞惭已足以让他终生难忘。父亲没有“施暴”，他也很可能接受教训，不再犯这种错误。父母处理这类事，不应当立足于让孩子皮肉吃苦，以后因畏惧肉体痛楚而不敢“再伸手”，应当把着眼点放在调动孩子内心健康力量上，让孩子产生内在免疫力。这样做并不困难，下面就是其中一种做法。

晚上，江江做完作业后开始收拾书包。父亲来到他身边坐下，等他把书包整理完毕之后，神色凝重忧郁地看着他，低声说：“江江，学校的事我和你妈都知道了。没想到会发生这样的事，我心里很难过，你妈也很难过。”

父亲说自己很难过，江江一定会羞愧难当，深感对不起爸爸。由此而产生的认错，比疼痛难忍而大叫“我改了”、“再也不敢了”，要深沉得多，也更真诚。

发现孩子“偷钱”，用打骂来纠错是一种非理性处理办法，还有一种看似理性的处理办法是流泪。当然，流泪只是一种形式，表示自己非常伤心，关键还在施教的内容。

晚上，罗女士打开家里放钱的抽屉，发现3天以前刚刚放在里面的6000元百元钞，变成了3000元，整整少了一半。她万分惊恐，首先想到的是“莫非家里进来贼了”，接着自己就否认了，因为贼不会只拿一部分钱，难道是……女儿才10岁，可能吗？

她推开女儿房间的门，女儿正在写作业。她问女儿是否拿了抽屉里面的3000元钱。女儿先是一顿，然后一副很惊讶的样子，矢口否认，接着建议妈妈“快去派出所报案，家里可能进来人了”。

母亲的直觉告诉罗女士：钱是女儿拿的。她坐到女儿身边，说：“孩子，你拿了用了，妈妈不怪你，可你要给妈妈说实话，把剩下的钱还给妈妈。”女儿垂下眼皮，没有说话。母亲的眼泪忍不住流了下来，落在胸前衣服上。女儿见妈妈哭了，拿出纸巾为妈妈擦眼泪，边擦边说：“妈妈，别哭。”

母亲叹了口气，把女儿抱在怀里，说：“你拿了，又不承认，我觉得我活着都是多余的了。唉，我活着不就是为了你吗？你愿意做一个没有妈妈的孩子吗？”

在母亲的眼泪和“将失去妈妈”的软性威胁下，女儿终于承认是自己拿的了：“对不起，妈妈，我以后再也不敢了。”母亲说：“你怎么胆子这样大?”“我以为你和爸爸发现不了。”“那，现在还剩多少?”“还有300多。”“什么?才3天就花了那么多!你都是买了什么?”女儿没有回答。

母亲又追问了几遍，女儿还是不肯回答。母亲又流泪了，说:“你爸爸问你，你说吗?”女儿这才开了口:“我告诉给你，可你不能给爸爸说，不能让爸爸知道。”母亲知道女儿怕爸爸打她，就答应了。女儿这才笼统地说自己买了吃的玩的，还看了电影，逛了公园。

就买点吃的看看电影，3天时间能花掉2600多元?母亲不相信女儿的话，但女儿一口咬定就是这样。没有办法，她只好认了。罗女士百思不解，自己和老公平时断不了给孩子零花钱，有时10元，有时20元。孩子应当不缺零花钱，怎么还要“偷”呢?

其实，这个问题的答案已经写在罗女士处理女儿偷钱的过程中了。当女儿不承认自己“偷钱”时，罗女士说“我觉得我活着都是多余的了”，还说“我活着不就是为了你吗?你愿意做一个没有妈妈的孩子吗”。女儿不承认偷钱，母亲就要去死。这是什么逻辑呢?

罗女士自始至终没有给女儿分析偷钱错在哪里，发展下去有什么严重后果，也没有给女儿讲哪怕一丁点做人的道理。从这里可以窥见女儿第一次“拿人家东西”，她是怎样处理的，平日又是怎样教育女儿的。不缺零花钱照样偷家里钱出去挥霍，而且还老到地建议妈妈去报案，这绝不是短时间内可以养成的恶习。

错误纠错，后患无穷

新年前，炎炎的奶奶来看儿孙，给炎炎买了些食品。下午，她拿出一罐薯片，倒在盘子里一些，端给炎炎吃。炎炎吃得津津有味。奶奶故意说:“炎炎，奶奶也想吃，给奶奶一片。”炎炎没有理她。

奶奶又说:“好孙子，给奶奶拿一片。”炎炎不给，把盘子端起来放到自己怀里。奶奶没想到孙子会变成这样，很生气，伸手抓了一片，放到桌子上。没想到，炎炎过来抓住她的手就咬。妈妈听到叫声跑过来，问清原委，把炎炎手里的盘子夺过来，说："给奶奶道歉。"

炎炎"哇"地哭起来。奶奶抚着手背说："算了算了，大了就懂事了。"妈妈见炎炎哭得鼻涕口水淌下来，就给他擦了一把，把盘子又放回他手里。这时，爸爸也进来了。炎炎安静下来之后，妈妈说："炎炎，你咬奶奶不对，应该道歉。"炎炎把头一扭，不说话。

妈妈声音缓和了一些，说："这样吧，你给奶奶道歉，我给你买新玩具。"炎炎还是不说话。

吃肯德基，去动物园看老虎猴子，妈妈把能想到的"好事情"说了个遍，炎炎就是不松口。爸爸在一边憋不住了，说："这孩子，这么不懂事！咱不要他，送人算了！"炎炎一听，又张嘴大哭。他始终没有答应向奶奶道歉。

有好吃的东西，炎炎要独吞，连他奶奶都不肯给一点，是父母平时教育失误所致。奶奶强拿一点薯片，他竟开咬，也是父母平时教育失误所致。妈妈夺过盘子让他道歉，他大哭，盘子就又回到自己手上。即使这样，他仍不肯向奶奶道歉。妈妈只好把买新玩具、逛动物园等作为交换条件，但他还是不肯。

抛开以前的家教失误不说，单说这一次，妈妈在得知炎炎咬了奶奶，将薯片盘子拿走之后不应当再放回他手上。炎炎应当为自己的错误付出代价，不准他再吃薯片就是他应付出的代价。不管他如何哭闹，妈妈都应当态度坚决地执行处罚。可惜，她没有做到这一点，有变相纵容之嫌。这是她的第一个教育失误。

第二个教育失误，是用买新玩具等交换炎炎道歉。照此逻辑，道歉成了额外的义务，不接受买新玩具等条件，就可以不道歉。真是岂有此理！怪不得炎炎拒不道歉，原来他并不认为自己有错误！

最后事情不了了之，炎炎没有在这件事上接受教训，以后必然会不断重复错误，而且对父母的“教育”置若罔闻。

炎炎有个小表弟叫大宝，小他两个多月，被安排在他家住了几天。晚上，两个小家伙在北边屋里玩耍，炎炎的爸爸妈妈在客厅里看电视。忽然，北屋传来一声凄惨哭叫。两个大人一起跳起来跑过去，只见炎炎在床上，大宝躺在床下大哭，显然是刚从床上掉下来。爸爸吓坏了，急忙把大宝抱起来，摸摸后脑勺问：“没事吧？”

幸好没出大问题，大宝后脑勺肿起一个大包。原来，两人都想要玩具猫，互不相让。争抢中，炎炎把大宝推下床来。妈妈感觉事态严重，把炎炎拉到大宝身边，让他给大宝道歉：“快说对不起！”炎炎把头扭开，不看大宝。

“你说不说！”爸爸瞪着眼走到炎炎跟前，抬起右手，“不说狠揍你！”炎炎嘴硬道：“不。”妈妈一看事情不好，赶紧就把炎炎抱到客厅里，语气和缓地说：“你说对不起，爸爸妈妈就原谅你。是不是弟弟先打的你啊？告诉妈妈。”炎炎看着窗户，嘴唇紧闭。

“你把弟弟推下床，多危险啊。”妈妈轻声道，“你自己说，这样做对吗？”“对。”炎炎说话了，还是看着窗户。

爸爸说：“别给他废话了，关储藏室。”说着，一把把炎炎拎起来，走到储藏室前面，打开门扔到里面，然后使劲把门关上。储藏室里很黑，炎炎是第一次被关在里面，吓得放声大哭，一直哭到几乎喘不过气来。

妈妈看了看爸爸，说：“算了吧，别哭出毛病来。”爸爸也怕有个三长两短，就打开门，把炎炎放了出来。这次，爸爸妈妈的纠错教育又以失败告终。

有了上次给奶奶道歉不了了之的先例，这次向大宝道歉自然也不会有什么结果。爸爸将他关储藏室，是以前没有的严厉处罚，因他拼命哭号以致喘不过气来而作罢。父母的“纠错教育”又一次宣告失败。这样下去，炎炎未来的品行前景堪忧。

关储藏室，有点类似于军队中的关禁闭。军队关禁闭面对的是违犯军纪的军人，他们知道自己错在哪里。炎炎是个不满3岁的孩子，不知道自己错在哪里。

小孩子最初都是通情达理的，妈妈把道理讲清楚了，他知道自己做得不对，会承认错误。如果他明知自己做错了却仍然不认错，那么绝不能姑息迁就，要实施强制性反省。

“强制性反省”，不是打骂，也不是惩罚。有些父母是让孩子到自己屋里反省，也有些父母是让孩子“面壁思过”。小沈妈妈是采用站在“思过角”前边面壁的方式，让君君反省自己的错误。什么时候反省好了，什么时候离开那里，给爸爸妈妈汇报自己反省的结果。

爸爸将炎炎扔进储藏室里，实施的不是强制性反省，是强制性惩罚。黑暗狭小的储藏室给孩子的感觉是恐怖。恐怖不能导致反省，只能让孩子害怕得大哭。

爸爸将炎炎扔进储藏室，目的是让他承认自己做得不对。承认做得不对和认识到错在哪里是两个不同的概念。即使这样，爸爸也没有坚持到底，禁不住炎炎哭泣，把他放了出来。

就算父母以前的“纠错教育”全部失败了，炎炎是不是就不可救药了呢？不是，他毕竟还很小，父母改变过去的错误教育方法，扭转炎炎的不良倾向是没有问题的。

拿这件事来说，妈妈要求炎炎在第一时间向大宝道歉是正确的。炎炎没有认识到自己错在哪里，拒绝道歉。妈妈不必强迫他，可以代他向大宝道歉，安抚大宝。等事情过去，炎炎冷静下来之后再和他谈这件事，让他明白他是哥哥，出现纠纷要谦让弟弟。为了抢东西而伤害弟弟是错误的，是不允许的，尤其是把弟弟推下床可导致严重伤害，更不允许。他伤害了弟弟，应当向弟弟道歉。

妈妈可以问他，是这个道理吗？这时候，孩子比较容易接受妈妈的开导，冷静思考自己存在的问题。如果他接受妈妈讲的道理，妈妈可以教他如何向大宝道歉，并付诸实施。道歉后，可以夸赞他“是个懂道理的好孩子”，以巩固教育成果。

如果炎炎仍然认为自己没有错误，妈妈在继续耐心教育无果的情况下，可以对他实施“强制性反省”。他不认识自己的错误，不准他离开面壁之处，即使他大哭以致喘不过气来，也决不放弃。

6. 有私人空间就是不一样

给孩子足够的私人空间——独辟抽屉、房间等立体空间

六一儿童节学校下午放假，家里只有君君一个人，小沈妈妈不放心，就把他带到单位来，让他在楼下和其他也放了假的孩子一起玩耍。4 点多的时候，君君想喝水，就上楼到妈妈办公室来，在幼儿园上大班的浩浩也跟着上来了。

浩浩一进办公室，先是东望望西看看，然后走到一个无人的办公桌前打开最上层抽屉，踮起脚尖看里面有什么好东西，伸手在里面扒了几下，很失望地把抽屉关上。君君看到浩浩翻抽屉，对妈妈说：“妈妈你看。”小沈妈妈看了一眼，轻轻摇了摇头。浩浩不是同办公室同事的孩子，她不好说什么。

这时候，浩浩走到另一个办公桌跟前。坐在那里的阿姨和他打招呼：“浩浩，放假了？”浩浩好像没有听见，拉开上层抽屉，又翻看起来。阿姨脸色有些难看，但没有说什么。

浩浩翻出一个钥匙链，拿出来问阿姨：“送给我好吗？”阿姨迟疑了一下，没好意思拒绝，说：“你喜欢，就拿去吧。”

浩浩高兴地把钥匙链装进兜里，忽然瞥见桌上有个化妆包，伸手就去抓。阿姨迅速把化妆包拿得远远的：“这可不能让你乱翻。”浩浩不甘心地说：“我看看嘛。”阿姨沉下脸来说：“不行，你看人家君君，从来不乱翻阿姨的东西。”

在一般情况下，小沈妈妈很少带君君来办公室，主要是怕影响自己和同事工作。对于能否翻看同事抽屉和物品，小沈妈妈没有特意交代过。为什么君君能“从来不乱翻阿姨的东西”呢？这要从小沈妈妈在家里注意给君君足够的私人空间讲起。

君君4岁时，小沈妈妈发现他开始喜欢在自己房间独处，每天大约半小时左右，有时看儿童图画书，有时摆弄玩具，有时干脆就是发呆。小沈妈妈早就思考过，应当尽早给君君“享有主权”的立体空间。

她小时候家里住房很小，全家人挤在一间平房里，父母孩子都缺乏足够的私人空间。后来，上学读书开阔了眼界，懂得了尊重孩子私人空间的重要。现在住房宽敞了，有客厅、厨房和卫生间，君君也有自己的房间，但出于从小养成的习惯，再说感觉君君还小，她到君君房间一般都不敲门。既然现在孩子已经有了一定的独处要求，自己就应当注意尊重孩子的愿望。没想到，那天发生了这样一件事，让她应急完成了“敲门约定”。

那天，君君进入自己房间后就把门反锁上了，这是从来没有过的事。小沈妈妈听到锁门声，心里一震，不知君君有什么事要瞒着家里，当时就想去敲开门一探究竟，但马上意识到这样不好，就放弃了。过了一会儿，君君打开门出来，到客厅里玩耍。小沈妈妈问他："刚才你为什么要锁门?"君君说："我想一个人玩，不想让爸爸妈妈进来。"

"原来是这样。"小沈妈妈猛然意识到应当把话讲清楚了，于是说道："君君，以后不管你锁不锁门，妈妈到你房间，都事先敲敲门，得到你允许后再进去。你觉得这样好不好?"君君脸上现出一种异样的神情，说："好啊。"

"我敲门，你愿意让我进去，怎么说?""妈妈进来。"

小沈妈妈点了点头说："很好。不过说'请进'更好，说'请进'又简洁又有礼貌。如果你不想让妈妈进，怎么说呢?"君君想了想说："不准进。"

小沈妈妈笑了，摇了摇头："说'不准进'不好。一般情况下，应当说，'对不起，请过一会儿再来'，或者说，'对不起，我正忙'。"

从此，小沈妈妈到君君房间，只要君君在，哪怕他没有关门，也用手指敲一下，问："妈妈可以进来吗?"不久，君君到爸爸妈妈房间，也开始敲门，尽管爸爸妈妈没有要求他这样做。

不久，小沈妈妈把君君床头柜抽屉的钥匙给了他，告诉他，你不想让别人看到或者乱动的东西，可以放在抽屉里，把抽屉锁好。后来，君君干家务活挣的零花钱，都放在床头柜抽屉里，从来不上锁。小沈妈妈和老公也没有偷偷查看过。想了解儿子花钱情况的时候，他们都是公开询问。

有天晚上，小沈妈妈要用铅笔，发现铅笔头断了，就到君君房间去借转笔刀。房间门开着，君君正在写作业。小沈妈妈在门口轻轻咳嗽了一下，等君君扭过头来才说："君君，妈妈想借用一下你的转笔刀。""好啊。"君君拿起转笔刀转身给了走过来的小沈妈妈。

有这样的家庭教育影响垫底，君君在妈妈办公室自然不会去乱翻阿姨叔叔们的办公桌抽屉。浩浩接受的家庭教育影响和君君很不相同，爸爸妈妈随便翻检浩浩的抽屉和所有东西。

在他们的潜意识里，孩子的所有东西都是我买的我给的，连孩子都是我的，我理所当然可以随便打开他的抽屉橱柜翻看，并随意使用他的东西。对于浩浩乱翻父母抽屉，乱翻妈妈化妆包和爸爸提包，并且看到好东西就想据为己有，他们也不觉得有什么不妥：家长的东西将来也都是孩子的，一家人不必分什么你我。

浩浩缺乏私人空间，实际是缺乏自尊，对他人私人空间与物品所有权明显缺乏尊重。在当今文明程度普遍提高的情况下，这样的孩子容易游离于进步圈子之外。

给孩子足够的私人空间——保护隐私

孩子的私人空间，不仅仅是孩子睡觉的房间和橱柜抽屉等立体空间，还包括隐私这个涉及面更广的个人空间。有个小故事，讲的就是有关孩子隐私的事，很值得一说。

有天晚上，爸爸坐在沙发上看报纸，看到一则新闻，对旁边的妻子说："你看，信件、日记、手机短信和聊天记录，现在都成了孩子隐私。"没等妈妈说话，坐在一边的林林一脸疑惑地问爸爸："什么是隐私啊?"爸爸想了想，回答说："隐私，就是不想让别人知道的秘密，自己心里的秘密。"

6 岁的林林又问爸爸："你有隐私吗?"爸爸说："我？当然有。"

"那，妈妈呢?""妈妈也有。"

林林说："我也有。""嗯?"爸爸盯着林林说，"你也有隐私？能告诉爸爸吗?"林林认真地说："不行，不能告诉你。"

林林越不想说，爸爸越想知道，引诱她说："我的隐私藏得很深，好多人都想知道，可是我不告诉他们。这样吧，你先说说你的隐私，我也把我的告诉你。行吗?"林林想了想，说："不行。"

爸爸无计可施，只好暂且放下。林林睡觉前，妈妈坐在她床边，低声说："林林，你把心里的秘密告诉妈妈，悄悄地说，别让爸爸听见。"林林不高兴地说："我不想说，不想说嘛。"

"你不说，会不会伤害你呢？"妈妈有些担心。林林说："说了才会伤害呢。"妈妈听了一头雾水，更担心了。

第二天，爸爸怕出意外，打电话到学校去了解林林近况，老师说孩子没有反常表现。虽然如此，爸爸妈妈还是不放心，想方设法套林林的话，惹得林林不高兴。过了几天，吃晚饭的时候，林林禁不住爸爸"纠缠"，终于开了口。

原来，有个同学告诉林林，自己家来了个外星人，能听到外星人说话，但是看不见。外星人对这个同学说，这件事只能告诉给一个好朋友。这个好朋友必须保守秘密，要不就用激光武器把他烧死。

林林没有保守秘密，可是自己并没有被烧死，半提着的心终于放了下来。爸爸妈妈也舒了口气：原来林林的隐私是这么回事。

爸爸妈妈对待林林隐私的态度，很能反映当下部分父母的矛盾心理：又想尊重孩子隐私，又怕孩子有不好的事情瞒着自己。从尊重孩子隐私的角度看，林林父母的做法并不可取。尽管出发点很好，但他们想方设法套取孩子不愿透露的秘密，对孩子缺乏尊重，也缺乏信任。

实际上，林林父母对孩子的担心是多余的。既然已经打电话向老师了解过孩子的近况，知道孩子一切正常，为什么还要继续刨根问底呢？那个荒诞不经的故事，只能蒙蔽孩子一时，并不影响孩子成长。随着孩子年龄和知识的增长，很快就会明白所谓外星人只闻其声不见其人而且还能用汉语跟孩子沟通，是根本不可能的事情。

林林的父母虽然对孩子隐私尊重不够，但毕竟还有尊重孩子隐私的观念，没有做出伤害孩子自尊的事情。而那些缺乏尊重孩子隐私观念的监护人，有时伤害了孩子却浑然不知，让人慨叹。

放学后，妈妈领着焕焕从幼儿园走出来。焕焕问妈妈：“老婆是什么?”妈妈说：“老婆是男人最最喜欢的人，妈妈就是爸爸的老婆。你怎么想起问这个问题?”

焕焕回答：“丽丽说，玲玲是我老婆。”妈妈觉得挺好笑，就问：“你喜欢玲玲吗?”焕焕说：“喜欢啊，玲玲也喜欢我。对了，玲玲就是我老婆。”妈妈听了大笑，焕焕也跟着笑起来。

过了几天，宿舍里的大人见到焕焕就笑，而且笑得怪怪的，还问他：“你有老婆了吗?”焕焕回答：“有啊。”对方大笑，接着再问：“是谁啊?”焕焕说：“是玲玲。”对方笑得更加开心。如是几次之后，焕焕开始隐隐觉得“老婆”这个词不对劲，要不他们怎么会那样笑呢？以后再有大人问起这个问题，焕焕就不回答了。

一个多月后，焕焕到幼儿园还没坐稳，玲玲就很生气地走过来质问他：“你怎么说我是你老婆？人家都笑话我，我以后不和你说话了。”焕焕低下头，挠着腮帮子支支吾吾，不知该怎样回答。这时候，他很后悔对妈妈说了那些话，心里暗暗责怪妈妈，决定以后再也不对妈妈说自己的事了。

小沈妈妈也遇到过类似的事。有天快要睡觉的时候，君君已经钻进了自己的小被窝。坐在君君床边的小沈妈妈亲了亲他的额头，正打算起身离开的时候，君君忽然说：“妈妈，咱们结婚吧。”

小沈妈妈万万没有想到君君会说这样的话，就问他：“你知道什么是结婚吗?”君君说：“幼儿园小朋友说，两个人最好，就结婚。我和妈妈最好，也结婚。”

小沈妈妈又轻轻亲了他一下，说：“妈妈最爱君君，君君也最爱妈妈，可是妈妈和儿子不能结婚。”君君眨着眼睛问：“为什么?”

小沈妈妈说：“人只能和一个人结婚，妈妈已经和爸爸结婚了。正因为妈妈和爸爸了结婚，所以才有了你。不过，这并不妨碍妈妈爱你，也不妨碍你爱妈妈。你说，对吗?”君君说：“对呀，咱们不结婚，也是最好。”

这件事，除了老公之外，小沈妈妈没有对任何人讲。她知道，君君爱自己的妈妈，所以才会说出这样的话。她也知道，这些话外人听说了，可能会作为笑话传播，一旦传到君君耳朵里，必然对他造成伤害。

父母缺乏隐私观念，对孩子缺乏尊重，会表现在很多日常小事上，对孩子的伤害全面而持久。可悲的是，他们对此浑然不知，焕焕妈就是其中的一个。

有一天，焕焕妈的一位女同事来串门。她很健谈，扯着扯着就扯到了自己8岁的侄女身上，说：“孩子哪里都好，长得也漂亮，就是多了一个手指，左手六个手指头。要我说，做手术割掉得了。我大哥就是不同意，说他闺女怕疼，其实呢是怕做坏了。刘会计你说，六个指头长大了多难看。”

焕焕妈应和着说：“就是，小孩子懂啥？焕焕背上就长过一个肉瘤，不小呢，有甜杏那么大。去年割了，留得疤挺小。焕焕，过来！快点！”

焕焕听到喊声，从自己房间跑过来，焕焕妈让他伏在自己腿上，掀开他的上衣，指着疤痕说：“你看，长得挺好，回去劝劝你大哥，别担那份儿没用的心，到时候好好打点打点主刀大夫就是了。”

焕焕直起身子把衣服放下来，很不高兴，撅着嘴走掉了。焕焕妈当时挺纳闷，这孩子怎么了？这么不懂事？同事走后，妈妈找焕焕“算账”，才知道焕焕不愿让外人看自己背上的疤痕。她生气地说：“男孩子家，怕什么？毛病不少！”

孩子身上的先天或后天缺陷，除非无法掩饰，恐怕百分之百不愿向外人展示，甚至不愿让外人知道。这些，都属于孩子隐私范畴。可惜，焕焕妈没有这种观念，也没把孩子当回事。

焕焕房间的门平时必须敞开，这是妈妈的规定。只要焕焕关上，妈妈发现了马上就去推开。有一次，焕焕把屋门插上。妈妈过来使劲敲门，门打开后，劈头就问："在里面干什么呢？好事还怕人看？"

星期天，妈妈收拾玩具柜，发现焕焕的玩具骆驼没有了，多了一只毛绒玩具青蛙。原来，焕焕拿玩具骆驼跟幼儿园小朋友做了交换。妈妈很生气，责备道："你怎么不经过妈妈允许，就乱换玩具？"焕焕嘟哝着说："我喜欢小青蛙。"

妈妈抬高声音说："喜欢也得经过妈妈同意。你那骆驼多少钱？这破青蛙多少钱？你换亏了，傻孩子！"焕焕不敢再说话了。

不准孩子白天关自己房间的门，让孩子随时处在自己监视之下，出发点是好的，无非是怕孩子有什么闪失或者偷偷做不好的事。妈妈倒是放心了，孩子却被幼小化，矮小化，无法顶天立地站立起来。

焕焕上小学5年级后，妈妈要求他写日记，每周起码要写3篇，目的是借此提高他写作能力。焕焕的日记，每写完一篇都要交给妈妈审阅，然后按照妈妈的意见进行修改。

焕焕读初中以后，日记就不让妈妈看了，锁在自己抽屉里。后来，他发现自己日记本有时好像被动过。本来前一天日记本脊背是贴着抽屉放好的，今天再打开抽屉，日记本和抽屉之间竟有了较大距离。是不是妈妈偷看了呢？

为了证实自己的猜测，有一天他锁抽屉之前，小心翼翼地在日记本封面上放了一根头发，然后慢慢关上抽屉。结果，第二天晚上再次小心翼翼打开抽屉，发现头发不见了。

焕焕语气肯定地对妈妈说："有人打开过我的抽屉，偷看了我的日记。”“是我看的。”妈妈立刻就承认了，“我是怕你有想不开的事。你这么大的孩子，出事的太多。”

焕焕不高兴地说：“我不想让你看我日记。你把钥匙给我。”妈妈说：“钥匙不能给你，万一你钥匙掉了，我又没有备用的，总不能砸抽屉吧？我看你日记，是为了你好。我供你吃，供你喝，天天辛辛苦苦照顾你。上次你想吃芒果，你知道我跑了多少地方？看看你日记还不应该吗？”焕焕无言以对。

从这次不愉快的谈话以后，焕焕就不再写日记了。其实，妈妈偷看焕焕日记，主要是怕他“早恋”或者有其他什么事影响学习。焕焕学习水平在班里中等偏下，很让妈妈头疼。

孩子成长的过程是隐私意识不断增强的过程，上了初中以后尤其明显。孩子不想让父母了解的东西多了，是他渴望长大或者正在长大的表现。有些父母不了解这一点，仍像孩子小时候一样，让他们把一切都暴露在自己面前，无疑是在做挤压孩子成长空间的傻事。

能否给孩子足够的私人空间，是自尊培养的一个“输赢点”，也是“起跑”时的一个“输赢点”。焕焕妈一开始输掉了在这个点上与其他父母的竞争，落在后面，造成了儿子起跑后的持续劣势，教训是深刻的。

附录

孩子自尊培养规划

一、培养目标

孩子满18岁时，自尊自重，举止得体，尊重他人，能为自己的错误向他人道歉。

二、指导思想

维护孩子尊严，才能让孩子自尊自爱，感觉自己很重要。维护孩子尊严，父母和孩子之间才能有贴心的交流与浓浓亲情。

培养孩子自尊，从孩子在襁褓中就开始，一直贯穿于孩子的日常生活中，尤其是孩子犯了错误的时候依然如此。轻侮打骂不是尊重，放任纵容也不是尊重。尊重可以与批评、甚至是严厉批评共存，也可以与处罚共存，要求父母掌握教育艺术。

三、实施设想

1. 教孩子学会道歉

假如父母无意中触疼了尚在襁褓中的孩子，也要及时道歉。这表明父母懂得自尊自重，具备良好教育素质。这也是父母与孩子最初建立平等关系的表现。父母最初的道歉非常重要。有了好的开端，此后持续下去就较为容易了。

有了父母做榜样，并不意味着孩子会主动向他人道歉。孩子第一次做了需要向他人道歉的错事，父母要抓住机会，引导孩子向人家道歉。

2. 维护孩子尊严

孩子犯了错误，是父母最易无视孩子尊严的时刻。从孩子最早有过失（例如不慎洒了牛奶，无意中打了水杯等等）开始，就理智对待，做一个不讽刺打骂孩子，也能解决问题的父母。在外人面前，父母不揭孩子短，不否定孩子，更不打骂孩子。

在家庭日常闲聊时，父母不拿孩子体形、发音、相貌、画技或幼稚动作说事。无法回避时，也持正面肯定态度，保护孩子自尊。

3. 给孩子足够的私人空间

立体空间：孩子有独处要求时，在进入孩子房间或需要打开孩子抽屉拿东西之前，父母开始征求孩子意见。等孩子再大一些，父母想额外检查孩子书包里的作业本，也要征求孩子意见。

隐私空间：早早让孩子懂得遮蔽身体的隐私部位，让孩子懂得自己有权不让父母或其他人看自己的日记等属于隐私的东西，让孩子懂得自己有权不谈难堪往事等隐私。

4. 两个允许

允许孩子喜怒哀乐等正常情绪表达。即使表达不合常理，也要等孩子安静下来再讲道理，慢慢引导。允许孩子参与大人间谈话，不当着其他大人的面喝退孩子，这是维护孩子尊严的最低要求。父母应当鼓励孩子参与大人谈话，让孩子多方面获益。所有这些，都需要从孩子刚刚出现有关要求时开始。

5. 不放纵孩子

从孩子婴儿期开始，父母就早早设置好自己依从孩子的底线，制止孩子为满足自己要求而推、打、踢、咬父母的行为。孩子稍大以后，则坚决制止孩子为满足自己的要求而产生的哭闹、绝食、自残和抢夺等行为，并晓之以理，必要时给予处罚。处罚不当或因父母心软而中途放弃处罚，也是对孩子的变相纵容。

第四课

自强无敌

自强，和自立紧密相连，但有更高的行为要求。就内在动力而言，自强的孩子有依靠自己拼搏奋斗的强烈要求。从行为表现看，自强的孩子勇于克服困难，赢得起也输得起，能战胜自身弱点……

培养孩子自强，父母须具备三种本领：会抓、会说、会做。会抓，是善于发现孩子出现的问题，不失时机地进行教育帮助。会说，是善于让孩子理解并接受自己讲的有关道理。会做，是能够提供可行的好办法并帮助孩子逐步实施。

1. 父母不能满眼都是吃亏沾光

某天风和日丽，妈妈带荣荣到樱花广场去玩。那里孩子很多，坐着童车的，跑来跑去的，也有踢球拍球的。荣荣自己蹲在石阶旁，专心致志看地上的小虫子，不时用手动一动它。妈妈看见一位同事，两人闲聊起来。

“哇——”，好像是荣荣的哭声。妈妈扭头一看，荣荣不见了，急忙绕过石阶，只见荣荣躺在地上大哭，一个比他大的男孩子得意地骑在他身上，不远处树下一个男人笑吟吟地看着。

妈妈生气地跑过去把男孩子拎起来：“不准欺负小弟弟！”树下的男人不笑了，说：“你轻点抓孩子。小孩子闹着玩，你一个大人掺和啥?”

妈妈把荣荣拉起来，不客气地对那男人说：“什么闹着玩？你孩子欺负小朋友，你也不管一管。”没想到那男人眉毛一抬说：“怎么管？你来管管我看看。”

妈妈一看这人不讲理，就白了他一眼，气冲冲地抱着荣荣回家走。在路上，她忽然想起楼下一位老人曾说过的话：“你得教孩子打人抢东西，要不然大了受欺负。”当时，她觉得问题不至于这么严重，现在想来老人说得很有道理。

回到家，她对荣荣说：“以后谁打你，你就狠狠打他，妈妈不怪你。听到了吗?”荣荣点了点头。

男孩的父亲笑吟吟看着自己孩子欺负小弟弟，既不拉开，也不批评。他的想法无非是：反正是孩子打别人，没吃亏。他的出发点是孩子不能吃亏。妈妈看到荣荣被人骑在身上打，事后教育荣荣要狠狠打那些欺负自己的孩子，出发点和那位父亲一样，也是孩子不能吃亏。

孩子“被欺负”，跟个头体力以及本身老实懦弱有很大关系，不是父母一句“狠狠打”就能改变的。有的父母看到了这一点，干脆亲自出马去教训人家孩子，结果惹出大人间的争斗，也有的教孩子抄家伙狠打对方，结果惹出祸来。

成成经常被小朋友欺负，爸爸妈妈让他狠打那些欺负自己的孩子，可是收效甚微。小学五年级时，有次回家来脸上挂彩，耳根处红肿，胳膊擦掉一块皮。爸爸很生气，教给他一个不吃亏的办法：“旁边有文具盒、黑板擦什么的，抄起来狠砸他脑袋，看他以后还敢不敢？”

成成受到启发，几天后用黑板擦打了一个同学的脑袋。后来，又在一个寻衅的同学头上留下一块淤肿。班里再也没人敢欺负他了。

升入初中二年级以后，成成身子往上蹿出一大截，肩膀也宽了不少，血气更盛。有一次和同学发生矛盾，对方推了他一把。两人对打十几个回合，没有分出胜负。没想到，对方气急败坏从外班请来几个“哥们”。成成一看阵势不好，抄起长板凳朝带头上前的同学砸下去。那同学手臂一挡，惨叫一声，捂着胳膊团团乱转，一屁股坐在地上。

让孩子“狠狠打”，无济于事；教孩子抄家伙，又太危险，到底该怎么办呢？小沈妈妈的处理办法，或许对父母有一定启发意义。

那年，君君2岁多，小沈妈妈带着他到植物园游玩，走累了坐在长椅上休息。过了一会儿，君君自己跑到前面空地上，舞着手中的彩带转来转去，玩得很高兴。这时，有个戴着太阳帽的小男孩跑到这里来，他妈妈远远跟在后面。

小男孩大概有 4 岁左右，过来就伸手抓君君手中的彩带。君君把手背到身后，没想到被他一把抓到脸上，“哇”的一声哭起来。小沈妈妈急忙跑过去，男孩妈妈赶紧拉住孩子道歉。小沈妈妈看了看君君伤势，说：“不要紧，抓得不重。”接着，问男孩妈妈：“我能问问你孩子吗?”

得到允许后，小沈妈妈问小男孩：“你为什么要抓小弟弟脸，能告诉阿姨吗?”小男孩看着她的眼睛，什么也不说。

“这件事，你做得很不对。”小沈妈妈说，“应当向小弟弟道歉，说‘对不起’。”没想到，小男孩忽然转身跑走了。他妈妈抱歉地说了声“不好意思”，接着跟了过去。

小沈妈妈看着他们远去，有些生气。过了一会儿，领着君君离开这里，到不远的竹园去。在竹园里，君君撒开妈妈的手，又独自玩起彩带来。小沈妈妈慢慢踱步观赏竹子，无意中扭头往君君那边看了一眼，发现小男孩也到了这里，正朝君君走去。君君看到他，脸上现出害怕的神色，四下看了看，好像在找妈妈。

见小男孩离自己越来越近，君君倒退了几步，忽然哭起来。“君君别怕，妈妈来了!”小沈妈妈喊了一声，大步走过去。男孩见她过来，停住了脚步。她赶到近前，一下把君君抱起来。

小男孩比君君形体高大，抢彩带不成就用力抓君君的脸，导致君君再次见到他向自己走来，被吓得哭起来。小沈妈妈在这件事上看到的不仅是君君被欺负吃了亏，更发现君君正处在一个性格起始节点上。如果不能克服自身懦弱的一面，发展下去很可能愈发胆小怕事。

回家路上，小沈妈妈对君君说：“小朋友打你，不要害怕，有妈妈在呢。你看，妈妈喊了一声，他就不敢了。你想想，你大声喊妈妈，他知道你妈妈要过来，还敢吗? ……对了，他不敢，他知道妈妈不同意他欺负君君。以后遇到小朋友打你，怎么办? ……对了，你盯着他的眼睛，大声喊‘妈妈’。你现在喊一声，我听听。”

君君起初喊的声音很小，在妈妈的启发下，越来越高，后来真得像遇到了危险，喊声让小沈妈妈忍不住笑起来，连连夸他喊得好。君君也高兴得笑了，显然自信心大增。小沈妈妈说，就是妈妈不在附近，大声喊妈妈，也能让欺负你的小朋友心里害怕。

后来，小沈妈妈还专门教君君如何看准时机，如何发力，把打人抢东西的小朋友用力推开，并且把自己作为假想中打人抢东西的小朋友，耐心地和君君一起一遍遍演练，直到君君“出徒”。

在这件事上，小沈妈妈没有过多考虑吃亏沾光，把精力放在培养孩子合理应对上，让他学会大喊吓退对方，还教给他怎样推开对方。这都是给孩子实实在在的帮助。只有实实在在帮助孩子，才能让孩子去除内心的怯懦，提高战胜对方的自信心。自强精神，就是在大量日常小事上一点一点逐渐形成的。

孩子反击小朋友的“暴力抢夺”，出手可能会没轻没重。君君上幼儿园以后，有一次舟舟抢他的积木，还抓他的脸，被他推倒在地，后脑勺碰到小椅子上。这是当初教君君推开抢夺者时所没有想到的，不过补救还来得及。那一次，小沈妈妈让君君明白了一个新道理：自卫不能过分，推开抢东西小朋友的时候不能伤害对方。

有的父母对孩子“被欺负”耿耿于怀，对孩子“欺负人”却不太在意。究其原因，还是考虑吃亏沾光多，而培养意识少。孩子“欺负人”，跟孩子“被欺负”一样，是一个开始、发展、“定型”的过程。父母若能抓住起始节点进行教育引导，可将“欺负人”消灭在萌芽状态。

孩子“欺负人”，最初是从侵犯父母开始：从父母手里抢东西，不能如愿就又咬又打。这时候，父母制止孩子比较容易，只需“狠下心来”不准孩子咬打，越咬越不给，还要厉色批评。

君君从小没有被惯出暴力抢夺的坏毛病。小沈妈妈一直认为他只能“被欺负”，没想到他上小学以后，有一次竟也“欺负”起同学来。

那是上小学两三个月以后，君君班转来一位新同学。新同学个头十分矮小，年龄也比其他同学小一些。他裤裆处留着一个开口，里面的小鸡鸡时隐时现。君君发现后觉得很好玩，就指着他的裤裆说："都上学了，还穿开裆裤呢！"新同学看了他一眼，没有说话。这时上课铃响了，新同学回到自己座位上去。

下课后，新同学独自到窗台那边去。君君看到了，走过去说："咱俩摔一跤，怎么样？"说着就后退了两步，弓起腰来。新同学站着没动。君君笑着上前抓住他的胳膊，又是钩腿，又是"背布袋"。新同学紧张地躲闪，还是被摔倒在地上，哭起来。君君一看他哭了，就松开了手。新同学抹着眼泪到班主任那里告状，班主任批评了君君。

下午，小沈妈妈打电话向班主任了解君君最近的表现，班主任向她汇报了这件事。

君君作为班干部，又是自尊心很强的孩子，被班主任老师批评后接受教训是没有问题的。这一点，小沈妈妈深信不疑。不过，这是君君第一次"欺负人"。在这个节点上，作为监护人，她感觉有必要和他认真谈一谈。

首先，她让君君把事情经过说了一下，然后对他说："换位思考一下，要是你转到一个新学校，谁都不认识，有个比你高一头的男生硬要和你摔跤，把你摔倒在地上。你高兴吗？"接着，她讲了一番道理。主要是说，真正自尊自强的人都懂得尊重弱小，保护弱小，只有懦夫才欺软怕硬。

第二天，君君诚心向新同学道歉，希望他原谅自己。后来，两人还成了好朋友，相互间学到了不少东西。

2. “我们半价赔偿，行吗？”

小沈妈妈在没有当妈妈前，读过一篇莫顿·亨特写的纪实文章《悬崖上的一课》。这篇文章引起了她家庭教育方面的思考。

二战时，美国空军飞行员莫顿·亨特曾独自深入德国本土执行侦察任务。当时他驾驶的蚊式双引擎飞机没有任何武器装备，也没有防护设施。接受任务时，他感觉简直不可能完成。飞机飞临德国上空后，他克服种种困难，胜利完成了任务，最终驾机归来，被称为孤胆英雄。

这位孤胆英雄8岁时曾身处困境，那次经历让他刻骨铭心，从中受到的教益终生难忘。

莫顿·亨特小时候身体羸弱，性格怯懦。8岁那年，有一次随小伙伴杰利等人攀登一段大约20米高的悬崖。攀上一个距崖顶有三分之二路程的狭小岩石架之后，蹲在石架上，心惊肉跳，尽量往里靠。其他的孩子慢慢地向石架边缘移动，他看在眼里，吓得几乎晕倒。

小伙伴们径直爬到崖顶，他却吓得蜷缩在石架上浑身颤抖。小伙伴们嘲笑他是胆小鬼，然后各自回家去了。他吓得哭起来，暮色降临后，趴在岩石上不敢动弹。过了不多久，父亲在小伙伴杰利引导下来到这里，将手电光照到亨特身上。下面是从亨特回忆文章《悬崖上的一课》里摘选的片段：

“下来吧，孩子，”他带着安慰的口气说，“晚饭做好了。”

“我下不去！”我哭着说，“我会掉下去，我会摔死的！”

"听我说吧，"我父亲说，"不要想着距离有多远。你只要想着你是在走一小步。你能办得到的。眼睛看着我电筒的光照着的地方，你能看见石架下面那块岩石吗?"

我慢慢地把身子移过去。"看见了。"我说。

"好，"他对我说，"现在你把左脚踏到那块岩石上。不要担心下一步。听我的话。"

这似乎能办得到。我小心翼翼地伸出左脚去探那块岩石，而且踩到了它。我顿时有了信心。"很好，"我父亲叫道，"现在移动右脚，把它移到右边稍低一点的地方，那里有另外一个落脚点。"我又照着做了。我的信心大增。"我能办得到的。"我想。

我每次只移动一小步，慢慢爬下悬崖。最后，我一脚踩在崖下的岩石上，投入了父亲强壮的手臂中。

在这次难忘的经历中，亨特得到的人生经验是，要把巨大的困难分解，先走出最初的一小步，走了这一步再走下一步，终将战胜这个看似难以克服的巨大困难。小沈妈妈从中看到的，却是亨特父亲培养孩子自信自强的教育艺术。

小沈妈妈曾见过一个小男孩坐在木马上玩得很带劲，过了一会儿，想下来却不敢，向妈妈伸出手臂，带着哭腔说："妈妈，我下不来。"妈妈上前把他抱了下来。其实，那孩子只要侧一下身子，不用费多大力气，一只脚就可以落地，然后翻身下木马。

小沈妈妈想，如果换成亨特的父亲，他会用另一种方式来处理。亨特在悬崖上，危险比下木马要大得多。假如骑木马的小男孩在悬崖上不敢下来，他妈妈会怎样做呢？她会三攀两爬登上石架，把宝贝儿子抱下来。如果悬崖太陡，她会搬个梯子靠在悬崖上，自己爬上去抱儿子下来。

亨特的父亲看到儿子困在悬崖上，既没有大惊小怪来增加儿子的心理负担，也没有责怪儿子惹事以断绝他以后冒险的念头，而是若无其事地说：“下来吧，孩子，晚饭做好了。”

这句话，把下来的主动权交给了儿子，还通过“晚饭做好了”来暗示儿子，下来不是什么大不了的事，下来后回家吃晚饭就是了，以此来解除儿子的心理恐惧。接着，他给儿子实实在在的指导，帮助儿子成功迈出了下来的第一步，消除了他内心的恐惧，获得自信，然后扩大战果，最终引导他爬下了悬崖。

小沈妈妈想，亨特成长为“孤胆英雄”，最初起步就是从这里开始的。如果当初父亲把他抱下来，那么后来的一切都无从谈起。

孩子成长的过程，就是不断克服困难的过程，只不过遇到的困难有时大有时小罢了。小沈妈妈记得，君君刚学走路那会儿，值班室一道低低的门槛就挡住了他的去路，几经试探都没有迈过去。

走过门槛这种需要克服的困难，属于初级困难，孩子依靠自身体力增长就可以克服它。小沈妈妈知道，即使父母不过问，孩子也可以本能地克服这种困难，只不过是所用时间长短不同。父母鼓励孩子不断试探，会缩短这个过程，培养孩子自信。当时，小沈妈妈在门槛另一边不断鼓励君君“再抬脚试试”。结果，第三天来的时候，君君就迈了过去。

君君1岁多的时候，有一次小沈妈妈带他到环城公园去。夏日炎热，小沈妈妈找到一片大树浓荫，树下十分凉爽，就在石凳上坐下来，让君君自己玩耍。君君先是趴在地上看小虫子，然后走到北边的3层石阶前，手脚并用爬了上去。玩了一会儿，他累了，想回到妈妈这边来，在石阶上却不敢往下走了。

君君伸出两手，朝小沈妈妈喊：“妈妈，抱抱。”小沈妈妈笑着对他摇摇手说：“妈妈不抱，你自己能下来。”君君稍往前移了一下，想试探着往下迈步，可是腿劲不足，只好停住，看着妈妈说：“下不去。”小沈妈妈蹲下来说：“想想办法，你能下来。妈妈保护你，摔不着。”

君君又试探着往下迈步，可是腿一软差点坐下，吓得伸出两手，拉着哭腔说：“妈妈抱。”“妈妈不抱，你自己能行。”小沈妈妈又摇了摇手，做着转身的样子，提醒他说，“你转过身子，趴下来，不就好下了吗？”

君君想了想，转过身来，趴在了地上，先放下一只脚，再放下另一只，下到了第2层石阶。小沈妈妈鼓励他说：“真好，就这样！”君君如法炮制，终于下来了。小沈妈妈一下把他抱在怀里，高兴地亲着他说：“好样的！”

迈门槛遇阻，下石阶不敢，父母可以抱孩子过去，也可以鼓励孩子想办法战胜自己。二者的教育结果很不相同，尤其是鼓励孩子战胜自我是父母有目的有意识的培养行为，孩子不仅这一次受益，将来也会不断受益。

迈门槛，孩子只需克服体力不足。下石阶，在战胜体力不足的同时，还需动脑筋想办法。父母稍加引导，即可让孩子思路大开，悟出战胜困难的新办法，增加自信。迈门槛和下石阶，孩子面对的都是自然界的困难。还有一种难题处理起来难度更高，就是面对突如其来的意外，而且站在面前的是活生生的成年人。

君君8岁那年，发生过这样一件事。那天，小沈妈妈领着穿着羽绒服的君君去一家台商与本地商家合营的超市，先在二楼转了一圈，购买了一些食品，然后上了三楼。三楼有瓷器、玻璃器具、化妆品和家电产品等等。时近春节，优惠促销商品较多。

小沈妈妈想去看看化妆品，就让走累了的君君拎着刚买的食品，在这里等妈妈。她指着摆放瓷器的货架提醒君君说：“这里的东西都是易碎品，你要小心，千万别碰着。”君君答应了，自己拎着一袋子食品在货架间转悠。

小沈妈妈走出没多远，就听到后面“哗啦”一声瓷器摔碎的声音，回头一看，一个女售货员快步向瓷器区跑去，转过货架后，传来她的训斥声："你怎么搞的?"接着就是君君的哭声。

"不好，君君打碎瓷器了。"小沈妈妈急忙回身赶过去，君君哭泣着站在那里，货架下面有几个摔坏的瓷盘。君君见妈妈赶过来，哭得更厉害了。

小沈妈妈蹲下来，给君君擦去眼泪，安慰他说："孩子，不要紧，妈妈和你一起处理这件事。我们会处理好的。"君君神情这才不那么紧张害怕了。

这时，售货员指着瓷盘摆放处的价格标签，对小沈妈妈说："这套餐具摔坏了两个盘子，就不成套，没人要了。这样吧，你把这一套全都买下来，一共990元。"

"对不起，我先问问孩子。"小沈妈妈让他把事情经过说一下。君君说，自己不知道是怎么回事，就把盘子给碰下来了。

"这么说，责任在你。好吧，咱们跟售货员阿姨好好谈谈。"小沈妈妈问君君："咱家不需要这套餐具，你看怎么办?"君君说："我也不知道。"

小沈妈妈说："我看，咱摔坏了两个，就应当赔两个。她让咱全买下来，不合理。你看呢?"这时，君君已经不紧张害怕了，说："我看也是，赔两个盘子就行。"

"好吧。"小沈妈妈站起来，对售货员说："盘子确实是孩子不小心给碰下来的，可是我们不需要这套餐具，只能赔偿两个盘子。"

售货员犹豫了一下，说："你们等一等，我去找值班主任。"她跑走之后，很快就领着值班主任赶过来。值班主任来到后问君君："阿姨提醒过你，让你小心吗?"君君摇摇头说："没有，这里只有我自己。"

值班主任转而问售货员："你怎么离开了呢?"售货员辩解说，自己当时正在那边给一个顾客当参谋，没注意这边还有个小孩。没想到君君对值班主任说："叔叔，不能全怪阿姨，也怪我自己不小心。我们半价赔偿，行吗?"

一句话，把值班主任说得笑起来，拍拍君君的小脑瓜，转脸对小沈妈妈说："孩子说得有道理。你看这样好不好：我们去联系一下厂家，看看盘子多少钱一个，你们半价赔偿，怎么样？"小沈妈妈表示同意。事情就这样妥善解决了。

这件事的解决难度超出了孩子能力范围，父母很容易把孩子排斥在外，独自和商场人员交涉。小沈妈妈的可贵之处是让君君也参与其中，和他商量怎么办，使他由紧张害怕变为冷静从容，最后还能提出自己的处理意见。

回到家后，小沈妈妈对君君说："我走之前曾经提醒过你，那里的东西都是易碎品，让你小心，千万别碰着，可是你没在意，应当承担责任。咱赔的钱，你也应当承担一部分。"

君君有些黯然："我承担多少？"小沈妈妈说："一半吧，另一半算是我应当记取的教训。"就这样，君君从自己干家务活挣的零花钱里支付了一半赔偿。承担责任不是空话，变成了实实在在的东西。

3. 人这辈子啥事都可能遇到

在香港科技大学就读的内地博士生葛某，因导师去美国而导致自己学业中断，找工作又毫无着落，最后面临退学。这时候，他只有一条路，回内地重新读博。这意味着在港几年的学习前功尽弃，"白白浪费"了几年大好青春时光。怎么办？葛某选择了自杀。

时隔不到两年，2009年9月17日，海归博士涂某从他居住的浙江大学综合楼顶楼11层跳下，结束了自己宝贵的生命。和中学时曾获全国化学竞赛一等奖的葛某一样，涂博士一直是同龄人羡慕的对象，高中毕业因学习成绩突出而被保送清华大学，后来在美国西北大学享受全额奖学金并拿到博士学位，而后留校从事博士后研究。涂博士是个自信开朗的人，可是回国在浙江大学落户后，事情的发展比他回国前所做的最坏打算还要糟糕。他选择了自杀。

斯人永逝，愿他们的灵魂安息。为了此类悲剧不再重演，在这里不能不说几句不中听的话：他们没有经受住人生挫折的考验，赢得起，却输不起。

能赢得起，是强者；能输得起，更是强者。人的命运很难预测，那些一路风光走过来的孩子，一旦遭遇挫折失败，不能正确对待的可能性更大。女孩丽丽就是如此。

丽丽天资聪颖，很有表演天赋。为培养丽丽成才，妈妈耗费了大量心血，除了在家里让她多练习多表演，还经常组织她和社区的小朋友扮演不同角色演出。

5岁那年，妈妈把丽丽送到少儿艺术培训中心学习。时间不长，丽丽就在小朋友中脱颖而出，不久在市里举办的少儿卡拉OK电视大赛中获奖。到小学毕业时，曾多次参加省市少儿歌手乃至全国少儿卡拉OK电视大赛，成为学校里耀眼的小明星。

进入初中不久，学校要进行艺术节独唱比赛，对于经常出入电视演播厅、参加过各类大赛的丽丽来说，这似乎算不了什么。校艺术节独唱比赛在学校礼堂进行，丽丽演唱的是自己曾获金奖的歌曲。可是在宣读获奖名单时，一等奖3个同学中竟没有丽丽的名字。她的心一下缩紧了。二等奖5个同学，她排在第2位。她强忍着泪水，一言不发。

回到家，她进门就把奖状扔到鞋堆里，生气地对妈妈说："太不公平！我唱得最好，才得了二等奖第2名，评委有偏向！"妈妈感到很意外，就询问丽丽比赛的详细情况，听完后说："是不是你出现了失误，自己没感觉到？要不然，怎么会是二等奖？算啦，不说了，洗洗手吃饭吧。"这顿饭，丽丽只吃了几口，就放下碗回自己房间去了。

不久，妈妈发现丽丽回家不再说笑，变得沉默寡言，不愿谈学校的事，言谈中流露出悲观厌世情绪，而且饭量减少，老说觉得浑身没劲，想睡觉。妈妈问她有什么事吗，她只是表情冷漠地摇摇头，不说一句话。

妈妈有一天专门去学校，向班主任了解丽丽的表现。班主任也觉得丽丽变化不小，好像心事很重，学习成绩也下降了不少。

"学生年龄小，情绪变化大，过一段时间自己想通了，就好了。"班主任对此很乐观，妈妈却怎么也放不下心来。过了一段时间，丽丽干脆不去上学了，整天在家睡大觉。没有办法，妈妈和老公只好带着丽丽去医院看病。原来，丽丽患了抑郁症。

丽丽妈属于有心培养孩子的父母，很早就开始开发孩子的歌舞天赋，可是忽略了理智对待失败挫折的教育。失败挫折是每个孩子都会遇到的考验，只不过是受考验的程度不同罢了。如果父母能够抓住有利时机，尤其是能够在一些小竞赛项目上（比如下跳棋，短跑，踢毽子等）有目的引导孩子，孩子会早早在心里埋下理智对待失败挫折的种子。

君君上小学5年级以后，忽然对象棋有了兴趣。有天放学回家，兴致勃勃地说："妈妈，我会下象棋了。你会吗？"小沈妈妈说："多少会一点。"

君君一听来了精神，说："咱俩杀一盘，行吗？"小沈妈妈笑着说："行啊，今天晚上就去超市买副象棋，杀个你死我活。"

其实，小沈妈妈对象棋兴趣不大，棋艺也不高，但对付君君这样的小孩子还是绰绰有余。君君喜欢杀一盘，她当然乐于"奉陪"，跟孩子一起玩毕竟是一件快乐的事。

为了鼓励君君，她第一盘棋故意输给了君君。君君非常兴奋，拍着手喊："我赢啦!"第二盘棋，小沈妈妈又故意输掉。君君高兴得跳起来，手舞足蹈："我又赢啦!"

小沈妈妈很平静，一边收拾棋盘，一边说："三盘两赢，我输了。明天咱接着下，看看到底谁赢谁。""行啊，明天接着下。"君君忽然想起了爸爸，问道，"爸爸也会下象棋吗?""会啊。""太好了，等爸爸回来，再和爸爸杀一盘。"

爸爸8点多才回家，一进门就被君君缠上了。"好，咱爷儿俩下一盘。"爸爸说，"咱可要说好，输了不准哭鼻子。"

一连下了两盘，都是以君君的迅速失败而告终。君君不服气，不让爸爸收拾棋盘，非要再下第三盘不可。爸爸说："三盘两胜，你已经输了。要下，以后再说。"君君没有办法，只好作罢。少许，他自我宽解道："我赢了妈妈两盘，输给你两盘，正好不输不赢。"

第二天，小沈妈妈又输给了君君两盘。在君君要求下，两人接着"厮杀"，小沈妈妈先输掉一盘，然后赢了一盘。君君第一次输给妈妈，很不服气，一边摆棋一边说："我太大意了。三盘两胜，再来一盘，看谁赢。"小沈妈妈看他不服输的样子，心里很高兴。

第三盘开盘不久，小沈妈妈就用马吃掉了君君的一个车。君君害怕再输掉一盘，伸手把妈妈的马推回原来位置，把自己的车从盘外拿回来，说："等等，我还没想好呢。"小沈妈妈说："落棋无悔大丈夫，你怎么悔棋呢?把车拿出去。"

君君用手按住那车，说："反正我还没想好，刚才那步不算。"小沈妈妈让了他一步，说："好吧，让你一次。咱现在订个规矩，只要把棋子放下，就不能再反悔。你同意吗?"君君爽快答应了。这盘棋，小沈妈妈又故意输掉了。

周末，君君写完作业后拉妈妈来下棋，兴致勃勃在茶几上摆开了棋盘。第一盘，他输掉了，很不服气。第二盘，被吃掉第二个车的时候曾想悔棋，被制止了："落棋无悔，咱订过规矩，你忘了？"

第二盘输掉后，君君满脸懊丧，说："今天写作业，头都写昏了。要是我不写作业，准赢。"说完起身，径自回自己房间去。小沈妈妈独自把棋子默默收进了棋盒。

第二天，本来全家打算去美术馆参观一个国画展，可是天下起了大雨，就取消了。君君看完新来的画报，来到客厅，提出"再杀几盘"。小沈妈妈同意了，在茶几上摆好了棋盘。

君君问："谁先走？"小沈妈妈说，"没走之前，我先说几句。你昨天输了棋，表现很不好。你知道不好在哪里吗？"君君想了想，说："输了不该生气。"

小沈妈妈看着他的眼睛说："输了强调理由，说写作业把头写昏了，不好。不收拾棋盘，站起来就走，输得没有风度，也不好。我说得对吗？"君君不好意思地笑了。

接下来的两盘棋，君君都输掉了，很不服气，还要继续下。小沈妈妈说该出去买菜了，这才作罢。这一次，他没有强调理由，和妈妈一起把棋子收拾到棋盒里。小沈妈妈表扬他。他不好意思地说："妈妈输棋，从来不生气，我该向妈妈学习。"

小沈妈妈抓住时机启发他说："输了棋，从自己身上查找原因，才能接受教训，以后不输棋。人这一辈子，很难说会遇到什么样的失败，比输棋可难受多了。真遇到了，也得输得起，能再站起来。"

君君上初中二年级的时候，班里一位男生在放学路上遭遇车祸，右腿截肢，右臂严重骨折。君君和同学们到医院探望他，看到他右腿处空荡荡的，都替他难过。回家后，君君对妈妈说："太惨了，他以后怎么生活呢？幸亏没让我碰上。"

小沈妈妈说："人有旦夕祸福，什么事都可能碰上。车祸，被人坑骗，好好走着路楼上掉下花盆来，碰不上只能说我们幸运，碰上了也没什么，坦然面对就是了，没有过不去的火焰山。"

初二下学期，学校分年级举行朗读比赛。朗诵是君君强项，小学时就获过奖。这次，他做了充分准备，感觉发挥比小学时候要好不少。结果，他仅获得了年级第7名，和预想的能进入前3名相距较远。有几个同学替他抱不平，他摇摇手，没有顺着大家抱怨。回家后，他平静地把结果告诉了爸爸妈妈。

小沈妈妈感到有些意外，问他是不是发挥失常。他说，不是，前几名确实很出色，尤其是第一名，朗读节奏把握得真好，轻重音处理得也恰到好处，听她朗读真是一种享受。接着，他检讨说，以前没留心，也不知道朗读节奏和轻重音处理对表达诗的思想内容这么重要。这次参赛收获不小，相信以后不会比她们差。

说这话的时候，君君语调平静，但小沈妈妈却感到每一句都那么有分量。孩子确实长大了，成熟了。

4. 克服性格弱点非一日之功

涛涛按照老师的要求拿数学卷子让爸爸签字。爸爸一看就火了，指着卷子说："你看你，马虎到什么程度了！明明印的是28，你怎么就能抄成82呢？还有，我说过多少次，应用题最后要写答案。这不，又忘写了，扣了3分。你怎么就没记性呢！"他越说越来气，猛地出手推了涛涛一把，把他推了一个趔趄。

"说！以后怎么办？"爸爸一声怒喝，让涛涛身子颤了一下。这时，妈妈走过来，教给涛涛说："你说，以后不敢粗心大意了。"涛涛小声学了一遍。妈妈从爸爸手里拿过卷子，拉着涛涛改错去了。

孩子经常粗心大意，是性格问题。性格不是在短时间内形成的，有较强的稳定性，不容易改变。涛涛爸以为发怒动粗施加压力就可改变孩子粗心的性格毛病，孰料孩子粗心未改，还添加了怯懦自卑的毛病。

粗心的形成和所有性格缺陷的形成一样，既有外部环境影响的因素，也有孩子自身存在不足的因素。要想改变孩子粗心的毛病，既要调动孩子自身的积极性，也要营造有利于孩子发生变化的外部环境。

君君上小学二年级前后一段时间出现过较为严重的马虎粗心，有时像涛涛那样把数字的位置看错，“28”写成“82”，有时把运算符号看错写错，有时是把草稿纸上的运算结果抄在试卷上时出现错误，比如把“8”抄成了“6”，等等。

刚开始的时候，小沈妈妈没有太在意，以为君君只是偶尔看走了眼或一时糊涂，后来发现问题并不像想象的那么简单，就提醒君君注意自己的粗心问题。她知道，孩子粗心，父母常挂在嘴边唠叨并不好，不利于孩子克服。尽管注意不唠叨，注意把危害讲清楚，可是君君始终没有多大长进，依然粗心如故。小沈妈妈这才发现，他粗心已成习惯，口头提醒已经无济于事。

那天，君君拿回刚考过的数学试卷让妈妈签字。签字后，小沈妈妈让他找出上次考过的数学卷子，把两张卷子并列展开，放在茶几上：“你自己先看看，有几道错题，给错误分分类。”

虽然不久前君君已经和妈妈一起分析过试卷，但这次把两张试卷放在一起审视归类，对存在的问题看得更清楚。他的错误有三类：有一道题的答案抄错了，有两道题抄错了原题给的数字，还有一道题写错了运算符号。

小沈妈妈问：“为什么会出现这些错误？”君君回答说：“考试的时候太马虎。”小沈妈妈笑了，说：“又是太马虎，怎么样才能不马虎呢？”君君像以前一样回答说“仔细检查”。事实证明，他说“仔细检查”，却始终没有克服粗心的毛病。小沈妈妈让他慢慢回想一下，在考试过程中，这些错误是怎么出现的。

君君看着试卷，开始回忆当时考试做题的过程，想来想去没有理出头绪，为难地看着妈妈说：“想不出来。”小沈妈妈没有勉强他，说：“没关系，下次考试再看吧。你看这样行不行？咱们画一张表，记录从下次考试开始你战胜粗心的情况。如果没有出现粗心错误，画5颗金星；出现一个粗心错误，减去1颗金星，出现两个，减去两颗。”“行啊！”君君听了很兴奋，两眼放光。

小沈妈妈和君君一起用A4的纸设计绘制了一张《战胜粗心记录表》，贴在君君床头上方。半个月后，君君又一次数学测试，粗心错误是3处，只得了2颗金星。小沈妈妈没说什么，还是让他回想为什么出现这些错误。

晚上睡觉前，君君忽然有顿悟，对妈妈说：“妈，我找出原因了。每次发下卷子来，我就赶快做题，想快点做完。这样，审题就不仔细了，做题也太快。做完也是赶快检查，觉得没错就不看了。”小沈妈妈很高兴，说：“找出原因就好了，只要克服了图快的想法，做题速度就能慢下来。”

后来，小沈妈妈考虑，他急于做完试卷，可能和自己有关。自己有什么事情，都是忙着尽早做完，宁可提前，决不推后。君君上学报名，有3天报名时间，自己第一天一早就带着君君到学校去。使用有线电视，刚到续费期，自己就急着去交费。平时买菜买肉，也是提前买一些存放起来，生怕接不上吃。没想到，这些习惯竟对君君产生了负面影响。

小沈妈妈把这些发现说给君君听，君君觉得很有趣，说自己也是这样。其实，早上7点起床耽误不了上学，可是自己怕有意外，就把闹铃定在6点50。

他高兴地说："我太像妈妈了！"小沈妈妈笑起来："凡事走在前面是好习惯，做题急急忙忙往前赶就不好了。求快，不是不可以，但要建立在求准的基础上。做题，准确是第一位的。"

君君注意克制求快的冲动，做题速度慢下来，准确率逐渐提高。他床头的《战胜粗心记录表》显示，粗心错误呈下降趋势，到三年级期中考试前，每次考试得5颗金星已经比较稳定。期中考试后，小沈妈妈建议把《战胜粗心记录表》拿下来，君君也觉得没有必要再贴在那里。这张表完成了它的历史使命，从床头上揭了下来。

古人云："胜人者有力，自胜者强。"在小沈妈妈引导下，君君认清并战胜了自己粗心的弱点。

5. 不利家庭条件是把双刃剑

父母离异，职业不"体面"且收入低，或者家里太有钱，都可能成为影响孩子健康成长的不利因素，所以人们常常把这称为不利的家庭条件。其实，"有利"与"不利"只是相对而言。同样的家庭条件，父母利用得好，即为"有利"；利用得不好，就是"不利"。

单亲家庭

父母离异，容易让孩子产生自卑感，在外人面前不愿提起自己的家庭。这大概和父母吵嘴打架或离异原因有关，父母吵嘴打架或有婚外情等毕竟让孩子感觉不光彩。

父母离异，孩子要跟随其中一方生活。负有监护责任的一方，对孩子影响巨大。可以让离异成为孩子前进的包袱，也可以让孩子学会面对“不幸”，变得自信自强。

晶晶是个非常优秀的初中生，有礼貌懂道理，担任副班长和团支书，学习成绩稳居班级前列。老师们谈论起来，都不敢相信她是生活在单亲家庭里。

她上小学四年级的时候，有一天放学回到家里，见妈妈疲惫地坐在沙发里，家里有些凌乱。妈妈说，自己已经和爸爸办理了离婚手续，以后晶晶要和妈妈一起过日子，爸爸已经走了，以后会常来看她，希望她能接受这个事实。

爸爸妈妈从来没有相互指着鼻子吵闹，只是偶尔拌几句嘴，所以晶晶感觉很突然，当时就哭了。妈妈把她搂在怀里，说自己很抱歉，可是没有办法，和爸爸的婚姻已经无法维持。妈妈没有说爸爸不好，更没有骂爸爸，只是说事情已经无法挽回。

后来在放学路上，几个相识和不相识的同学远远对着她指指点点。从她们怪怪的表情上可以猜出，她们在说：“就是她，她爸爸妈妈离婚了。”当时，她很生气也很难过，回家后和妈妈说了这件事。

妈妈晚饭后没有像往常一样看电视，而是让她坐在自己身边，把她垂到额前的头发轻轻理到耳后，说：“这些天来，我一直想和你谈谈，可是不知从哪里说起。人们都说，爸爸妈妈离婚，孩子最受伤。你觉得是这样吗？”她点了点头，眼圈红了。

妈妈沉默少许，若有所思地说：“我上小学的时候，有个女同学爸爸妈妈离婚，别人也是对她指指点点，说三道四。她本来挺活泼，后来变得沉默寡言，心事重重。你愿意这样吗？”她摇了摇头。

妈妈说：“爸爸妈妈离婚，孩子无法决定，也无法选择。可是，孩子能选择自己的态度，决定自己怎么对待。孩子郁闷自卑也好，振奋自强也好，都改变不了爸爸妈妈离婚这一事实。既然这样，为什么不选择振奋自强呢？”

接着，妈妈又讲了对离婚这事的看法，觉得和爸爸分开是一件好事，认为晶晶爸这个人，优点不少，也有很多缺点。自己呢，优点有一些，缺点也不少。两人离婚，不是优缺点的问题，主要是性格合不来。自己当年恋爱结婚时太年轻，很不成熟，一看晶晶爸长得一表人才，就被吸引了，忽略了他的性格问题。离婚，对他来说是个解脱，对自己来说也是个解脱。在这件事上，晶晶可以吸取爸爸妈妈的教训，将来不犯错误，建立幸福美满的家庭。

至于有同学背后指指点点，妈妈认为，背后指点别人，是指点的同学自己好奇，我们不用在意。你品学兼优，说明你自己很努力，家庭育人环境很好，很值得自豪。爸爸妈妈离婚，又有什么呢？只能说明你成绩来之不易，更值得骄傲自豪。

父母离异非但没有让晶晶消沉，反而使她更进取，心态更阳光。有这样通情达理的母亲，有这样春风化雨的家教，孩子想不优秀都难。

下岗职工家庭

贫困家庭手头拮据，能用于开发孩子智力、开阔孩子视野的支出很少，照理说对孩子成长不利，可是不少父母把不利变成了有利，孩子出落得让人刮目相看。

有个企业中层干部老橡，工厂濒临破产，他下了岗，厂里每月给他生活补助费只有几百元，待遇落差很大。他儿子正在上初中，家里开销大，没有办法只好晚上到路边卖馄饨等小吃，挣点钱补贴家用。

和外人聊起来，老橡说自己唯一的希望就是儿子有出息，考上重点高中、名牌大学。他常说，自己受苦受累没什么，就是砸锅卖铁也要供儿子读书。不用说，他把改变全家命运的希望寄托在儿子身上。

老橡的儿子很上进，学习成绩在班里总是前3名。老橡是个懂得如何教育孩子的聪明人。别看他在外面嚷嚷什么砸锅卖铁之类，在家里从来不说这些给儿子增加心理负担的话。

老橡的父母是山东农村的普通农民。当年为了供老橡兄弟们上学，他父亲是什么挣钱干什么，什么苦都吃过，什么罪都受过，拼死拼活地干活还欠了人家上万元的债。在老橡记忆中，父母从没逼迫自己学习。他从小没穿过一件像样的衣服，中学的饭食是每周从家里背来的干粮和咸菜。就这样，他刻苦拼搏考上了大学，毕业后在城里安了家，成为父母的骄傲。

老橡跟当年父母一样，从来不在儿子面前抱怨命运不公。下岗后，他曾经对儿子说：你爷爷给我的不是万贯家财，而是不向命运低头的拼搏精神。我就是靠着这种精神从农村走出来，成了城里人。现在我下岗了，不能在金钱上满足你，但我的血管里流着你爷爷的血。我没有什么大本事，但有一条就是不向命运低头。你的血管里有我的血，也有你爷爷的血。我相信，你也是好样的。

老橡的儿子确实像父亲期待的那样，考上了重点高中，名牌大学，如今已是一家金融机构的副总经理。

老杜夫妇双双下岗，在小巷口摆摊卖麻辣串。他俩起早贪黑，风里雨里，每月满打满算也就挣1000多元钱。

夫妇俩有个儿子正上初中，从穿戴到花销，外人怎么也看不出他来自下岗职工家庭。原因很简单，老杜夫妇觉得自己吃苦受累不要紧，但决不能让孩子“在外人面前抬不起头来”，所以别的孩子有的，自己孩子也一定要有，哪怕再难也要想办法。

有一次，儿子说起某某同学穿了一双耐克运动鞋，言语中充满羡慕。夫妇俩商量了一下，觉得不能让孩子受委屈，于是压缩开销，省出钱来给儿子买了一双。

后来，儿子又说同学家里都有电脑。夫妇俩不愿让儿子委屈，又咬紧牙关节衣缩食，挤出钱来给他买了一台，还接通了网线。他们本以为电脑对孩子学习会有所帮助，没想到儿子放学回家来就上网，不是打游戏就是聊天，根本没用来解决学习问题。一段时间后，他文化课成绩明显下降。

同样是下岗职工，老橡在孩子面前坦然承认家庭贫困，但更强调要通过勤奋努力战胜贫困，创造自己的新生活，所以孩子自强上进。老杜夫妇在孩子面前刻意回避自家的困难，节衣缩食来满足孩子高于家庭支付能力的物质需求，不是调动孩子发愤图强创造自己的未来，而是让孩子依赖父母。这样的教育，怎么能让孩子懂得父母的艰辛，富有进取精神呢?

外来务工家庭

老张从苏北农村出来，到城里闯荡数年后终于有了自己的狭小栖身地。他和妻子把读三年级的儿子从老家接到城市来，不惜花高价塞进了一所公办小学。

老张希望儿子能好好学习混出个人样来，将来挣大钱、开洋车、住豪宅。儿子学习还算用功，成绩也不差，就是喜欢打架而且出手很重。老师教育不见效果，就把老张叫到学校。老张说儿子在老家的时候挺老实，从来不和同学打架。老师觉得他偏袒孩子。请他到校几次之后，有些失去耐心，说："他的毛病老是不改，咱确实没有办法。你能不能再联系一所新学校，在新环境里他是不是能好一些?"

老张一听"再联系一所新学校"，头就大了。回家后，和儿子谈了很长时间。

原来，儿子在班里是个“异类”，同学嫌他身上有怪味，有的还叫他“民工子弟”。他见自己家住低矮简陋的小房子，而同学们却都住在高楼里，自己老爸蹬三轮车，而同学老爸开私家车，心里很不平衡，很想打他们出气。只要他们面露轻蔑或言语不敬，就狠狠教训他们。

“你不是也说，出那么多力才挣这么点钱，不公平吗?”儿子反问老张。老张这才发现，自己平时在家说的牢骚话，竟使得儿子也心怀愤恨。这下可麻烦了，老师已经委婉下了“逐客令”，儿子再这样打下去，到哪儿去上学呢?

老张不甘心农村的贫困生活，到城里来艰苦奋斗，并且已获得了一定程度的成功。他的行为已经具备了对孩子进行自强教育的条件，可是他没有意识到自己奋斗打拼的可贵，仍然习惯于抱怨。不是拿自己现在已立足城市跟过去一无所有比，比出继续奋斗的豪情，而是跟生活水平更高的城里人比，越比越觉得世道不公平。他仅仅是自己心里想也就罢了，还对儿子唠叨，使得儿子也心理不平衡，惹出是非来。

假如老张懂得教子自强之道，那么平时和儿子闲聊时会常常流露出由衷的自豪，为自己能背井离乡从农村大胆走出来闯荡世界而骄傲，为自己从一个一无所有的农民经过打拼在大城市能站住脚而自豪。尽管现在还很艰苦，但坚信经过不懈努力，一定会过上舒心惬意的生活。

假如老张懂得教子自强之道，那么当儿子遭遇同学歧视时，他就不会把城里孩子骂上一通，而会有另外一番开导。我们不妨想象一下。那天，儿子放学回到家来闷闷不乐。老张感觉苗头不对，就问儿子是不是遇到了不开心的事。

原来，有个平时特看不起儿子的同学故意对着他大喊：“怪味豆！怪味豆!”儿子气愤不过，上去和他扭打起来。儿子从小干活，力气大，把那个同学摔倒在地上，踢了好几脚。老师把他俩叫到办公室，问清了打架原因，批评了那个同学，也批评了儿子。老师批评儿子说，这种事情不应该自己处理，应当报告老师，让老师处理。儿子不服气，觉得“那小子欠揍”。

老张静静听完儿子的愤愤陈述，沉吟了一下，说：“人家嫌咱身上有怪味，这事都怪我。咱家底子薄，衣服被褥舍不得买肥皂洗，时间长了哪能没味？好吧，从现在起，咱买有香味的洗衣粉，让你妈里里外外洗个干净。就是穷，咱也穿得干净整洁。”

儿子咕哝道：“瞧不起人，有什么了不起，不就是城里人吗？”老张笑着说：“咱现在也是城里人啊，就是比他们来得晚一点。城里人往上数三辈，家里不是农民的有几个？在这里，咱不能把自己当外人，要从心里觉得咱就是城里人。”儿子不说话了。

接着，老张启发儿子怎样跟同学们相处，怎样融入新的集体：同学忘了带铅笔，咱借给他用；同学哭了，咱去安慰他；同学之间有矛盾，咱想办法给化解。只要主动为同学们做些有益的事，真心帮助他们，准能成为他们的好朋友。

老张这样教育儿子，儿子还能继续惹祸吗？

富裕家庭

自古以来，那些不务正业、沉溺于享受的纨绔子弟，都是从富裕家庭中走出来。看来，生活无忧也并非绝对好事，关键还要看父母是否懂教育、会教育。

方某投资经营领域众多，收入十分丰厚，挣的钱几辈子也花不完。他50多岁，经历过两次失败的婚姻，目前膝下只有一个10岁的儿子辉辉，从儿子出生后就给他雇了一个专职保姆。

方某全家2口人，外加管家、司机、厨师、工人和保姆等一共8个，都在专门设计建造的偌大别墅群里工作生活。一到晚上，家里豢养的7条大狗，全部解开绳索散放到院子里，担当起看家护院的重任。方某是地地道道的富人，他是怎么教育孩子的呢？

辉辉一出生就在保姆的悉心照料之下，快上小学了才学会独立吃饭，上小学后才开始独自穿衣服。铺床、整理床铺等等都由保姆完成。现在，辉辉上小学四年级，长得胖墩墩的，不像父亲那样结实。

每天晚上写完作业之后，辉辉的书包都是由保姆收拾整理好。每天早上，保姆按时把辉辉叫醒。早饭后，保姆拎着书包和他一起坐着豪华轿车去学校。到了学校门口，保姆帮他把书包挎在肩膀上，然后目送他走进教学楼。放学时，轿车和保姆已经等候在校门口。他一出校门，保姆就把书包接过来拎着。他先行一步跨上车，然后保姆再钻进车里。

有天下午，方某来到辉辉房间，看他作业写得怎么样。辉辉写错了一个字，想擦掉却找不到橡皮。保姆帮他在文具盒和书包里翻了一通，仍无所获。方某吩咐保姆到外面买一块，保姆赶忙跑出去。写完作业，辉辉打了一会儿游戏，嚷着要吃肯德基炸薯条，保姆又赶忙出去操办。

有钱人忙，忙着打理生意，上下应酬，没有时间顾家，雇请保姆照料孩子生活并不过分。由于保姆和孩子在一起的时间长，实际上成了家庭中对孩子施加教育影响的重要成员。从保姆对辉辉“无微不至”的照料来看，方某没有摆脱传统思想影响，给保姆的职责定位是伺候孩子，把孩子培养成“依赖型”懒虫。

如果方某懂教育，给保姆添加培养教育孩子的职责，那么保姆照料辉辉的生活起居，就不会事无巨细一律代劳，她会注意培养辉辉尽早脱离对自己的依赖，达到生活自理自主。

比如说，辉辉1岁左右的时候，保姆就开始培养他独自吃饭。吃饭时辉辉自己动手，搞得脸上身上以及周边一片狼藉。保姆笑吟吟地看着，让他尽情“挥洒”，“享受”吃饭的快乐。饭后，才帮着辉辉擦洗干净。方某见保姆撒手让孩子自己吃饭，十分满意。

某天，刚刚学会走路的辉辉在户外活动，走路时不小心摔到了，

"哇哇"大哭。保姆没有上前把他抱起来，而是让他在那里尽情哭泣，直到哭够了自己爬起来。保姆如此"狠心"，方某见了十分欣慰。

保姆很早就试着教辉辉睡觉前自己铺好床铺，起床后自己叠被。辉辉把房间弄得乱七八糟，她会耐心指导辉辉将房间恢复原样。辉辉不想做，她会讲道理，并且必要时还会使用方某授予的惩罚权力，让辉辉面壁思过等等。

尽管方某的钱花不完，但他并不随便给辉辉零花钱，而是在他进行家务劳动后作为劳动报酬支付。在这件事上，保姆的作用是做好辉辉的劳动记录。

辉辉上学前，保姆会按照方某的要求，指导他自己收拾整理书包，还指导他早上不依靠保姆自己起床。上学出门时，让他自己拎书包上车，放学上小车时也要自己背书包。像买橡皮这类小事，也是辉辉自己出去解决。出于安全考虑，保姆顶多远远跟着他。至于想吃肯德基炸薯条，如果他自己不能去购买，就只能作罢。

几个月前，有天辉辉放学回家来对方某说："爸爸，我们班乐乐说，他过年收了1万块钱压岁钱。坪坪说，这算什么，我妈给我一套房子呢。"方某问他："你说什么了吗？"辉辉说："我说，我爸比你爸你妈都有钱。"

方某笑起来，说："这就说对了，一万块钱一套房子算什么？咱家的钱说出来能吓死他们！"儿子听了有点不相信，看着爸爸问："咱家有那么多钱吗？"方某微笑着点了点头，得意地说："没问题，将来都是你的。"

方某无意中对儿子进行了一次依赖荫庇的"自弱教育"。孩子间吹牛"斗富"，本来没有什么大不了的，父母完全可以一笑了之。如果觉得有必要让孩子发热的头脑降降温，也可以说几句"在这方面争高低没有意义”之类的话。

方某不仅没有给孩子降温，还摆出一副财大气粗的样子，最不该说的话就是“将来都是你的”。这句话，很容易让孩子觉得自己不必奋斗也能衣食无忧，从而丧失进取心。

如果方某希望孩子积极上进，像自己当年一样拼搏奋斗，当听到辉辉说“我爸比你爸你妈都有钱”的时候会警觉起来，说：“你怎么能这样说呢?”可能辉辉会为自己辩解，“咱就是比他们有钱啊。”

方某会说：“咱比他们有钱，是爸爸几十年艰苦打拼的结果。你为咱家钱多感到骄傲，我能理解，可是拿这个来压人家就不好了。家里给孩子1万块压岁钱，好吗?我看不好，孩子无功受禄，钱来得太容易，背上大包袱，还有力气奋斗吗?爸爸这辈子算是干了一番事业，挣了不少钱，让你感到骄傲。你将来长大了，也会有孩子。你能不能也做出一番事业来，让你的孩子也感到骄傲?”

辉辉听了这话，恐怕以后再也不会吹嘘家里有钱。在他内心深处，会有一种做出一番事业的渴望被唤醒，释放出推动他前进的巨大力量。可以想象，辉辉在父亲如此悉心教育下，决不会成为没有出息的公子哥，将来一定是一个可以独闯天下的男子汉。

附录

孩子自强培养规划

一、培养目标

年满18岁时，孩子能够在困难面前不低头，挫折面前不沮丧，失败面前不灰心，认输不服输，有克服困难的勇气和办法，有战胜自身弱点的意识与能力。

二、指导思想

让孩子有成才的内在动力，在克服困难、摆脱困境的实践中获得本领与自信，能够有意识战胜自己的性格弱点，在失败面前不怨天尤人，不灰心丧气，知道如何总结教训，继续前进。还要让孩子懂得自尊自强，对他人的态度上是不卑不亢，蔑视欺侮，爱护弱小。

三、实施设想

1. 克服困难

婴幼儿时期，克服因体力不够而遇到的困难，父母仅需鼓励孩子不断冲击眼前目标即可。克服需体力与智力相结合才能战胜的困难，父母在鼓励孩子的同时，还要帮助孩子，为孩子提供可行的办法。等孩子再大些，遇到需父母出面才能解决的难题，父母不要抛开孩子自己来解决，要把孩子视为共同解决问题的同伴，和孩子商量，征求孩子意见。

2. 输得起

注意幼儿期的孩子在竞争性娱乐（像下棋、竞赛游戏等）出现结果时的表现，发现孩子“输不起”，要及时做工作，引导孩子从自身查找原因，认输而不服输。孩子上学以后，在各类竞赛中没有拿到理想名次，因而怨天尤人，父母也要及时引导。

另外，孩子听到、见到同龄人遭遇失败或不幸，也是父母做工作的时机。父母给孩子做思想工作，既要就事论事讲清道理，又要让孩子明白，人生之路漫长，什么事情都会遇到，要有遇到重大挫折不幸的心理准备。即使跌了大跟头，摔得头破血流，也要爬起来继续前进。

3. 战胜性格弱点

首先要注意避免孩子性格弱点形成。比如“欺负人”，从婴儿期开始，不要鼓励孩子抓咬踢打父母，以免孩子习惯成自然，稍大些之后喜欢攻击小朋友。比如“被欺负”，如果发现孩子面对其他小朋友抢夺抓咬时只会哭泣，就应当在讲道理的同时，手把手教会孩子如何合理应对，不要仅仅口头传授有关办法。当然，孩子出现的性格弱点苗头，还会有很多，父母要及时发现，给予具有实际意义的帮助。

当孩子已经形成稳定的性格弱点（例如粗枝大叶等等）时，父母要想办法让孩子有战胜它的愿望，和孩子共同找出克服的办法，制订计划，付诸实施。对孩子在克服性格弱点过程中的进步，予以表扬鼓励，直至成功。

4. 激发奋斗动力

激发孩子奋斗动力，不是进行空洞说教，也不必在孩子幼儿期早早下手。让孩子了解伟人事迹，阅读名人传记，都不失为唤起孩子成才渴望的好办法。父母若能清醒地认识自家家庭条件，无论是贫穷还是富裕，抑或其他情况，都可从中激发孩子自强向上。

第五课

充分开发学习潜能

“先下手为强，善下手为智，巧下手为能。”这个原则也适用于开发孩子学习潜能。“先下手”是立足于早开发。“善下手”是强调善于识别机会，能准确抓住时机大做开发智力的文章。“巧下手”则着眼于使用最有成效的办法，激发孩子兴趣，拓宽孩子视野，引导孩子思考。

开发孩子学习潜能是家庭教育中最具魅力的部分之一。父母能充分施展自己的才华，奏响美妙乐章。

1. 早下手打个好底子

一个孩子生下来，大脑就有别于其他孩子，父母无法改变这种遗传状态，但孩子是可塑的。一个整日躺在床上的孩子，尽管天生身体条件很好，四肢也会萎缩，丧失正常活动能力，无法下床走路。孩子的智力开发与此同理。

就像体育锻炼可使身体强健一样，脑力锻炼可使智力发达。父母重视孩子爬行活动，可使孩子打下好的身体底子。父母重视婴儿期孩子的智力开发，可使孩子早早勤于动脑。忽视这种努力，可能会留下无法弥补的缺憾。

老宋夫妇都是名牌大学毕业，一个在省级机关，一个在广播电台，都有令人羡慕的工作。女儿萍萍上初三，不爱说话，学习成绩在班里居下游。老宋夫妇上学时都是班里的学习尖子，按说孩子的遗传基因不会差到哪里。他们很纳闷，问题出在哪里呢？

老宋夫妇都是很严肃的人，思维严谨。尽管很喜欢女儿，但对襁褓中的萍萍极少说话。在他们看来，对着一个不知世界为何物的婴儿说这说那，有些搞笑。萍萍稍大些之后，他俩也很少和她对话。

萍萍断奶后，曾经帮忙照看的表姐回老家了，两口子很犯愁。两人父母都在外地，还没有退休，无法来帮忙，而他俩也无法请长假在家专门看孩子。没有办法，就找了个小保姆。

小保姆是个性格内向的农村姑娘，和老宋的表姐一样很老实，沉默寡言，不喜欢到人多的地方，整天坐在家里，从来不抱着萍萍下楼去玩，也极少和萍萍说话，更不要说逗笑了。老宋夫妇没有觉得这有什么不好。如果小保姆整天抱着孩子出去“疯”，他们倒会很有看法。

萍萍学会走路比其他孩子都晚，活动范围很小。有一次，老宋上班时间回家来拿材料，见面无表情的萍萍站在小保姆身边，侧低下头往沙发桌下面看了看。小保姆立刻往沙发桌下面一指，嘴里发出恐怖的声音，好像那里隐藏着巨大危险，接着把萍萍拉到离自己更近的地方，随即又低头打起毛活来。

老宋两口子很关心孩子智力发展，买了不少适合幼儿阅读的图片书籍，但没有一种是由萍萍自己挑选的。两口子精力都放在工作上，回家来很疲劳，和萍萍交流很少，讲过的故事也是寥若晨星。

萍萍学习成绩差，跟老宋夫妇缺乏家教知识，忽视孩子早期智力开发，以及聘用保姆不当有很大关系。

人的学习能力主要是6种能力有机组合而成。这6种能力是观察、记忆、思维、想象、语言和操作能力。这6种能力，都是从无到有，从弱到强发展起来的。

观察能力的形成，从孩子第一次睁开眼睛看世界就开始了。图像落在眼底，自然也就模糊地储存在大脑里，于是开始了最初的记忆。当图像再次落在眼底时，跟大脑中模糊储存的图像发生重合，记忆开始加深。“这是什么呢?”思维也由此产生。一张智力白纸，开始了描绘各种美丽图画的进程。

眼睛里出现的影像越多，耳朵里听到的声音越多，身体接触外界产生的感觉越多，孩子思维越活跃，对智力开发越有益。萍萍显然缺乏这样的机会，这是老宋夫妇的失误。

老宋夫妇认为，婴儿躺在摇篮里，眼睛直勾勾看着天花板，还没有到学习知识、进行理性思维的时候。你给她讲话，她根本听不懂。你就是骂她，她也只会傻呵呵地笑。因此，没有必要早早给孩子说什么苹果香蕉，介绍什么积木玩具。等孩子长到一定年龄，自然就会知道这些东西。

小沈妈妈并不认同这种观点。她认为，婴儿对世界的认识几乎是一片空白，要让他的大脑建立起良好的智力联系，必须尽早让它活动起来。父母对他讲话微笑，触摸他亲吻他，给他看水果、玩具等等，可以促进他的视觉、听觉协调发展，认识眼前的世界并产生兴趣，促进智力发展。

另外，父母温暖的话语、开朗的音容和欢快的动作，可以在婴儿头脑中烙下最初的美好印象，使他模糊地认为人本来就是这样说话，这样微笑，对他日后行为能产生潜移默化的积极影响。

君君出生后不久，小沈妈妈就开始对他进行适当的“认知刺激”。所谓“认知刺激”，就是让君君对陌生世界产生尽可能多的印象与好奇。婴儿精力能够集中起来的时间十分短暂，小沈妈妈就利用这短暂的时间跟躺在床上的君君说笑逗玩。

“君君，你笑起来真美！你知道跟你说话的是谁吗？是妈妈。妈妈爱你，怎么亲你都亲不够。来，再让妈妈亲你一下。谢谢！能让妈妈拉一下你的手吗？呀，你的小手真有劲。君君长大了，一定是个高大强壮的小伙子。”

“君君，你知道这是什么吗？圆圆的，红红的，你闻闻。呀！还挺香呢！它的名字叫苹果。来，你摸摸它。它可好吃啦，又香又甜。妈妈可喜欢吃啦，爸爸也喜欢吃。等你再大一点，妈妈就可以给你削苹果泥了，你也一定非常爱吃。”

君君稍大一些后，开始努力翻过身子，试图抬起头来。小沈妈妈总是微笑着鼓励他：“君君，好样的！”还轻轻地亲吻他，作为对他努力运动的奖赏。

小沈妈妈并不把翻身抬头看做单纯的肢体运动，还把它看做是促进孩子大脑活动的思维锻炼。他认为，孩子翻身抬头的时候，大脑也在积极活动，协调身体运动，思考如何才能达到目的。鼓励孩子翻身抬头，就是鼓励孩子积极进行思维活动。

君君最初在床上爬行，小沈妈妈总是在他面前放置一些不同类的小东西。开始的时候，把洗干净的香蕉、橘子等水果放在距君君很近的地方，后来随着他爬行能力的提高而越放越远。君君看到水果后，就用力爬过去，仔细观察它，用手摸它，感受它的外皮，嗅闻它的气味，还张开没有牙齿的小嘴咬它，以此来“全方位”认识这些陌生的东西。

君君第一次拿到橘子，小沈妈妈拍着手说：“宝宝胜利了！拿到战利品了！这个战利品叫橘子。呀，它外皮粗糙，一点也不光滑，和苹果大不一样。它好吃吗？唉，啃不动，味道还怪怪的。它的皮是不能吃的。来，我把皮剥开……”

有一次，小沈妈妈找来一块鸭蛋大小的鹅卵石，洗净擦干后放在离君君不远的地方。君君看见了，就用小手撑起身子爬过去，把鹅卵石拿到手。大概是觉得这东西太沉，和过去拿过的东西不同，就在床上拨动了几下，接着拿起来往嘴里塞。小沈妈妈没有制止他，任凭他独自来认识鹅卵石。君君用牙龈咬鹅卵石，发现根本咬不动，又没有滋味，就把它放在了一边。

这时，小沈妈妈对君君说：“这是鹅卵石，不能吃，可是很光滑。君君今天又认识一种新东西，真好！”说着，从兜里拿出一个橘色乒乓球，让它轻轻落在鹅卵石上，乒乓球“啪”的一声弹起来，然后落在床上不动了。君君看到这一幕，就向落在床上的乒乓球爬过去。

小沈妈妈认为，这些在成年人看来简单无奇的小东西，在婴儿眼里却非常新奇。通过视觉、听觉、触觉以及味觉来认识这些小东西，有助于孩子提高思维能力。

这时，君君开始喜欢有陌生的小东西出现在眼前，每每见到都表现得兴味盎然。下床爬行后，有一次爬到鞋柜旁边，左右打量爸爸的一双皮鞋。可能是觉得它样子挺奇怪，就伸手打了其中一只一巴掌，接着拉到跟前，摸了摸鞋面，忽然低下头去，把脸埋在鞋里，接着又抬起来。大概里面太臭，他的表情很特别，把鞋推了一下，然后往别处爬去。小沈妈妈在一边静静地看着，没有干涉。

孩子在进行“探索活动”时，难免有些危险。父母发现之后不要反应过度，否则会打击孩子“探索”的积极性。

上小学的时候，小沈妈妈有一次到同学苗志鹃家写作业。苗志鹃正在照看小妹妹，小妹妹独自在床上爬来爬去。苗志鹃见小沈妈妈来了，就喊过妈妈来，让妈妈照看小妹妹。妈妈感冒了，坐在床边打毛活，不时擦着鼻子。苗志鹃和小沈妈妈安静地趴在旁边的小饭桌上写作业。

过了一会儿，就听一声轻响，接着小妹妹就哭起来。原来，小妹妹拿起妈妈擦鼻涕的小手绢，要往嘴里塞。妈妈见状打了她小手一下，把小手绢打落在床上。“这也能吃吗!”妈妈生气地说，“怎么抓到啥都往嘴里放!”

这件事，小沈妈妈印象很深，当时觉得苗志鹃的妈妈太过分，不该打小妹妹。有了君君后，更觉得这样做不妥，不仅伤害小妹妹自尊，还打掉了小妹妹探索的兴趣。

对于孩子乱吃拿到手的东西，小沈妈妈认为，只要洗干净了，可以让孩子尝试。孩子拿到东西时，首先眼睛已经看过了，有了视觉印象，另外拿到小手里，能感觉到东西的硬软糙细，再加上吃到嘴里的感觉，不用多久，什么手感的东西能吃，什么手感的东西不能吃，就会了然于心。再看到不能吃的东西，就是拿到手里，也不会往嘴里送了。如果发现孩子已经把脏东西送到嘴边，可以快速制止，但动作不能粗鲁。孩子虽小，也是能感受尊重的。

有一次，君君爬到沙发旁边，发现下面有个药瓶上的塑料盖，就伸手抓了出来，小手上沾了不少灰尘。他先是看了看，接着抬手把塑料盖往嘴里送。

“不能吃，太脏了！”小沈妈妈喊了一声，几步赶过来，把塑料盖从他小手里轻轻拿出来，说：“你看，上面全是灰。来，妈妈帮你洗干净。”说罢，到厨房把塑料盖洗干净，回来放在君君手里。君君把瓶盖放到嘴里，发现既没有滋味，又咬不动，就拿在手里端详起来。后来，他又咬了几下，就再也没有咬过。

有一次，小沈妈妈故意一反平时的做法，没有在君君爬行的地上放置小玩具或者小盒子、塑料水杯等东西。她发现，君君爬了一段距离之后停下来，眼睛左看右看，又往前面看看，好像觉得少了些什么。

小沈妈妈想，他大概在纳闷，今天怎么没有出现让人惊喜的东西呢？想到这里，她非常高兴。君君希望生活中不断有新事物出现，说明他有了不断发现和了解新事物的兴趣。真是太好了！实施“认知刺激”才短短几个月，就已经取得了初步成效。这怎能不让她心中充满由衷喜悦呢？

君君学会走路之后，世界在他眼前变得更加广阔，他也更加好奇。大约2岁的时候，有天上午，小沈妈妈带他下楼去买菜，转过6号楼拐角，来到人行道上。冷风吹过，一团枯草夹杂着纸片和废塑料袋像篮球一样，从不远路面上翻滚过去，吸引了君君的注意。他大概不明白，这些东西怎么会翻滚呢？这时，那团枯草被路边的冬青挡住，不动了。

“看看。”君君说着，拉妈妈朝枯草走去。

这时，一阵更强劲的冷风吹来，把枯草等杂物组成的“篮球”吹散了。君君有些失望，可还是走到拦挡枯草的冬青旁边，拿起几根残剩的断草，仔细看了看，才把它们扯开，扔在地上。

小沈妈妈蹲下来，拿起地上的枯草，又捡起一小块边缘参差的红砖头，对君君说：“枯草很轻，所以风能吹得它到处跑。你看，砖头比枯草重得多，风就没有办法吹跑它了。”说着，用力吹手里的枯草，把枯草吹掉，再吹砖头，砖头却纹丝不动。她把砖头递到君君手里：“你掂掂，它是不是比枯草重?”

君君拿着砖头，学着妈妈的样子吹了吹，砖头在手里没动。显然，粗糙的砖头拿在手里很不舒服，君君撒手把它丢在地上。小沈妈妈拿砖头在水泥地上轻轻划了一下，地上现出一道暗红色的线：“君君你看，砖头还能画线呢。你也试试看。”

这下子，君君来了兴趣，用砖头在地上划了一下，又划一下，划完还翻过砖头察看，好像在问：“这是怎么回事?”。

这时，小沈妈妈拿过一根枯草，在地上划了几下。枯草折断了，地上却没有一点划痕。她又拿起一根枯草递给君君：“你也划划看。”君君在地上划了几下，结果还是枯草折断而划痕全无。

“为什么会这样呢?”小沈妈妈看着君君的眼睛，停了片刻，说道，“砖头不如水泥地坚硬，它们一摩擦，砖头的粉末就掉下来了。干草叶不如水泥地坚硬，可是它太轻，一摩擦就断了，所以看不出摩擦的痕迹。”

其实，小沈妈妈知道君君听不懂这些道理。她讲这些，目的是让君君知道这些现象里面隐藏着很多奥秘，而这些奥秘十分有趣，值得去思考，去探究。妈妈经常这样做，必然在孩子头脑中建立起一种认识，那就是眼前现象背后存在着有趣的奥秘，值得探究，为孩子将来积极思索发问做好铺垫。

至此，小沈妈妈已经有意识进行了三个阶段的启发努力。

第一个阶段——摇篮阶段，有意识对孩子进行适当的说笑逗唱，刺激孩子视觉、听觉、嗅觉和触觉，促使孩子进行积极思维活动。

第二个阶段——爬行阶段，多多在孩子前面放置小玩具等物品，引导孩子去抓，去“全方位感受”。经过持续不断的努力，让孩子初步具有好奇心。

第三个阶段——会走路之后阶段，发现孩子对某种事物有兴趣，就给孩子讲相关的道理，让孩子知道每种事物都有自己的奥秘，促使孩子尽早开始主动发问。

2. 发问，转瞬即逝的开智机会

几年前，我曾在路上见过这样的情形：一个身材高大的父亲牵着4岁左右女儿的小手，女儿一边蹦蹦跳跳地走着，一边不断偏过头来，仰起小脸问父亲一些简单幼稚的问题。具体问的什么我已经记不清了，只记得大多跟她眼前看到的事物有关。

那位高大的父亲目视前方，对女儿的问题随口应付着，显得漫不经心。女儿对父亲简单吐出的几个字总是不明白，于是不断产生新问题。还好，始终没有停下脚步的父亲没有表现出不耐烦，不过仍然是在漫不经心地应付。

这位父亲对女儿发问的态度是敷衍，还有一种更糟糕的态度是“打击”。父母或者给孩子吃闭门羹，生硬地说“不知道”，或者不耐烦地说“说了多少遍了，你还记不住。”

孩子发问，是求知的表现，事关将来学习能力高低，父母不可掉以轻心。孩子发问，一开始很脆弱，就像刚刚生长的嫩芽。父母悉心培养，它可以继续成长，以至长成参天大树，成为孩子一生受用的好习惯。可是，它也容易在父母的无意打击下夭折，令孩子变得有问题闷在心里不了了之，学习能力难如人意。

除了发问遭遇打击而夭折之外，还有一种情况，是孩子一开始就没有发问愿望。出现这种现象，不外有两个原因。一是父母太过严厉，孩子不敢或不愿跟父母对话；再就是父母以及照看孩子的人都很少跟孩子交流，以致孩子也不爱说话，有问题埋在心里。前面提到的老宋夫妇的家教，就属于这种情况。

这些前车之鉴，年轻的父母们当引以为戒，早早检视自己，取长补短，不要等孩子上学以后有问题不问老师，考试成绩难如人意的时候才开始着急。那时木已成舟，着急也晚了。

小沈妈妈早就有目的、有计划地培养君君的好奇心，一直启发鼓励君君多说话，多和妈妈对话交流，多提问题。

回答孩子的问题，有一个质量高低问题。所谓质量高，就是不局限于回答孩子提出的问题，能引发孩子积极思考，还能探索与之相联系的其他问题，开拓孩子的认知空间，提高思维能力。

小沈妈妈为自己定的目标，就是高质量应对君君发问。高质量应对发问，并不意味着对所提问题一律给予拔高加深的回答，而是该简则简，该繁则繁，视孩子接受能力而定。

君君快 2 岁的时候，开始喜欢认识各种物品，喜欢问“这是什么”，“那是什么”。家里的窗帘、花瓶、照片夹、笔筒、电视机和电池；大街上的垃圾桶、交通信号灯、各种车辆；山里寺院的佛像和超市里的一些商品等，他都曾问过。

就说“窗帘”吧，小沈妈妈是这样处理的。有天傍晚，她关好窗后拉上了窗帘。君君忽然问：“妈妈，这是什么？”她回答说：“这是窗帘。”

“噢，窗帘。”君君重复了一句。小沈妈妈又把窗帘拉开，指着窗户说：“这是窗户，挡住窗户的帘子，叫窗帘。依此类推，挂在门上，挡住门的帘子，叫门帘。你说，咱家有门帘吗？”

君君往门口看了一眼，说：“没有。”小沈妈妈笑着说：“对了，咱家一个门帘都没有，只有窗帘。我和你爸睡觉的屋里也有窗帘，这样算起来，咱家有两个窗帘呢。”

这样回答看似没有什么，但比仅回答“窗帘”要好得多，不仅把这个窗帘和另外屋里的窗帘联系起来，有了同类比较，还将窗帘拓展到相近的门帘，并且让君君思考了一个小问题。这种稍微复杂的回答，恰到好处。如果再拓展到布帘子、竹帘子、塑料帘子等，就扯得太远，反而不好了。

随着年龄增长和认知水平的提高，君君已经不满足于单纯询问事物名称，开始探究事物奥秘，提出一些思考性问题。对于思考性问题，简单回答对孩子智力开发帮助小，而借题发挥，把孩子引入科学探索的广阔天地，才是父母们应当努力的方向。

有天晚上，小沈妈妈领着君君在环城公园散步，走累了，坐在路边连椅上休息。君君饶有兴趣地仰着小脸，观看布满繁星的夜空。忽然，他扭过头来问：“妈妈，星星是月亮变得吗？”

小沈妈妈没有立刻回答。她觉得，君君提出这样的问题，肯定有他自己的逻辑，于是问道：“为什么呢？”君君比划着说：“上次看见月亮，那么大。现在月亮没有了，变成了小星星，是吗？”

小沈妈妈这才想起来，八月十五那天晚上，曾经和君君一起出来看过月亮。当时，夜空中只有一轮金黄的圆月，周围没有一颗星星。现在，君君发现月亮没有了，却出现了满天繁星。怪不得他误以为星星是月亮变的。

“君君，你观察得真仔细！”小沈妈妈夸奖了他一句，沉吟片刻，说道，“其实，我们看见的小星星，都比月亮大得多。因为它们离我们很远，所以看起来很小。月亮离我们比较近，所以看起来很大。月亮是一个很大很大的天体，比我们见过的大山还要大很多很多。它绕着我们居住的地球转圈，不是每天都出现在夜空里。”

君君听得似懂非懂，喃喃道：“比大山都大？妈妈，它能掉下来吗？”小沈妈妈笑着说：“不会。月亮和星星都有自己的运行轨道，不会掉下来。”

直到回家以后，君君没有再问月亮星星的事。小沈妈妈知道，他只是明白了月亮和星星不是一回事，自己讲的道理，他没有听懂。就君君目前的知识水平来说，已经有了进步。不过，小沈妈妈并不满足，第二天买来了一个地球仪。

君君见妈妈用手拨动地球仪转动，也学着用手拨动，不料用力太拙，把地球仪拨倒了，扶起来再拨，又倒了，觉得“这个玩具不好玩”。小沈妈妈说：“这不是玩具，叫地球仪，不是用来玩的。”

接下来，小沈妈妈努力给君君建立地球的概念，从离开家一直往东走开始，说到漂洋过海，经过很多建筑风格不同的国家，经历春夏秋冬不同季节，见到很多不同肤色相貌的人，最后又走回到家里。

说到最后，小沈妈妈用手臂画了一个很大很大的圆圈，说：“我说的这个走了一大圈又回来的地方，就是地球。地球可大啦，这个地球仪就是把地球缩小，再缩小，再缩小（小沈妈妈的手臂随着“缩小，再缩小”的话越拢越小），按照地球的大致样子做成的。”

君君听得津津有味，很多年以后，还能记起妈妈手臂展得很大很大，又缩小再缩小的样子。小沈妈妈指着地球仪上的一个点说：“你看，咱们就住在这里。一直顺着一个方向走，围着地球转一圈，走好几年才能再回来。地球可大呢！”

君君看着妈妈在地球仪上移动的手指问：“咱们能掉下来吗？”小沈妈妈说：“不会，地球有吸引力。你不是问过月亮和星星吗？这样吧，咱们把乒乓球当月亮。”

小沈妈妈拿着橙色乒乓球，模拟月亮围着地球转动的样子，说：“月亮比地球小多了，它就是这样围着地球转动，转了一圈又一圈。星星呢，大多数离地球太远啦。”说着，左看右看，想找个更大的圆球或圆球形东西，没有发现，就跑到厨房拿来一个洗菜盆，对君君说，权当它是个大圆球。

接着，她举着洗菜盆跑到离地球仪最远的屋角，说：“星星离地球很远很远，比这要远得很多很多，所以从地球上看，星星很小。”说罢，她放下洗菜盆，拿起橙色乒乓球来，放在距地球仪很近的地方，说：“月亮离地球很近，所以从地球上看，它比星星大得多。”

小沈妈妈的形象说理，将君君眼前和想象中的世界大大延伸开来，世界广阔无垠和宇宙无穷无尽的概念开始在他的头脑中模糊形成。利用孩子思考发问的机会，开拓有关知识领域，确实会产生很好效果。

有一次，小沈妈妈领着君君去农贸市场买活鱼。偌大水箱里满是游来游去的鲤鱼。君君看得很着迷，还不时伸手到水里。小沈妈妈让他挑选一条自己喜欢的，他相中了一条。摊主捞出来称好之后，问是带回去，还是现杀。小沈妈妈说：“现杀。”

摊主左手拿鱼，右手用一个粗短木槌照着鱼头猛击两下，然后丢掉木槌，用一个特制铁刷迅速把鱼鳞除掉，剪开鱼肚子掏出内脏。君君扭头问：“妈妈，为什么要打鱼头？”小沈妈妈故意说：“我也不知道。你问问叔叔吧。”

君君转而问摊主。摊主笑着说：“把它打昏了，刮鳞的时候，它就不乱动了。”

“原来是这样。”小沈妈妈对君君说，“把鱼打昏了，它就没有知觉了，刮鳞的时候就不知道疼痛了。”君君蹲下身子，在地上拿起一片指甲大小的鱼鳞，放在鼻子下闻了闻，又拿在手里仔细翻看。

拎着装鱼的塑料袋回到家，小沈妈妈把鱼倒在洗菜池里。君君看着手里的鱼鳞问道：“妈妈，鱼身上为什么要长鱼鳞呢？”

小沈妈妈从来没有考虑过这个问题，但马上想到鱼鳞能保护鱼的身体不受伤害，不过没有立刻回答，因为她觉得，君君自己也可能会想到这一点，就说："你自己先想一想，没准能想出来。"君君想了想，说："想不出来。"

小沈妈妈启发道："要是没有硬硬的鱼鳞，鱼会有什么危险呢?"君君忽然眼睛一亮："它碰到东西，身上容易出血。"

"对呀。"小沈妈妈说，"鱼鳞就是鱼的衣服，不过这个衣服是长在身上的。有了硬硬的鱼鳞，它的身体就有了一层保护。另外，鱼鳞很光滑，可以减少水的阻力。鱼有了它能游得更快，既可以迅速逃命，又可以快速猎取食物。你说，鸟身上的什么东西和鱼鳞的作用差不多?"君君眼睛转了几下，高兴地回答："羽毛!"

"真聪明!"小沈妈妈接着说："你能说说为什么吗?"君君回答道："鸟有了羽毛，身子就不露在外面了。有了羽毛，它能飞得更快。"说完，他得意地看着妈妈。小沈妈妈说："说得不全对。还有一条，鸟没有羽毛，是飞不起来的。有了羽毛，它才能飞翔。不过，你能想到鸟的羽毛和飞有关，已经很了不起了。来，妈妈亲亲你。"

小沈妈妈利用君君提出的问题，十分自然地提出相关问题，让君君思维活跃起来，进行辨析联想，发现事物间的同类特点。这对君君思维能力提高大有裨益。凡是有这种机会，小沈妈妈都不放过。不过，君君的问题五花八门，回答起来自然没有固定模式。

有天晚上，小沈妈妈翻看一本旧杂志的时候，发现里面夹着一张过去的照片。拍照那天，她怀孕3个多月了，公公婆婆提着大包小包到家里来，让她一定要保证营养。两位老人临走时，和儿子儿媳在家里摆好姿势，请邻居给拍了几张合影。后来，照片夹在杂志里，竟然给忘得干干净净。

君君看到这张照片，问小沈妈妈："怎么没有我呢?"小沈妈妈说：

"那时候，你在妈妈肚子里。"君君想一下，说："我怎么出来的？是你拉尼尼拉出来的吗？"

小沈妈妈忍不住笑起来，说："不是，是生出来的。妈妈肚子里有个叫子宫的地方，你就是在那里慢慢长起来的。世界上的小孩，都是在子宫里生长起来，长到10个月大的时候出生，来到世界上。妈妈是姥姥生出来，爸爸是奶奶生出来，君君是妈妈生出来。"

君君还是不明白，皱着眉头问："到底怎么生出来？"小沈妈妈略微思忖了一下，说："拉尼尼是排泄身体里的废物。拉尼尼，有拉尼尼的通道；生孩子，有生孩子的通道。君君是从妈妈生孩子的产道里生出来的。还有一些孩子不是从产道里生出来，是用手术刀割开肚子，从子宫里拿出来。"

君君问："为什么要割肚子？"小沈妈妈说："有些孩子从产道往外生很困难，只好用刀割开肚子拿出来。这些事情，你长大以后会明白。"

在回答生孩子问题上，小沈妈妈处理得很好，没有回避或者搪塞，更没有说谎话，而是把道理讲明白。讲道理的时候，没有详细讲解生殖过程，而是采取笼统介绍的办法，让君君明白大致的道理。这不仅符合幼儿的认知水平，还保护了孩子发问的积极性。

过了几天，在大街上看到一个挺着大肚子的孕妇。君君拉了一下小沈妈妈的衣角，说："妈妈，你看那个阿姨，肚子真大。"小沈妈妈笑了笑："是啊，阿姨的小宝宝不小了，快要出生了。"

君君问道："小宝宝那么大，怎么生呢？她要开刀吗？"小沈妈妈说："不一定。妈妈当时也是挺着大肚子，和阿姨一样，也没有开刀。要不要开刀，医生要根据每个妈妈的具体情况来决定。"

总的来说，君君提出的问题，小沈妈妈大多能回答得较好。不过，有时她故意不回答。在这件事上，她有自己的考虑：孩子的问题会随着年龄和知识的增长涉及范围越来越广泛，也越来越深入，越来越难以回答。孩子迟早要离开父母这根拐杖，独自从书本或实践中探寻问题的答案。父母应当尽早从“授之以鱼”向“授之以渔”转变，逐渐教给孩子独自探寻问题答案的方法。

小沈妈妈至今还记得是怎样让君君认识书本的重要性的。那年君君4岁多。有天下午，雨后空气清新，小沈妈妈领着君君出门。拐过楼角，只见蓝天上有一道长长的彩虹，她惊喜地指着彩虹说：“君君你看，彩虹，太漂亮了！”

君君看着彩虹，眼睛里放出异样的光芒。他这是第一次亲眼看见彩虹，完全被它的美吸引住了。小沈妈妈提议说：“咱们来数数它有几种颜色，好吗？”君君数出了3种颜色：红，黄，蓝。小沈妈妈说：“你再仔细看看，黄颜色和蓝颜色之间，是不是还有绿颜色呢？”君君仔细看了看，说：“有，有绿颜色。妈妈，天上为什么有彩虹呢？”

小沈妈妈想了一下，说：“好像是太阳光照在小水滴上反射的，我记不清到底是怎么回事了。对了，过一会儿咱们回家查查书吧，书上讲的道理可清楚了。”

回家后，小沈妈妈在书橱里找了一本《新编十万个为什么》，翻找到有关页面，对君君说：“这上面就有你问的问题。你等一下，妈妈仔细看明白，再给你讲。”君君凑过来，也盯着书上密密麻麻的字，也想看出点什么。

少许，小沈妈妈说：“这下我看明白了。咱们出门以前不是下过雨吗？虽然雨停了，可是空气中仍然有我们肉眼看不见的小水滴。太阳光照在小水滴上，经过折射进入小水滴，产生一次反射，再折射一次之后射出小水滴。这时，阳光就被分解成了红、黄、蓝、紫等7种颜色，形成我们看到的彩虹。只要我们背对着太阳，就能看到彩虹。”

从君君的表情看，他没有听明白彩虹形成的道理。小沈妈妈知道，4岁多的孩子能知道“太阳光，小水滴，反射”也就可以了。为了让君君对彩虹原理有更直观的认识，她提议说：“君君，咱们根据这些道理，出去造一个彩虹好吗？”君君一听，高兴地说：“好啊！”

小沈妈妈用茶杯盛了大半杯水，和君君出门来到刚才看彩虹的地方。太阳仍然挂在天上，小沈妈妈背对太阳蹲下来，含了一口水，然后使劲将水喷出，水像雾气一样散开去：“君君快看，彩虹！”君君看到了彩虹，兴奋得两眼放光。

小沈妈妈又喷了一次，白色雾气里又出现了彩虹。君君也要喷一下，可惜喷了几次都没有成功。他的小嘴力气太小，无法将水喷成雾状。小沈妈妈忽然想起家里有个喷雾器，就急忙回去把它拿来，对着半空用力喷射，于是形成了较为持久的彩虹。君君眼界大开，不断拍手跳高。

回家的时候，小沈妈妈说：“今天玩得真好，多亏家里有那本书。没有那本书，我也稀里糊涂呢。”后来，君君的不少问题，小沈妈妈都是故意从书上查找答案，以便君君对书本产生兴趣和亲近感，同时也让他受这种行为方式影响，为识字后遇到问题查找书本打下基础。

3. 讲故事，益智效果可超乎想象

有的孩子上学后成绩欠佳，父母想尽办法总不能奏效，于是慨叹：

"唉，真不知道该怎么抓孩子学习！让他预习，他不会；辅导他，他不听；怎么办呢！"

其实，从孩子出生开始，就存在着大量开发智力的机会，就看父母是否有抓机会的意识。有句话叫"时不我待"，开发孩子智力也是如此。机会错过了，就永远不会再来。

与其日后"辅导他，他不听"，还不如在他渴望听的时候抓住机会进行"辅导"。那么，"他渴望听的时候"是什么时候呢？他问父母"小白兔的眼睛怎么是红颜色"的时候就是，他缠着父母讲"狼外婆的故事"的时候也是。概括地说，孩子发问和孩子缠着父母讲故事的时候，就是"他渴望听的时候"。

这样的机会确实太多了，就看父母是否有心抓住，并且能不能大做文章。前面所说小沈妈妈高质量应对孩子发问，就是有心抓住机会并且大做文章的范例。讲故事的机会在哪里呢？从大的时间段看，大致是孩子1岁多到6岁这个区段。从零散时间看，则是每天晚上以及白天可利用的合适时间。

有位年轻妈妈说，女儿3岁半以前，她没有给孩子讲过故事，当时也没觉得有什么。后来，她听说听故事长大的孩子比不听故事的孩子要聪明，才开始给女儿讲故事。没想到短短半年时间，女儿就发生了积极变化，愿意提问题了，语言表达能力有了明显提高，性格也开朗了许多。

这位妈妈怎么给女儿讲故事，我们无从知道，想必非常得法，充分开发了故事的益智功能。从当前实际情况看，父母们讲故事的目的很不相同，再加上处理故事能力的差异，孩子收获往往大相径庭。

其一，讲故事是为了哄孩子睡觉。父母是被动的。

有的父母禁不住孩子"纠缠"，拿着故事书一路干巴巴往下念，了无趣味，就像哼着催眠曲，孩子听着听着就睡着了。见孩子睡着了，父母解脱一般收起书来，完事大吉。

其二，是为了从劳神费力的讲故事中解脱出来。父母较为被动。

给孩子买故事CD，到时候将CD盘放进CD机播放。有的还教会了孩子自己放CD。从语言表达看，故事CD比父母干干巴巴念故事要生动得多，相对来说幼儿更愿意听，但故事CD的最大缺点是讲故事者和孩子之间缺乏互动。

其三，没有功利目的，只为让孩子高兴。父母较为被动。

父母认为，孩子的童年应当是幸福快乐的，所以孩子喜欢听什么，父母就讲什么。孩子喜欢什么时候听，父母就什么时候讲。

从智力开发的角度，对孩子会有所帮助，但受益程度比较难说，要结合家庭其他情况综合判断。单纯为孩子高兴而讲故事的父母，有可能溺爱孩子。果真如此的话，即使孩子智力开发很好，也难闯人生其他关口。

其四，目的多元化，推崇实用性。父母是主动的。

孩子安静不下来，父母用讲故事将孩子吸引到自己身边。孩子不爱刷牙，父母通过故事让孩子变得爱刷牙。孩子和小朋友闹矛盾，父母用故事告诉孩子友爱的道理。父母还通过讲故事，将浅显的自然知识传授给孩子。

其五，既为孩子身心愉悦，又为开发孩子智力，二者相辅相成。父母是主动的。

适应孩子年龄与认知特点，讲求趣味性与生动性，讲求讲听双方良性互动，讲求逐渐提高孩子参与的难度，引导孩子在听故事的同时积极动脑，多多提问，或点拨孩子重述，或启发孩子评论，或引导孩子给故事续尾，整个过程流畅自然。

能这样讲故事的父母，素质较高，既有知识又懂家教，因而讲练适度，引导有方，对孩子智力开发的效果大大优于前述几种情况。

小沈妈妈就属于这种类型。跟高质量应对孩子发问一样，在讲故事问题上她也有自己的考虑，认为首先要营造温馨氛围，亲子互动。

开始的时候，她喜欢把君君揽在怀里，将图片展开在君君面前，慢慢翻着图片，绘声绘色地进行讲述。君君能感受到妈妈怀中的温暖，加上妈妈美妙声音传达的形象信息，真是惬意极了。

另外，要悉心保护孩子听故事的积极性，就像小心呵护小小的幼芽。在听故事过程中，孩子免不了要插问一些父母想不到的问题。这不关乎礼貌。父母一定要耐心回答，给孩子满意的答案。

讲什么故事，也要注意尊重孩子意愿，让孩子选择。哪怕有些故事已经讲过多次，只要孩子喜欢听，父母也要继续兴趣盎然地讲下去。孩子在不断的听讲中，对故事的理解也在不断加深。

有时候忙碌一天，父母回家后感觉很疲劳，可是这时孩子拿着图书走过来，要求爸爸妈妈讲故事。喜欢“直来直去”的父母，会呵斥孩子不懂事，粗暴拒绝孩子的要求。这样只需一次，就能让孩子再也不敢让爸爸妈妈讲故事。

小沈妈妈也遇到过类似情况。每次，她都是先把书接过来，然后把实情告诉君君，说：“妈妈太累了，君君是体谅妈妈的好孩子。就讲一个吧。”后来，只要小沈妈妈说自己累，君君会主动取消请求，说：“妈妈以后再讲吧。”

父母讲故事平淡枯燥，让孩子觉得兴味索然，也容易挫伤孩子听故事的积极性。小沈妈妈曾留心探究孙敬修老师等名家的讲故事艺术，有不少收获，能抓住故事中不同角色的语言特点绘声绘色，比如大象、熊伯伯说话，是瓮声瓮气，语速缓慢，而讲小松鼠、小白兔说话，则清脆明快。在故事情节发展中，还要加上动作以及表情模仿，让君君听得兴味盎然。

讲故事开发智力，小沈妈妈设想大致分三个阶段，但在实际操作时发现这三个阶段并不那么泾渭分明。

第一阶段即开始阶段。小沈妈妈开始给君君讲故事的时候，他不到2岁。故事多以自然界的动植物为对象，以动植物自身的特点为主要内容，故事情节很简单。很多故事都是看到图片上的动植物后，现编现卖。

比如看到小花猫，小沈妈妈就以小花猫为故事主角开讲。“小花猫肚子饿了，就出去找吃的。它最爱吃鱼，就跑到河边，两只眼睛紧紧盯着河水。忽然，发现了一条小鱼。等小鱼游到自己跟前的时候，小花猫迅速伸出一只爪子往水里一捞。哇，小鱼捞上来了！‘喵呜！’小花猫高兴地叫了一声，津津有味地吃起来，一会就吃饱了。”通过故事告诉君君，猫喜欢吃鱼。

再比如图片上是一盆鲜花，就讲鲜花的故事。“有一天，鲜花饿坏了，可是它不会跑，只能站在花盆里，不能自己出去找东西吃。怎么办呢？鲜花很聪明，就把花瓣耷拉下来，一点也不漂亮了。种花的主人一看鲜花这样子，就知道它饿了，赶快拿来水壶和肥料，给鲜花浇水，往花盆里放肥料。鲜花吃饱了，就把花瓣展开，又像以前一样漂亮了。”让君君知道，花需要适时浇水施肥。

讲小花猫，不光讲它喜欢吃鱼，还可以讲它跟小花狗比赛爬树，突出它有爬树的本领。讲绿树的故事，可以讲它努力抵抗狂风，最终赢得胜利。讲小熊的故事，则说它喜欢吃蜂蜜，因为不刷牙，牙被蛀坏，疼得要命。

不久，小沈妈妈把图片换成图画书，在讲故事的过程中有意设置问题，让君君动脑子参与。君君呢，也经常插问些问题。

有一次，讲《小白兔拔萝卜》。故事中说，小白兔看到一个自己喜欢吃的绿缨大萝卜，有一半埋在地里。它想把萝卜拔出来，却怎么也拔不动。小花狗看到了，跑过来帮忙，搂着小白兔的腰。它们一起用力，可是没有拔出来。小山羊看到之后也来帮忙，拉着小花狗的尾巴。它们一起拉，大萝卜动了一下，还是没有拔出来。

小沈妈妈讲到“小松鼠也来帮忙”的时候，画面上是小花狗搂着小白兔的腰，小山羊拉着小花狗的尾巴，小松鼠头朝后将尾巴绕在小山羊腰上。她没有把这一页立刻翻过去，故意问君君：“你说，这一次萝卜能拔出来吗?”君君想了想，说：“能拔出来。”

小沈妈妈问：“为什么能拔出来?”君君说：“人多呀。”

“好吧，看看君君猜得对不对。”小沈妈妈故意慢慢把这一页翻过去，一看是萝卜拔出来了，惊喜地说，“呀！君君说得对，人多力量大，真的拔出来了!”君君高兴得摇晃着身子，“咯咯”笑起来。

第二阶段是发展阶段。到君君4岁左右时，有些故事他“百听不厌”，讲过几遍之后还要妈妈再讲。小沈妈妈为了提高他对角色性格的理解，有时要求他扮演故事中的一个角色，目的是让他对角色性格特点进行再认识，并且准确表达出来。

就说讲《乌鸦和狐狸》吧。小沈妈妈让君君扮演狐狸，自己扮演乌鸦。几经指导，君君对角色性格的理解和表演都很到位。让君君的爸爸来观看。他大加称赞，君君很是自豪。讲故事及表演过程是这样的，从中可以窥见君君的理解能力。

小沈妈妈：“一只乌鸦嘴里衔着一块肉，飞到一个大树上，准备好好吃一顿早饭。”（她张开嘴，好像咬着一块肉，然后两臂像翅膀一样扇动，收拢翅膀停下后，直起腰来四下看了看。）

小沈妈妈：“这时候，一只饥饿的狐狸来到树下，闻到了肉香，眼睛一亮。顺着肉香望去，它看到了树上的乌鸦。”（君君两只手模仿狐狸的两只前脚交替前行，鼻子倒抽了两下，脸上现出欣喜与渴望的神情，随着鼻子的嗅闻声抬起头来。）

小沈妈妈抬高声音：“狐狸看到肉，口水都淌出来了。它眼珠子转了转，想出了一个得到肉的办法，开始夸奖乌鸦。”（君君用舌头舔了舔嘴唇，用手指在脑门上转了转，仰着脸，脸上带着笑。）

小沈妈妈嗓音变得尖尖的，声音里充满了妖媚的夸赞：“你好啊！美丽的乌鸦妹妹。你的眼睛真迷人，你的羽毛真光洁，你的歌喉天下第一，能唱出世界上最美妙的歌声。乌鸦妹妹，你就展示一下自己美妙的歌喉吧。”

虽然多次听过妈妈的怪声怪调，君君还是忍不住笑起来。小沈妈妈没有怪君君笑，继续说道：“乌鸦被狐狸夸得心花怒放，激动得快要喘不过气来了，忘了自己嘴里的肉，张开大嘴唱起来：‘哇哇哇。’”（她张开大嘴，嗓音变得又粗又哑，唱出来的“哇哇哇”别提有多难听了。）

君君听到这里，又笑起来。小沈妈妈仍然没有怪君君笑：“乌鸦一唱歌，肉从乌鸦的嘴里掉下去，落在地上。狐狸高兴极了，赶紧过去咬住，转身一溜烟跑走了。”（君君跑到妈妈跟前，低头张嘴空咬一下，笑着转过身，弓着腰跑走了。）

第一次讲某个故事，有时小沈妈妈会提出一些问题让君君思考回答。还是以《乌鸦与狐狸》为例，讲到狐狸由肉香寻见乌鸦之后，问君君：“你知道狐狸想干什么吗?”君君回答：“它想吃肉。”

这个问题难度很小，很容易回答。接下来小沈妈妈又问：“可是狐狸不会爬树，它怎么才能吃到肉呢?”这个问题就不好回答了。君君想了一会儿，说：“用石头把乌鸦打下来。”

小沈妈妈说：“这是一种办法，可是不容易打准，把握不大。打不准，乌鸦就吓得飞走了，肉就吃不到了。狐狸是一种狡猾的动物，喜欢出鬼点子。你猜，它能出什么鬼点子呢?”在问答中，君君积极思考，大脑充分活动，既了解了狐狸的特点，又加深了对故事的理解。

为保护君君回答问题的积极性，小沈妈妈所问的问题往往有易有难，让他总是有成功的喜悦。当他的回答跟故事情节发展不同的时候，尽量肯定他答案的合理性，然后再讲道理，从不一口否定。

讲完故事之后，小沈妈妈要对整个故事或者故事中的重要角色简短评论几句。讲完《乌鸦和狐狸》，就说乌鸦没有自知之明，明明自己唱歌不好听，还听信狐狸的夸奖，张开大嘴“哇哇”唱歌，怎么能不受骗呢?讲完《郑人买鞋》，就说这个郑国人太死板，用脚试穿一下鞋子，不就知道合适不合适了，却偏要回家拿尺码，买不到鞋子只能怪他自己。

她认为，这些画龙点睛的评论对提高君君的认识水平很重要，不仅仅是明白故事中蕴涵的道理，更重要的是学会分析归纳，学会提炼故事的意义。

为了让君君更好地了解某些科学知识，同时提高君君听故事的兴趣，有时小沈妈妈还把君君编到故事里面，成为故事中的角色。比如，为了让君君对月亮、太阳等星球有更具体的认识，就编了一个故事。故事这样开始的。

小沈妈妈：有个小朋友可想到月亮上面看看啦，整天缠着妈妈，让妈妈带他去。你知道这个小朋友叫什么名字吗？

君君：不知道。

小沈妈妈：他叫君君。

君君一听小朋友叫“君君”，觉得很好玩，拍着小手笑起来。

小沈妈妈：上月亮，要坐宇宙飞船。宇宙飞船飞得可快啦，坐在里面要穿宇航服。有一天，妈妈要带着君君去坐宇宙飞船。君君想把小花狗也带上，问妈妈行不行。妈妈同意了。

君君：妈妈是个好妈妈。

小沈妈妈：宇宙飞船“嗖”的一声就飞上了天。飞了好长时间，才来到月亮上。从宇宙飞船下来，君君见月亮上的地面坑坑洼洼，一个人也没有，一棵树也没有，一间房子也没有，没有高山，也没有河流湖泊，很不好玩，就想回去。妈妈说：“已经来了，在月亮上走一走也好啊。”君君抱起小花狗，一迈步，身子轻飘飘的，好一会儿才慢慢落下来。回头一看，这一步走了好远好远。

君君：妈妈，月亮上真的不好玩吗？

小沈妈妈：真的不好玩，一眼望去，什么也没有。这时候，君君提出来，到太阳上去看看。妈妈就和他坐着宇宙飞船出发了，飞啊，飞啊，忽然前面的光线刺得人眼睛睁不开，原来是快到太阳了。太阳上面全都是熊熊燃烧的大火，根本没法靠近。小花狗吓得躲到椅子下面，不敢出来。没有办法，妈妈和君君只好让宇宙飞船转回头来，飞回了地球。

君君很喜欢听这类故事，注意力非常集中，知道了很多天文地理知识。故事归故事，小沈妈妈此后会在合适的时候告诉他，故事中的内容哪些是真实的，哪些是想象的。比如乘坐宇宙飞船，就不是真实的。经过严格挑选的宇航员，经过各种严格训练，才有可能被确定进入宇宙航空器。这就又引起君君的好奇和一系列发问。

第三阶段是成熟阶段。所谓成熟，是说君君参与全部互动活动，既在讲故事过程中有问有答或进行角色表演，又在故事完了之后讨论有关问题，或者续讲结尾。

以《乌鸦和狐狸》为例，小沈妈妈提出的讨论题是："乌鸦怎样才能不受骗?"君君的意见很干脆："乌鸦看见狐狸就飞走，就不会上当受骗了。"

小沈妈妈没有想到君君会有这样的解决办法，跟自己预想的很不相同，但转念一想，乌鸦这样做毕竟可以不受骗，就笑着点头予以肯定，说："很好，还有别的办法吗?"君君想不出来，反问道："你说呢?"

小沈妈妈说："狐狸夸奖乌鸦，乌鸦不理睬它，也能不受骗。可是，乌鸦太喜欢别人奉承。狐狸一说它唱歌动听，它就找不着北，怎么办呢?"君君说："是啊，怎么办?"

小沈妈妈说："我看，只有一个办法，就是乌鸦改正自己的毛病。不管别人怎么夸自己，都要想想自己是不是真有那么好，那人夸自己是不是想骗走自己的东西。这样，狐狸就骗不了它了。"君君觉得妈妈说得有道理。讨论的结果是，乌鸦要改掉自己一听夸奖就忘乎所以的坏毛病，就不会被狐狸欺骗。

寓言故事常常蕴涵哲理，神话故事有些是反映远古人类解释自然现象的。小沈妈妈根据故事的不同内容，涉及不同的讨论问题。讲《盘古开天辟地》，她引导讨论“地球是怎么形成的”，引出有关地球形成的种种假说。讲《牛郎织女》，引导讨论银河系是怎么形成的，引出银河系形成的假说。

故事五花八门，涉及领域众多。小沈妈妈充分开发“讲故事”的益智功能，引导君君深入认识了许多自然现象和社会现象，当时也看不出有什么，但上学后逐渐显现出明显的学习优势。

4. 说话——指读识字——阅读

说话，是人类特有的能力，对人的智力发展影响巨大。

20 世纪初，印度两个狼孩回归人类社会之后，辛格牧师夫妇开始教她们说话。大约 3 岁的阿玛拉到第 2 个月，可以发单词“波”的音，而 8 岁的卡玛拉，两年后才学会发出“波”的音。阿玛拉不到 1 年就死去了，卡玛拉到第 7 年共学会 45 个单词，到 17 岁去世时也没有真正学会说话，智力水平仅相当于三四岁的孩子。

从两个狼孩学习说话可以看出，年龄越小，学得越快。如果错过了学习说话的最佳时段，再学就比较困难了，智力发展也要受到影响。

有位母亲，女儿已经 19 个月了，只会说“妈妈”两个字。她十分着急，找专家咨询。专家详细询问了有关情况，发现这位母亲十分内向，平时很不喜欢出门，也不愿说话，很少和孩子交流，于是建议她多和孩子说话，多领孩子出去走走，多给孩子讲包括在路上见到的东西。没想到，这位母亲感到很为难，问是不是还有别的好办法，因为她觉得自己这样做很难。

前面第一节曾经提到，萍萍上初三了，学习成绩在班里居下游。萍萍的父母——老宋夫妇上学时都是高材生，因疏于跟女儿交流，找的保姆也寡言少语，造成了萍萍智力开发欠佳。上面这位母亲，正在重复萍萍父母的失误。

不可否认，不爱说话的孩子中也有不少智力出众者。父母不爱说话，不一定影响孩子智力开发。但是，如果父母能有目的有意识引导孩子说话交流，勤于动脑，汲取知识，那么孩子会更出色。

孩子来到人世间，大脑是一张“白纸”。他们要认识和了解世界，靠什么呢？最初是靠眼睛看、耳朵听、鼻子嗅、嘴巴尝，靠身体接触和大脑思考。靠感官只能认识眼前的世界，局限性极大。只有嘴巴说话，跟他人交流，才能认识更加广阔的世界，大大拓宽知识面，获得前人的经验，提高分析和解决各类问题的能力。

在小沈妈妈看来，训练孩子说话，也是一个由简单到复杂、从浅显到深入的过程。

君君尚在摇篮里，小沈妈妈就有意识适当地对他说笑逗唱，早早在他头脑中留下语言的印记。

君君学会走路后，则注意对他讲所见到的东西是什么，有什么特点，或者所见现象的道理是什么，在他头脑中建立起语言跟事物、事理的广泛联系。

君君开始提出简单问题之后，小沈妈妈抓住每一次机会尽量高质量答疑解惑。几乎与此同时，开始对君君讲简单的小故事。随着君君的语言和理解能力不断提高，小沈妈妈在答问和讲故事时加强双边互动，引导君君不断进行有一定难度的语言表达。比如说，故事讲完之后，要求他续讲结尾。

续讲结尾，小沈妈妈通常会提供两个“选项”，让君君自己挑选，目的是降低难度，让他能发挥得更好。

还是以《乌鸦和狐狸》为例，小沈妈妈给出的“选项”有两个：一个是，接着原故事结尾，继续往下讲，怎么讲都行。另一个是，“过了几天，乌鸦又衔着一块肉落在树枝上。狐狸正在河边草地上找吃的，看见乌鸦在树上，急忙跑了过来。”接着往下讲。

小沈妈妈原以为君君会选第二个选项，没想到君君选了第一个。他一边想着，一边说：“乌鸦很生气，飞来飞去找狐狸。看见狐狸坐在一块石头上，正吃着那块肉，就冲下去，用大嘴巴咬狐狸的头。狐狸疼得喊‘救命’，抱着头钻进洞里藏起来。乌鸦抢回那块肉，飞走了。”

虽然君君没有围绕乌鸦是否接受教训来讲，似乎有些“跑题”，但小沈妈妈略一思考，觉得并无不妥，因为续讲并没有要求必须围绕接受教训展开。君君讲的是如何夺回“那块肉”，主题明确，不蔓不枝，而且用词准确，条理清楚，完全符合要求。小沈妈妈夸奖他讲得好，还略作点评，点明好在哪里。

续讲结尾实质是一种带有创作成分的语言表达。孩子能够完成它，已经具备了一定的理解能力和口头表达能力，具备了进行独立书面阅读的条件。独立书面阅读将让孩子以前所未有的速度获得新知识，进一步提高智力水平。

孩子独立书面阅读的最大障碍是文字。这时候孩子认字并不多么困难，因为孩子已经掌握了大量词汇，很会说话了。汉语的每个词都是语音与意义的结合体，现在孩子要做的，只是把自己已经很熟悉的“语音”跟汉字对上号，完成从“说话”到“识字”的转变。

有些有心教子的父母，在孩子刚刚接触幼儿读物的时候就指着画面下的汉字，一个字一个字地给孩子“读故事”，将语音与汉字联系起来，变成一个个具有鲜活含义的意义体，既让孩子明白了画面的意思，又将汉字形状与意义及读音结合起来让孩子产生印象。久而久之，经常出现的汉字读音及含义最先被孩子掌握，其他字也陆续被认识理解。认字和讲故事可以同时进行。

相对于这些父母，小沈妈妈下手较晚，君君 4 岁才开始。她考虑的是不要急于求成，感觉君君具备一定听说能力之后再认字，可以减少很多障碍。至于何时君君能够独自阅读图画书，没有时间表，也是考虑瓜熟蒂落，水到渠成。

讲故事时，让君君偎在自己怀里，也看着图画书。她特别注意放慢语速，用手指着页面上的汉字，一个字一个字地慢慢读，让君君的眼睛和大脑有充分的时间将语音、汉字和画面联系起来。

有一次，君君的爷爷奶奶来看孙子，带来一大包食品饮料。君君指着一包糖果上的几个大字，一字一顿地说："大白兔奶糖。"爷爷奶奶十分惊喜，没想到孙子这么小，竟然已经识字了。

不久前，小沈妈妈就发现，君君自己翻阅图画书的时候，眼睛不时盯着画面下的汉字，神情比以前专注。上次买来《小猫钓鱼》，他就曾指着封面上的汉字说："我认识这个字：小猫，鱼。"

后来，他认识的汉字多了，有时自己捧着图书阅读。根据自己认识的字，再加上画面，故事内容能大致明白个差不多。小沈妈妈看在眼里，乐在心里。

有位母亲诉苦说，儿子 5 岁时，她已经教他认识了很多字，可是让他自己阅读却很难。这位母亲就是磨破嘴皮，儿子也不干，非要把书放在她手里，让她讲。她感叹：认识了那么多字，有什么用呢？

原来，这位母亲很重视儿子认字，几乎是强迫儿子学习。认字，是利用图片进行"教学"。当然，儿子学得好，她也会高兴得进行表扬。但认字与阅读脱节，使认字成为枯燥的事。儿子厌倦学习认字，连带厌倦阅读，究其根源还是母亲的教育有问题。

相比之下，可以清楚地看出，小沈妈妈从讲故事开始，结合图书中故事内容指读汉字，让孩子在不经意间学习识字，在阅读故事的兴趣中识字，走的是一条正确的引导之路。

君君上学后学习了汉语拼音，不久就能够阅读拼音版图书。因为这时他识字已经不少，阅读拼音版图书一方面可以根据拼音认识陌生的汉字，另一方面可以根据认识的汉字来识读拼音。很快，他就可以不借助汉语拼音，直接进行汉字阅读了。

君君进行独立阅读短不了和妈妈就图书内容进行交流。小沈妈妈有时也会提出一些问题，开阔他的视野。比如说，有一次他借来一本《伊索寓言》。小沈妈妈问他："你知道伊索是哪国人吗?"君君说不知道。她告诉君君，伊索是古代的希腊人，希腊在欧洲，我们中国在亚洲。接着，她让君君在地球仪上找找希腊，看看在哪个位置。

君君仔仔细细查找。她站在一边，一声不响。君君找到后，她又让他看看希腊离我们中国远不远，中间要经过哪些国家。枯燥的地球仪一下子变得鲜活起来，君君兴趣十足。书本跟地球仪发生联系，让他有了崭新的读书思路。

君君读《格林童话》，小沈妈妈又让他在地球仪上找格林的故乡德国。读《一千零一夜》，则找阿拉伯国家伊拉克、沙特阿拉伯、叙利亚和埃及，并了解那里的风土人情。后来，君君养成了关注作者及其国家所在地的习惯。

上初二的时候，君君重新阅读最喜爱的《海底两万里》。这一次，他自己拿出世界地图，不仅查到法国，还画了一条粗粗的曲线，记录"潜水艇"鹦鹉螺号的行迹，从太平洋开始，经印度洋、红海、地中海、大西洋以及南极等。小沈妈妈看了，甚为欣喜。

上高中以后，君君读书的范围更广，历史小说、科普读物等等都有，尤其喜欢人物传记。功课再紧，也能抽出空闲时间看上一段。高质量阅读，不仅扩展了知识面，还提高了钻研能力，让君君学习文化课的底气十足，后劲十足。

5. 动手与动脑

巧用扑克游戏

跟开发说话和阅读能力一样，小沈妈妈也很注意开发君君的数学潜能。有些父母开发孩子数学潜能是从教数字1、2、3开始，这时的数字跟唐诗一样，只是一个符号，孩子并不理解，要等孩子稍大点以后才能将数字跟具体事物的数量联系在一起。也有些父母一开始就从身边具体事物的数量入手，让孩子知道数字来源于生活，反映的是生活现象。小沈妈妈属于后者。

比如说，她抓起君君的一只小手说："君君有几个手指头呢？来，妈妈和你一起数一数，1个，2个……"说一个数字，弯倒一个手指，直到5个手指都弯倒，然后再抓起另一只小手，同样再说一遍。虽然这时君君还不会说话，但可以逐渐听懂妈妈的意思。

再比如说，在动物园大象馆，小沈妈妈抱着君君在观赏之余，指着里面的大象说："大象一共有几头呢？1头，2头，3头，一共有3头。"点数时，刻意放慢语速，指一头大象，说一个数字。到了熊山，观赏之余同样点数熊的数量，目的也是让君君建立起数字概念。

君君快过2岁生日的时候，有天回家上楼梯，小沈妈妈像往常一样从第一阶开始和君君一起数数，数到"7"之后就不再出声，任由君君自己数下去。到家开了门，君君还在往下数。小沈妈妈见他数得十分认真，就没有打扰他。没想到，他进门后仍然在数，一直数到90多才停下来。这之前从没教他数到过 50 以上，所以小沈妈妈感到很惊讶，也很高兴。

孩子学会数数之后，能否继续前进是摆在父母面前的一道难题。有些父母是顺其自然，也有不少是想方设法开发孩子数学潜能，有的利用积木等玩具，有的和孩子一起做益智杂志上的趣味题。小沈妈妈是选择扑克牌作为游戏载体，由易到难设计适合自己家庭情况的玩法。

在玩扑克游戏之前，她挑出一副扑克中的 J、Q、K 和正副司令，把老 A 当做“1”，和其余的牌一起组成 1—10 留下来。为了看上去一目了然，把每张牌两边带数字的部分整齐剪掉，只剩下中间长方形主体。比如说“梅花 2”，就剩下中间两个梅花。很快，小沈妈妈就教君君学会了把 10 张同一花色的纸牌由小到大依次排列。在这里说很枯燥，但君君排得还是很认真并且蛮有趣味。

第一次进行扑克游戏竞赛，小沈妈妈设计的玩法“智力含量”很低，靠的是运气。具体玩法是：她找出两种花色各 10 张牌，洗好后每人面前放 10 张。每次都是两人各从自己面前的牌里随便抽出 1 张，亮开放在前面。谁的牌数量大，谁就赢了这次亮牌。

两人旁边有个盒子，里面有 10 个小玻璃球。谁胜了，就从盒子里拿出 1 个小玻璃球放在自己一边的盒子盖里。谁率先得到 5 个小玻璃球，谁就赢了这场游戏，奖品是可以轻轻刮一下对方的鼻子。一场罢了，再重新洗牌，开始下一场。

设计这种玩法，目的是让君君熟悉数目，能够迅速对比数量的大小，所以有时君君喊“我赢了”的时候，小沈妈妈故意表示怀疑，数一下牌上的花色数量。因为这种玩法完全听天由命，所以君君赢的概率还是挺高的，常常是乐得手舞足蹈，调皮地跑过去，轻轻刮爸爸或妈妈的鼻子。

开始玩的时候，君君动作比较慢，亮牌后反应也比较慢。玩过一段时间之后，亮牌和反应输赢就很快了。

不久，小沈妈妈提出换一种玩法。每人手中有同一花色的 10 张牌，洗好之后放在对方面前。比赛开始，每个人都迅速拿起自己面前的牌，按照从 1 到 10 的顺序放在桌子上。谁先排完而且没有出现顺序错误，谁就赢了这一局，赢得一个小玻璃球。谁率先赢得 5 个小玻璃球，谁就是赢家，奖品还是轻刮一下对方的鼻子。

别看君君早就会按顺序排列扑克牌，但进行这种竞赛性质的游戏，则需要眼快心快手快。小沈妈妈赢他是没有问题，但为了鼓励他，故意放慢速度，似乎水平跟君君不相上下。

第一场游戏比赛，小沈妈妈“险胜”第一局，高兴地拿了一个玻璃球放在自己一边。第二局则“输给”了君君，让君君“士气大增”。就这样，胜负相交，到了 4 比 4，最后还是小沈妈妈“战胜”了君君。君君当然不服气，可是已经到了做饭时间，于是约定好晚上继续“拼杀”。晚上进行的第二场竞赛，君君也是以 5 比 4“险胜”，他高兴得舞着小手在屋里跑了好几圈。

竞赛几次之后，君君就发现了“规律”：每个数字的牌都有自己的特定位置，不必先在一把牌里找到 1，放好后再找 2。这样很耽误时间。发现窍门后，他开始直接拿出牌来放在该数字的大致位置，大大节省了排列时间。游戏办法改成从 10 顺次往下排列到 1 之后，他也是用这种便捷方法，争取让牌一次到位。

再后来，游戏难度进一步加大，改成每人手中有 2 种花色的牌共 20 张，比过去增加了一倍。比如说，君君手里有红桃和梅花，小沈妈妈手里就有黑桃和方块。2 种花色的牌打乱顺序混洗，摆放的时候则要求把同一花色按顺序放成 1 排，共摆放 2 排。

没过多久，小沈妈妈又买了一副扑克，没有剪掉带数字的部分，把“A”涂成了粗粗的“1”。这时候，君君早就认识了 1—10 这些数字。现在和妈妈一起做扑克游戏，实际上是开始进行从形象数量思维到抽象数字思维的转化。

小沈妈妈设计的第三种扑克游戏，是简单的加减法运算，需要2副扑克。首先进行的是加法游戏，而且是3以内的加法。“3”以内的加法，不外乎1+1，1+2，1+3，2+2，2+3和3+3这六种运算。为了视觉统一，选用同一花色扑克。比如，运算用牌使用红桃的话，需要把2副扑克中的红桃1—3都拿出来，一共6张。答案用牌则可选用红桃之外的花色，比如用梅花，每人面前早早把梅花牌从1到10依次排好，亮在那里以备选用。

游戏开始，把6张红桃运算用牌洗好放在两人中间，先由君君翻出最上面的第1张，亮在桌子上，再由小沈妈妈翻出第2张，也亮在桌子上。谁能最先将2张牌的数字加起来，从自己面前的答案用牌里拿出写有正确答案的牌，谁就赢了这一局。比如说，第1张牌是2，第2张牌也是2，2+2=4。谁先从自己的答案用牌里拿出4来，谁就胜利了。

实际上，答案用牌中只有2—6用得到，其他数字的牌都是陪衬。不过，以后进行“5”以内加法运算游戏的时候，就只有“1”是陪衬了。熟练之后，干脆不再拿出答案用牌，直接喊出运算结果。有时候，两个人同时抢着喊出运算结果，很难分出先后，所以就当平局对待。

最后，把加法游戏改成了减法游戏。首先拿出同一花色的牌10张，打乱顺序洗好，放在两人中间。然后小沈妈妈把最上面的牌翻开，放在桌子中间，君君翻开第2张牌。如果第1张牌数字比第2张大，就拿第1张牌的数字减去第2张牌的数字。如果第2张牌大，就减去第1张牌的数字。谁先喊出运算结果，谁是赢家。

一开始，君君反应较慢，小沈妈妈故意喊错，或者喊得慢一些，让君君也有不少获胜的机会。因为比分总是很接近，所以君君始终保持着“昂扬斗志”。

小沈妈妈没有设定在哪个时间内必须进行哪种玩法的游戏，是顺其自然。另外，对获胜者的奖励也不拘泥于“刮鼻子”一种。“奖惩”是大家商量着办，大家感觉怎么好就怎么做。有一次，确定不奖励“胜利者”，让失败者在屋里跑3圈。君君第一次看着妈妈在屋里跑，笑得捂着肚子坐在地上。

有趣的扑克游戏，让君君获益匪浅。上小学后，司老师多次表扬他，说他口算笔算速度很快，不像一年级小学生。

孩子动手需要鼓励与指导

幼儿自己系纽扣、系鞋带、叠小衣服、帮妈妈压饺子皮等等，在不同父母眼里，意义大不一样，因而所持态度迥异。

恬恬走出幼儿园大门，发现鞋带开了，就蹲下来系鞋带。爸爸让她往路边靠了靠，自己站在一边等。恬恬反复系了很长时间也没有系好，爸爸不耐烦了，嘟囔说：“笨死了，3岁还系不好鞋带。”说完，急不可耐地到恬恬跟前蹲下，自己给她系好了。

努力系好鞋带，是恬恬在动手探索“编织”的奥妙，思索哪里出了问题，应当怎样解决。恬恬爸对此浑然不知，心急地抱怨女儿笨并且代替女儿系好鞋带，做了遏制女儿动手动脑的傻事。

懂教育的父母都知道，有些孩子基于种种原因动手能力形成较晚，父母引导得当，将来照样十分出色。因此，他们会耐心帮助孩子完成这个过程。不要小看这些生活中的细节，处理得当与否，关系着孩子动手能力高低，也关系着孩子智力开发程度。

有时候，孩子毫无道理地破坏某个玩具或某个物品，比起系鞋带慢来，父母更容易生气发怒。有一年春节前，小沈妈妈给君君买了一只会“唱歌”的黄毛玩具狗。只要在狗身上捏一下，狗就“汪汪”叫起来，接下来还会“唱歌”。君君爱不释手。那天晚上，家里的“狗叫声和歌声”接连不断。

第二天，小沈妈妈下班晚了一会儿，还没进门，就听到老公发怒的声音。原来，君君把玩具狗给拆坏了。以前，君君从来没有毁坏过玩具，所以爸爸见好端端的玩具给拆坏了特别生气，见小沈妈妈回来了，把玩具狗拿给她看："你看，都拆成什么样了。"

小沈妈妈拿过来一看，玩具狗的肚子被打开，里面的电池盒和发声器都扯了出来。不过，这时候她已经大致明白了是怎么回事，让系着围裙的老公不要生气，说："你先忙你的，我来处理。"老公余气未消地回厨房去了。

君君像犯了大错误一样老老实实站在沙发边上，低头看着地面，撅着嘴一声不响。小沈妈妈走到君君面前蹲下来，轻声问道："妈妈想知道，你为什么要把玩具狗拆开，能告诉妈妈吗？"君君抬起眼皮看了妈妈一眼，说："我想看看，它是哪里响的。"

"噢，是这样。"小沈妈妈笑了，"我也想看看呢。饭快做好了，吃完饭再说吧。走，咱去洗洗手。"

晚饭后，小沈妈妈拿着玩具狗坐在沙发上反复地看，君君站在她跟前。"君君，你真有办法。我以前也想知道哪里出的声音，可是找遍狗身子，也没发现有开口的地方，没想到它肚子上藏着这样一个小拉链，藏得还挺深呢。你是怎么找到的？"君君说："我仔细摸到的。"

小沈妈妈把电池放进电池盒，把发声器和电池盒重新放回狗肚子，使劲捏了捏狗身子，狗没有发出声音。她把电池盒和发声器又拿出来仔细检查，拉了拉后面的电线，发现有一根细电线在焊接处断了，对君君说："没有办法，只能拿出去修理了。"

君君问："明天能修吗？"小沈妈妈说："得先找个玩具修理店，我明天出去打听打听。君君，你想了解狗为什么会叫，很好，可是不应该盲目拆卸。就是拆，也要想着拆完之后能不能再把它装好。"

经过多方打听，小沈妈妈终于找到了一家"玩具医院"。星期六上午，领着君君来到这家玩具修理店。店主是个挺热情的小伙子。他检查了一下，说："没问题。"随即用电烙铁把电线焊接上，玩具狗又"叫"

起来。君君观看了整个过程，觉得这个叔叔会修玩具，很了不起。

小沈妈妈对这件事的处理有五个可取之处：第一，不发火，询问君君为什么这样做；第二，让君君知道妈妈和他一样好奇；第三，自己反复检查玩具狗，看能否修复，给君君以理性动手的良好影响；第四，希望君君不要盲目拆卸玩具，拆卸时要想着能重新安装；第五，没有独自拿着玩具狗去找人修理，而是带上君君，让他亲眼目睹修理的过程，开阔了眼界，了解动手操作的知识。

不久，家里的石英小座钟停走。小沈妈妈去买来一节五号电池，安装前把君君喊到自己身边。

“君君你看，小座钟不走了。为什么呢？因为电池里的电用完了。小座钟走，需要动力，就像我们吃了饭才能活动。电池，就是小座钟走的动力。要让它继续走，必须更换新电池，可是旧电池在这个电池盖后面，你能打开，把它拿出来吗?”

君君接过小座钟，仔细看了一会儿，先是用手敲打电池盖，想掀掀不开，又用大拇指使劲推，没有推开。摆弄了一会儿，无果而终。小沈妈妈拿过小座钟，指着电池盖上的指示符号说：“你看，这个符号就告诉我们，应该往这个方向推。”说着，用拇指轻压着一推，电池盖打开了，露出了里面的电池。接着，她又把电池盖盖好，让君君打开。君君没费什么工夫就打开了，觉得很好玩，就反复关上打开，越玩越顺手。

这时，小沈妈妈拿过小座钟，让君君看着把旧电池取出来，然后又照原样放进去，问道：“看好了吗?”君君说“看好了”。“那好吧，你再把它取出来，然后照原样把新电池放进去。如果你放对了，小座钟就会重新走起来。”

君君照妈妈的样子取出旧电池，又放进新电池，可是小座钟的秒针一点没动。“怎么没走呢?”他自言自语道。小沈妈妈做了一个倒转的手势，提示说：“把电池倒过来再放一次，看走不走。”

君君照做之后，小座钟的秒针有力地跳动起来。他高兴得一下把两个小拳头伸向天空："耶!"

稍后，小沈妈妈把电池又拿出来，指着电池盒底的指示图标，对应着把电池的正负极说了一遍，强调放电池的时候要按照图示进行，正负极方向不能出错。君君不明白为什么正负极必须对准方向。小沈妈妈被问住了，一时不知该怎样回答，就坦诚地说："我也不知道为什么，咱们一块查查吧。"

动手，永远都是和动脑联系在一起的。孩子动手，也是探索未知世界，开智意义不容小觑。

后来，小沈妈妈和君君一起建立了一个小小工具箱，里面有小锤子、螺丝刀、小剪子和胶带等等。第一次使用工具箱里的工具，是为了修理床头柜抽屉。

那天，小沈妈妈拉开床头柜抽屉拿存折时吓了一跳，抽屉面板和左侧侧板竟然分开了——原来，它们不是用胶粘在一起的。面板上伸出两个圆柱体金属棒，金属棒顶端是上了半截的螺丝，对着侧板上的两个圆孔。很显然，金属棒本来是被固定在圆孔内，而现在脱离了。

看明白之后，小沈妈妈把两根金属棒对准圆孔，推了一下面板，面板和侧板就咬合在一起了，没有一点缝隙。可是一拉抽屉拉手，它们又分离开来。正纳闷，忽然看到侧板内侧有两个螺丝，正对着金属棒插入的圆孔，看样子是用来固定金属棒的。

"君君，你过来看看，这是怎么回事。"君君正在客厅看儿童画报，听到喊声跑过来。小沈妈妈边演示，边把刚才出问题以及发现秘密的过程说了一遍："可能把这两个螺丝拧紧，金属棒就出不来了。你看呢?"其实君君没有看明白，只是觉得妈妈说得有道理："可能是吧。"

"好，咱们试试。你去把螺丝刀拿来，就在工具箱里。"君君拿来螺丝刀。小沈妈妈把金属棒推进圆孔，然后从侧板内侧拧紧两个螺丝，面板和侧板固定在一起，成功了!

"你也试试看。"小沈妈妈拧松螺丝，一拉抽屉，金属棒又出来了。

她把螺丝刀交给君君，自己挪到一边，让君君来修复。君君忙了一会儿，因手劲不足，螺丝怎么也拧不紧。小沈妈妈帮了他一把，终于大功告成。

君君7岁那年，有一次小沈妈妈整理储藏室，发现有个以前废弃的旧插排，就拿出来给君君，让他练习拆卸。

君君先把插排翻来覆去仔细审视，然后从工具箱里拿出螺丝刀，没费多大工夫，就把螺丝全卸了下来，接着小心翼翼掀开插排盖，一边掀，一边小心查看，见没掉什么东西，才放心打开来。接着，他又小心翼翼地把插排重新装好，恢复了原貌。

小学三年级下半学期，君君参加了学校航模兴趣小组。从小学到高中，多次获得市、省、乃至全国航模比赛一等奖。在小沈妈妈看来，获奖倒还在其次，在动手动脑中获得的解决问题的能力，在竞赛中历练的良好心理素质，才是孩子受用一生的财富。

6. 父母包揽责任，抑制孩子智力开发

担任过多年中小学班主任的老师大概都见过这种学生家长：他们对孩子学习十分发愁，对老师抱怨说，自己要求孩子放学回家什么都不干，马上回自己房间学习。除了学习，家里什么事都不让孩子管。就这样，孩子学习怎么还上不去呢？

别的不说，仅要求孩子“什么都不做，只管学习”这一条，就必然影响孩子学习进步。

学习成绩，说到底是检验孩子的学习能力。我们在本章开头曾经说

过，学习能力主要是由观察、记忆、思维、想象、语言和操作能力有机组合而成。这6种能力从何而来？就学龄前阶段而言，前面5节已经做了较为详尽的回答。上学以后，它们是不是就仅仅来源于课堂听讲，来源于反复做题呢？不是。

孩子上学，是由课堂学习和其他相关活动组成的学习体系，课堂学习是主体，其他相关活动也并非可以忽略。

早上孩子是否按时起床，看似跟学习无关，但它跟上学是否迟到联系在一起，而上学是否迟到又跟课堂学习状况密切相关。谁能说孩子早上起床不是学习体系中的一部分呢？

学习能力的核心是思维能力，包括理解、分析、判断、比较、综合等诸多能力，是在对感性材料进行加工的过程中获得。

但就思维能力而言，孩子在父母培养教育下，知道早上按时起床，事关上课学习，是自己必须完成的事情，因不按时起床而迟到是自己的耻辱，而且父母的教育举措让孩子体会到事实确实如此。在父母教育培养下，孩子完成了对按时起床的分析、判断和理解，形成了理性的逻辑思维。

如果父母的语言行为让孩子认为，早上是为父母而按时起床，上学迟到了是自己和父母的共同耻辱，那么孩子同样完成了对按时起床的分析、判断和理解，形成了非理性的不合逻辑的思维。为什么说这种思维是非理性的和不合逻辑的呢？孩子是独立个体，起床与上学是孩子自己能力范围与责任范围内的事，父母却把责任揽过来，造成孩子思维脱离逻辑轨道。孩子凭着非理性非逻辑的思维能力来学习理性的逻辑的科学文化知识，怎能不败给具有理性逻辑思维能力的同智商同学呢？

这是早上起床对学习能力的影响，对其他方面的影响也不容忽视，像勤奋或懒惰，自尊或不自尊，有责任心或缺乏责任意识等等。这些，都是影响学习潜能开发的重要因素。

在孩子学习问题上，父母包揽责任有多种表现，比如孩子忘了记下作业，父母打电话向老师询问；孩子忘记带课本或作业本，父母急忙送到学校，等等。下面具体说一说较为常见的两种。

其一，陪代孩子学习

某设计院宿舍大院，有个上幼儿园的小女孩璐璐全宿舍闻名。她能歌善舞，会背数十首古诗，讲起故事来绘声绘色。上小学后，璐璐成绩位居班级上游，到二年级滑到中下游，三年级直接落入下游。后来，她厌学到装病、哭闹也不愿去学校的地步。很明显，璐璐智商没有问题，那么她的学习障碍是怎么造成的呢？

璐璐上小学后，望女成凤的母亲全面介入女儿的学习，从亲自给女儿准备家庭作业记录本，到每天削铅笔，甚至用橡皮擦去写错的汉语拼音。有时，她还替女儿把本子折起的角抚平，真是无微不至。

璐璐写家庭作业的时候，她只要有空闲时间，就搬来一把椅子，坐在璐璐身边，发现璐璐有写错算错的地方及时进行纠正。另外，什么默写生字啦，纠正做错的数学题啦，都是在她的检查监督下进行。

“妈，‘提出’的‘提’怎么写？”趴在桌子上写作业的璐璐头也不抬地问道。璐璐妈赶忙跑过来，拿笔在璐璐另一个本子上一笔一画地写下一个“提”字。

女儿边看边把“提”字正确地写在作业本上。璐璐妈说：“学习就该这样，有不会的地方就问，妈妈当你的活字典。”

璐璐每天上交的作业，无一例外都被老师打满了鲜红的对号，每次得分都是最高等级的“甲”。考试成绩和作业相比，要逊色得多。妈妈很不满意，每次都数落璐璐“不争气”。

璐璐妈一片好心，下了大工夫，换来的却是孩子成绩持续下降。教训十分深刻。

首先，她不该代替女儿动手进行学习辅助活动。

准备作业记录本啦，削铅笔啦，擦去写错的汉字或汉语拼音啦，都是女儿该做的事，也是女儿能够做好的事，她却全部代劳。我们说过，动手也是动脑。她代女儿动手，抑制了女儿智力发展，也抑制了女儿学习的主动性。

璐璐妈这样做，本意是减少女儿“非学习时间”，让女儿有更多的时间和精力进行学习，取得更好成绩。结果，适得其反。

其次，不该陪伴孩子学习。

孩子学习，父母陪伴在一边，表现出来的是不放心或不信任。即使父母一言不发，也给孩子造成一定压力。璐璐妈不是一言不发，而是紧盯着女儿的作业本，发现错误随时指出。她没有想到，这造成了璐璐写作业时精力无法集中，要随时提防身边冷不防出现的大手和耳边冷不丁响起的纠错声。

写作业，是消化所学知识的智力活动，需要静下心来进行艰苦的脑力劳动。心有旁骛，学习效果必然打折扣。另外，不信任的氛围让孩子自我矮化，令高质量学习必须具备的进取心受挫。在这种情况下，璐璐学习成绩怎能不下降呢？

再次，不该充当“活字典”。

在孩子刚刚识字的时候，父母充当活字典，未尝不是好事。孩子已经具备了查字典的能力，父母仍然主动“备问”，容易让孩子产生依赖心理，形成学习惰性。

璐璐妈没有处理好“教”与“引”的关系，单纯致力于“教”，忽略了引导女儿自己去寻找知识。父母帮助孩子学习应当掌握一个原则：凡是孩子经过努力自己可以寻得答案的问题，绝不代劳。教给孩子到哪里寻找知识，让孩子自己动手动脑，比教给孩子知识要重要得多。

最后，不该抱怨孩子成绩下降。

璐璐上学前是宿舍大院里的小才女，十分风光，使她自视甚高。上学后，学习成绩不断下滑，自信心不断受挫。妈妈本应宽慰她，开导她，帮她渡过这段人生艰难时刻，可惜她没有这样做。

对女儿成绩下滑，妈妈以为是女儿缺乏上进心，学习不肯下工夫，本来就没有找准症结，再加上批评抱怨，只能让璐璐出现比学习下降更严重的问题。

其二，代孩子收拾书包

很多中小学老师都认同这样一个说法：学生的学习水平跟“书包”有较高关联度。书包里乱七八糟，学习水平较低；书包里井井有条，学习水平较高。在家写完作业不立刻整理好书包，学习水平较低；立刻整理好书包，学习水平较高。

早上，莉莉又是吃完饭才去收拾书包。桌子上堆得乱七八糟。妈妈看时间不早了，过来帮她往书包里塞书本。妈妈几乎每天都要嘟囔着几句话：“都上四年级了，也不知道写完作业赶紧收拾好，怨不得成绩上不去!”莉莉早就听麻木了，根本不当回事。

有一次见到班主任袁老师，妈妈大倒苦水，说莉莉晚上写完作业不收拾，早上快出门了也不着急，要不是家长帮忙，得三天两头迟到。

她要求袁老师帮着说说孩子：“老师说话，她不敢不听。”袁老师一口答应下来，见到莉莉还真的批评了她，让她一定要养成写完作业立刻收进书包的好习惯。莉莉回家后，埋怨妈妈向老师告状，败坏自己，哭得像个泪人。妈妈有些后悔，当晚在莉莉睡下后悄悄给她整理好了书包，算是补偿。

后来参加“家长会”，袁老师问起莉莉是否改了坏习惯。妈妈违心说“早改了”，还假意对老师表示感谢。

收拾书包本来是孩子分内的事，父母太“勤快”，喜欢代劳帮办，结果让孩子“懒惰”起来。莉莉妈想借助老师的力量让莉莉改掉坏习惯，想法很好，可惜她没有想改变自己。莉莉的坏习惯是父母“惯”出来的，仅借助外力而父母不改变自己，即使有一时之效，也难以持久。

莉莉小时候玩具扔得东一个西一个，都是妈妈给收拾。直到现在，她还在给莉莉叠被铺床，收拾床铺。包揽责任，已经有好多年了。小沈妈妈和她不同，很早就在生活起居方面培养君君自理自立。“学习”之初，则有目的地让他自己去完成有关学习的事。

那年夏天，君君要上幼儿园中班了。开学前，老师在“家长会”上要求父母给孩子准备画笔。小沈妈妈回家后，把幼儿园的要求转告给君君，说：“幼儿园要增加美术课，老师让自己买画笔。”

当晚，她和君君在超市挑选了一盒24色油画棒和一盒12色水彩笔。买了这两盒画笔之后，小沈妈妈觉得以前用的小书包空间太小，就和君君商量着买一个大一些的儿童书包。君君相中了一款，很喜欢上面的米老鼠图案，高高兴兴地买下来。

回家后，小沈妈妈立即着手教君君往书包里放有关物品。她把过去经常放在小书包里的衣裤、小毛巾、图画书和小玩具各拿来一件，连同新买的书包和两盒画笔都放在桌子上。

“君君，以前小书包是妈妈帮你装好。现在，你是上中班的大孩子，应该学会自己装书包了。妈妈教你好吗？”君君抬起小脸，看着妈妈说：“好啊。”

“好吧。”小沈妈妈坐下来，故意若有所思地说，“这么多东西，先放哪一样好呢？这样吧，先放上衣和裤子。”

说着，她拉开书包主袋的拉链，把叠得整整齐齐的衣裤放进到里面，又把小毛巾放在衣裤上，然后对君君说：“我看，图画书和玩具也放在这个主袋里。这样，主袋里装的东西就和小书包完全一样了。你看明白了吗？”君君点了点头。

把图画书和玩具装好后，小沈妈妈把拉链拉上，接着把副袋拉链拉开，把24色油画棒盒和12色水彩笔盒顺次放进去，问君君："你看，这样放好不好?"君君回答说："挺好啊，"

小沈妈妈把拉链拉上，提起书包来掂了掂，然后放下，又把里面的东西全部拿出来，让君君重新装一遍。君君装得有条不紊，有板有眼。小沈妈妈非常满意。

第一次上美术课，就是君君自己从玩具柜里拿出画笔盒装进书包。后来，老师偶尔布置填涂颜色的作业，小沈妈妈嘱咐君君，涂完作业就把画本画笔装进书包，不要堆在桌子上。

上了小学以后，君君一直保持着写完作业收拾书包的好习惯。有天下午，君君到一个同学家参加生日聚会，晚上回到家才想起作业还没写完，赶紧坐下来补。作业完成后，已经9点多。他困得眼皮打架，想立刻上床睡觉，让妈妈替他收拾书包。

小沈妈妈看他疲倦的样子，真想答应他，可是怕他产生依赖思想，狠了狠心说："收拾书包用不了多少时间。这样吧，我帮你撑着书包，你自己往里面装。"

这件事，小沈妈妈没有完全回绝君君的要求，但仍然让他自己动手收拾，对他也是一种教育。有了这次教训，君君没有再出现过类似情况。

附录

开发孩子学习潜能规划

一、培养目标

孩子年满18岁时，学习潜力得到充分开发，思维敏捷，想象力丰富，具有敏锐的观察能力、准确流畅的表达能力和良好的动手能力。

二、指导思想

从襁褓中的孩子开始，就进行智力开发的实际操作。抓住孩子智力发展中的每一次机会，实施“既增加知识，又提高思维能力”的引导。父母的多渠道开智努力，在孩子智力发展的每一个阶段都领引在前，让孩子智力发展如同河水，从源头的淙淙细流逐渐发展壮大，劈山开路，成为宽阔浩荡的江河。

不把眼睛盯着简单地写写算算，注重智力开发形式与内容的多样性，尽量带孩子出游，让孩子参加各类活动，引导孩子观察自然与社会。通过讲故事，做智力游戏等，循序渐进地进行语言、数学、自然等领域的学习能力训练。另外，还要让孩子自己动手做好与课堂学习相关的事情。

三、实施设想

1. 开智从襁褓期开始

从襁褓期开始，适当对孩子说笑逗唱，刺激其大脑积极活动。孩子爬行时，设置各种小东西引起孩子好奇，在获得感性知识的同时产生认识未知世界的渴望。孩子会走路之后，会发现更多陌生事物。父母抓住时机绘声绘色讲解，虽然孩子不一定能听明白，但知道这里隐藏着有趣的秘密，因而乐于观察，乐于发现，勤于思考。

2. 抓住孩子发问时机

发问是孩子主动学习的开始。父母一定要抓住孩子每次发问的机会，即使忙累也要耐心回答，不能因问题幼稚荒诞而打击其积极性。孩子发问内容会随时间推移从事物名称到事物特点性质，呈现由易到难的阶段性特点。父母追求的回答效果，应当是扩展知识，启发思考。如果能达到举一反三，就更值得称赞。

3. 巧用讲故事

根据孩子的接受能力，决定故事的开智程度。初讲故事，着眼于增加孩子知识。此后，逐渐加入复述、表演、续尾和讨论。始终注意讲故事过程中父母与孩子良性互动，形成和谐的交流氛围。巧用看图讲故事的机会，用手指指着汉字讲读，让孩子明白读音与汉字的对应性，并且将汉字与其含义联系起来，自然而然认识汉字，积少成多，逐渐过渡到孩子自己阅读。

4. 培养孩子动手操作

开始的时候孩子小，动作不协调，父母要耐心传授基本生活技能。等孩子主动摆弄东西的时候，要原谅孩子的无意识“破坏”行为，引导他们正确动手操作。另外，父母要创造机会，主动交给孩子动手操作的“活”，让他们去摸索去实践。

5. 培养孩子全面为自己负责

上学后的学习既包括课堂学习，也包括跟学习有关的活动。父母注意培养孩子在这个领域自立自主，让孩子独立完成学习活动，包括独立完成课堂与家庭作业；还要培养孩子自己起床上学，自己整理收拾书包，自己带齐学习用品等等。

第六课

让闯荡成为一种品质

孩子具有闯荡精神，是时代的要求，也是孩子自身成才的需要。闯荡是自立的一部分，又是自立的延伸。父母头脑中有培养意识，就会让孩子多做一些“走出去”的事。“不积小流，无以成江海。”从幼儿时期开始，从不起眼的小事做起，有序锻打十几年，孩子 18 岁成年时必然具有优秀闯荡品质。

1. “闯荡”，从哪里起步

闯荡作为一种行为，对象一是大自然，一是社会，抑或二者兼具。一个具有闯荡精神与能力的人，退可生存，进可创业。孩子单纯学习好，缺乏闯荡精神，未来发展空间将会受不少限制。父母规划子女成才，不应忽视闯荡精神与能力的培养。

20世纪70年代后期，我在外地工作。当时所在学校有个管后勤的转业军人姓商，我们都叫他老商。老商家在距学校几十公里外的农村，平时住校，周末回家团聚。我们学校距市委很近，学校的单身汉和住校老师都在市委食堂就餐。

有一次，老商把农村的儿子带到学校来。中午，大家在一起吃饭。饭吃得差不多了，老商把自己的空碗放到儿子面前，说：“去盛碗热水。”

食堂餐厅面积很大，进门后，中间通往打饭窗口的通道左右两边各有一个大的就餐区。每个大就餐区，有两大排由很多长方形大餐桌拼接而成的巨大就餐台，高大的碗柜贴墙而立。我们吃饭的地方在餐厅东头，而开水供应点在西头，过去打水要穿过进进出出的人群。开水锅炉的压力很大，水龙头开得稍大一点，开水就喷泻而下，很容易从碗里溅出来烫伤手臂。

老商的儿子那时大概刚满10岁，黑黑的，瘦瘦的，臂带少先队大队干部标志“三道杠”。他是第一次来这里，四下看了看，问父亲：“从哪里打水？”老商指了指远处餐厅西头聚着一群排队者的地方。他二话没说，拿起父亲的大碗，起身往那边走去。

我担心地问老商：“他行吗?”老商扭过头来狡黠一笑：“嘿嘿，要大胆使用。”过了一会儿，小家伙双手小心翼翼捧着一大碗热气腾腾的开水走回来。老商接过碗来放在餐桌上，什么也没说。

后来，我调回省城。大约五六年前见到一个当年的老同事，她说老商现在北京享清福呢，他儿子开公司挣了大钱。

老商的“要大胆使用”，就是放手让孩子去做自己没有做过的事。去一个陌生地方接碗开水，只是一件小事，但这样的事积少成多，孩子还愁没有闯荡精神和闯荡能力吗?

培养孩子“闯荡”，从哪里起步呢?从根子上说，应当是襁褓期。这样说，似乎有点不可思议，但却是千真万确的。

我们平时所说的“闯荡”，通常是指开拓社会活动空间。在社会上闯荡，需要跟人打交道，要求“闯荡者”具有良好的语言交流能力。孩子的语言交流能力，最初来自襁褓期由父母主导的面对面交流。这时候，虽然孩子是在学习说话，但也是在模仿学习“性格行为”。父母沉默寡言，孩子学来的也是“沉默寡言”。一个沉默寡言的孩子，很难有较强的语言交流能力。

在第五章开头，我们曾列举过这样一个案例。老宋夫妇从襁褓期开始，就一直忽视与女儿萍萍交流，导致萍萍“不爱说话，学习成绩在班里居下游”。父母忽视与孩子交流，很影响孩子的语言交流能力。

在家庭中缺乏语言交流机会的孩子，在家庭之外会遇到大量交流机会。在没有父母干涉的情况下，孩子有可能良性发展，变得喜欢与人交流，也可能继续“少言寡语”。在家庭良好语言交流氛围下成长的孩子，在家庭之外也存在着两种发展可能，只是良性发展的可能性更大。

孩子刚刚学会说话，父母抱着孩子上街，见到朋友熟人，常常让孩子叫“叔叔”、“阿姨”。在家里来了客人时，无论父母是否经常跟孩子交流，这时候都会乐于让孩子喊“叔叔”“阿姨”。这样，既能让孩子学习说话，又能让孩子练习分辨男女老幼，准确使用称呼。孩子叫了“叔叔”、“阿姨”之后，往往会赢得叔叔阿姨的夸奖：“好孩子，真乖。”

等孩子学会走路，可以到处走一走了，见到外人的机会就更多。在大街小巷，我们经常看到年轻父母领着个头比自己膝盖高不了多少的孩子，迎面碰到朋友熟人，就让孩子叫“叔叔阿姨”。孩子呢，大都是重复父母的话。孩子在遵命喊“叔叔”“阿姨”时，表现也多有不同，有些能看着叔叔阿姨的眼睛，有的压根就不注意对方。

孩子能否看着叔叔阿姨眼睛，跟父母“下达招呼指令”的时机有很大关系。有的父母自己跟熟人朋友打招呼在先，聊了一会儿才想起让孩子叫“叔叔”“阿姨”，而且是在孩子在一边玩耍、并未注意叔叔阿姨时提出要求。这时，孩子自然不会注意对方。有的父母比较尊重孩子，在孩子刚刚关注叔叔阿姨时，就不失时机地作介绍，并要求孩子向对方打招呼。这时，孩子自然会看着对方的眼睛。

有时候，会遇到一些并不在意小孩子对自己打招呼的叔叔阿姨。他们礼貌地说一声“好孩子”或其他什么话之后，就不再理会站在自己面前的小人儿，而是和他们的父母交谈。离开的时候，也往往忽略小人儿的存在，只跟孩子父母道别。这样，孩子会感觉自己在大人眼里可有可无，很不重要，自尊心受到伤害。如此几次，以后再遇到陌生叔叔阿姨，父母发出“打招呼”指令，他们可能就不肯从命了。

遇到孩子被忽视，父母完全可以“有所作为”。如果在谈话时对方不理会孩子，父母可以巧妙地将话题转到孩子身上，或寻机对孩子提出问题，让孩子也能参与到谈话中来。如果对方忘记跟孩子道别，在他还未转身之前，父母可以对孩子说：“叔叔要走了，跟叔叔说再见。”这时，叔叔会礼貌答礼。

还有一种不利于孩子对外交流的情况，是有些成年人故意逗小孩子，不是正常交流，而是寻开心。

有一次，一个3岁左右的小男孩很听话地叫了“奶奶”之后，老奶奶先是夸孩子懂事，然后开始故意逗他：“我给你买糖吃，你到我家去住吧。”小男孩毫无表情地摇摇头。

老奶奶兴致不减，继续说：“我家里还有个小妹妹，你当大哥哥，和她做个伴，多好啊。来，跟我走吧。”小男孩看着老奶奶伸过来的手，赶紧把小手背到身后，接着摇摇身子。老奶奶开心地笑起来。虽然小男孩年龄才3岁左右，但也能感觉到老奶奶是在逗自己寻开心。

还有一位张奶奶，佯作要把一个小男孩的童车搬回家去，小男孩当真了，抓着车把不放，差点哭出来。张奶奶赶紧哄他说：“奶奶是跟你闹着玩的，还能真要你车子吗？”

小孩子半信半疑地看着她，又看看自己的父亲。他父亲沉下脸来埋怨说：“张奶奶和你闹着玩，看把你吓的。”

熟人朋友逗孩子寻开心，父母不好意思制止也就罢了，再去批评孩子，就太过分了。孩子跟大人交往，没有愉快感受，势必影响以后的积极性。说得严重点，可能不愿再和大人交往。小男孩的父亲完全可以说：“儿子别怕，有爸爸在，咱的车谁也抢不去。张奶奶是故意逗你，说着玩的，别当真。”

能够尊重孩子，善于跟孩子交流沟通，遇到熟人朋友时能兼顾熟人朋友和孩子两方面的感受，充当双方联系的纽带。小沈妈妈在这方面做得较好，为君君后来进行社会交往活动打下了基础。

那天，她带君君去逛环城公园，遇到了同事老张。她首先跟老张打了个招呼，然后俯身指着老张给君君介绍说：“这个叔叔姓张，和妈妈在一起工作。”接着笑着对老张介绍说，“这是我儿子，叫君君。”

小人儿君君用陌生的眼光仰望着身材高大的老张。小沈妈妈拿起君君的小手说：“来，跟叔叔握个手，说：张叔叔，你好。”君君照述之后，老张笑呵呵俯下身子说：“你好，君君。”

随后，老张直起身来，和小沈妈妈寒暄了几句，说：“那次在医院门口，你抱着他，才这么大。真快啊，一转眼都长这么高了。他多大了？”小沈妈妈为了让君君参加到谈话中来，俯下身子对君君说：“张叔叔问妈妈，你多大了。你替妈妈回答，好吗？”

君君仰起小脸，认真地对老张说：“我两岁十个月。”老张拍了拍君君的小脸蛋，说：“真是个好孩子。”

分手时，小沈妈妈跟老张点头道别，然后蹲下身拿起君君的小手，抬起来左右摆动：“你说，张叔叔再见。”君君道了“再见”之后，老张也微笑着对君君摆了一下手，说：“再见。”

跟大人交往，一般都是见面打个招呼，告别时道声“再见”。如果有不愉快，顶多就是被开个玩笑。跟陌生小孩子交往，情况就不一样了，有时会遇到对方很不友好。这就需要做父母的积极引导，让孩子学会应对，增加本领。如果对方十分友好，而自己的孩子表现较差，那么父母该怎么办呢？

春风煦暖，广场上有很多小孩子在父母陪伴下玩耍。妈妈抱着童童来到这里，找了一个人少的地方，把童童放下来。

“你瞧，来了一个小弟弟。燕燕，过去和小弟弟拉拉手。”燕燕妈很友好地和童童妈笑了笑。小姐姐燕燕大大方方地走上前，伸出手来。童童面无表情地把手背到身后。燕燕绕到他身后，他又把手拿到前面来。童童妈脸色变得很难看，没好气地对童童说：“丢人！以后别出来了。”

孩子不肯跟陌生的小朋友交往，可能有诸多原因，也许这时正想独自玩耍，也可能是对对方没有好感，还有可能是出于此前一次不愉快经历。总之，是很正常的事。父母不应以自己的颜面为标准来判断孩子是否“丢人”，更不应当变脸斥责孩子。

如果小沈妈妈遇到这种情况，会蹲到童童和燕燕中间，笑着说："童童还不认识这位小姐姐呢。我来介绍一下，这个漂亮的小姐姐叫燕燕。燕燕，你好！（说着，主动伸出手来跟燕燕拉拉手）童童，和妈妈一样，跟小姐姐拉拉手好吗?"

如果童童伸出手来，小沈妈妈会说："真好！童童喜欢和小姐姐一起玩。"如果童童不想和燕燕拉手，小沈妈妈也不勉强，会对燕燕说："对不起，可能现在童童想自己玩一会儿。要不这样吧，以后有机会你们再一起玩，好吗?"

事后，小沈妈妈不会埋怨童童不懂礼貌，而是选择一个合适的时候告诉他：别的小朋友主动伸出手来要拉拉手，是友好的表示，就算你不想现在跟人家玩，也应当大大方方地跟人家拉拉手。把手背到身子后面，对人家是一种伤害，很不好。如果你伸出手对人家表示友好，而人家把手背到身后，你心里好受吗?

小沈妈妈开导童童、讲道理是在童童乐于接受的氛围下进行，道理又讲得入情入理。不难想见，童童拒人于千里之外的做法是可以改变的。

有些父母一开始没有注意培养孩子"对外交流"，发现孩子出门不爱说话、不愿跟外人打招呼，这才感觉问题严重。他们想扭转这种状况，给孩子讲道理，强调见了叔叔阿姨和小朋友"要主动打招呼"，可是孩子依然故我，不见有长进。努力无果，他们就把孩子不爱打招呼归于"天生"，于是放弃努力，任由孩子"内向"下去。

其实，小孩子的可塑性极强，父母能对症下药的话，完全可以改变他们的行为习惯。孩子的习惯，跟父母的教育行为密切相关。对症下药的最重要一点，是父母改变自己某些"不良"行为方式。在这方面，泉泉妈有深刻的理解和认识。

泉泉妈有个表妹，大学毕业去某医院应聘，面试后"刷"了下来。她托在该院工作的一个老同学去打听究竟是为什么。老同学向她反馈说，院领导感觉她的表妹很不自信。她表妹进面试室后，眼睛一动不动地盯着地面，只是偷空抬起来瞥面试领导一眼，接着又垂下眼皮。回答问题有些含糊，声音也比较小。

老同学问她：“你表妹是不是从小就很内向，不愿和外人交往啊。”这句话让泉泉妈想到了自己的儿子，忽然警醒起来。泉泉3岁了，确实有些自闭倾向。将来儿子大了去应聘，会不会也像这个表妹一样，泉泉妈第一次有了严重危机感。自己该怎么办呢？她和老公商量之后，专门去师范大学咨询了家庭教育方面的专家。

泉泉妈是个悟性较高的人。从专家那里回来后，她深刻反思自己言行对泉泉的影响，下决心改变自己的行为习惯，多和泉泉平等交流，不再埋怨泉泉“这也不好，那也不对”。经过一段时间的自我纠正，她感觉自己提高了很多，比以前好得多了。泉泉呢，果然也出现了积极变化，开朗了许多。不过，见到叔叔阿姨和人家打招呼的时候，声音很小，细若蚊蝇。没有办法，她又去向专家咨询。专家根据泉泉的具体情况，提供了一个可供参考的好办法。她感觉很值得一试。

星期天，她带着儿子到环城公园，避开人声嘈杂的游乐园，找了一小块空地，一面临水，三面都是郁郁葱葱的大树。

她蹲下身来，表情调皮地问泉泉：“咱们今天赛跑好不好？从这个地方起跑，谁先摸着那棵大树，谁就是冠军。妈妈是大人，所以用一只脚跑，这样才公平。你看合适吗？”泉泉从来没和妈妈这样玩过，高兴得两脚跳高。

两个人准备好之后，泉泉妈把右手握成手枪形，食指朝上高高举过头顶，喊了一声：“各就位，预备——叭！”随着“枪声”，她蜷起右脚，左脚颠着往前跳。结果，泉泉率先摸到大树，回过头来看妈妈单脚跳动的笨样子，笑得前仰后合。

其实，泉泉妈是故意用力气小的左脚，让泉泉跑到前面。她装出一副不服输的样子，说：“我是用左脚跑的，要是用右脚，肯定能赢你。要不，咱再比一次。”泉泉当然同意，两人又站在了“起跑线”上。

“各就位，预备——叭!”随着“枪声”，泉泉妈抢先跳出去。这一次，她首先摸到大树。泉泉不服气，说：“你抢了，不算。”泉泉妈说：“不算就不算，这次你发令。可是，你也不能抢。”

泉泉也手做手枪状，举过头顶：“各就位，预备——叭!”泉泉跑了出去，摸到大树了，回头发现妈妈还站在原地，不禁一脸疑惑。泉泉妈说：“你声音太小，妈妈没有听见。再来一次，声音大点。”

这一次，泉泉憋足了劲，发令声清脆而响亮。他又跑了第一。泉泉妈高兴地说：“三盘两胜，你赢了，妈妈服输。休息一会儿，再来一个三盘两胜，还是你发令，看我怎么赢你。”

接下来的比赛，泉泉的发令声每次都清脆响亮。泉泉妈心里很高兴。过了一会儿，她又提议玩一种喊“停”的游戏，建议用喊“阿姨”来代替喊“停”，泉泉同意了。

游戏开始了，“阿姨”的清脆叫声伴随着泉泉兴奋的笑声响起来。他越玩越开心，声音也越喊越响亮。过了一会儿，泉泉妈又建议把“阿姨”换成“奶奶”，泉泉笑得倒在地上。重新开始的时候，他一边大声喊“奶奶”，一边笑个不停，以至于游戏进行不下去。

看时间不早了，两人只好兴犹未尽地回家去。快到家的时候，泉泉忽然笑着喊了一声“阿姨”。原来，住三号楼的华华妈从前面拐角处走过来，泉泉看到了，主动和她打招呼。华华妈立刻笑容满面，走到泉泉跟前蹲下，两手托着他灿烂的小脸夸奖说：“真是个好孩子！让我亲亲行吗?”泉泉高兴地说：“行啊。”

说起来很神奇，泉泉从此像变了一个人。泉泉妈别提多高兴了，特意买了礼物去师大向专家道谢。专家说了一句耐人寻味的话：“不是孩子变了，是你变了。”

回来后，泉泉妈思忖这句话，感觉确实有道理：自己以前哪跟儿子这样平等开心地玩过？现在，她更坚定了这样一个信念：自己一定要继续改变下去。

2. 多交给孩子闯荡性任务

父母从婴儿期开始就对孩子进行语言交流引导，其后也能鼓励孩子跟外人交往，孩子是不是就具有闯荡精神与能力呢？不能。父母这样做，只是让孩子具备了闯荡的潜质，或者说是闯荡的条件。要想让孩子具有闯荡精神与能力，还需要让孩子去做些有“风险”的事。

福福的妈妈收入不高，心很细，很会过日子。她从来不让福福去买菜买馒头，也没让福福出去买过早点。有时候，回家来择菜做饭实在忙得不行，她也有过让福福到街头买馒头的冲动，但最终还是压下去，自己抽空跑出去买回来。

在这类事情上，她有自己的考虑。孩子这么小，出去买吃的，明摆着要让小商小贩坑骗。馒头，肯定是给孩子拿那些大人不肯要的，不是个头小，就是掉了皮或不干净。买菜更没谱，孩子不会挑，也不认秤，就算知道吃了亏也不好意思计较，还不如自己辛苦点呢。

孩子出去买馒头、买菜、买早点，有吃亏的风险，但那点损失和孩子受到的锻炼相比，完全可以忽略不计。经济账要算，孩子成长账也要算。眼前的账要算，未来的账更要算。凡是跟孩子有关的事情，父母首先要考虑的，应当是自己这样做能否让孩子得到锻炼，是否有利于孩子健康成长。

有一次在儿童乐园，有个小妹妹眉飞色舞地荡秋千，“咯咯咯”的笑声随着秋千的起落时而飞向高空，时而擦过地面。福福拉着妈妈的手，站在一边看了好一会儿，羡慕极了，也想上秋千玩一玩。

妈妈不同意，说：“你胆子小，一害怕松了绳子，怎么办?”福福摇着妈妈的手说：“松不了！好妈妈，求求你了。”其实，福福妈也不觉得荡秋千有太大危险，只不过是害怕出现意外。最后，她还是让福福上去了。不过，怕有闪失，她两手抓着绳子，护在福福身边，推着跑几步，再倒回来，反复几次之后就催福福下来。福福在妈妈帮助下高兴地跳了下来。他这是第一次“荡秋千”，能这样不高不低上下几个来回，已经很满足了。

福福妈怕吃亏不鼓励孩子出去买东西，怕出意外不鼓励孩子荡秋千，有意无意束缚孩子，源自她头脑中没有培养孩子闯荡精神和能力的意识。换成有这种意识的父母，福福不敢上秋千，他们会想方设法消除他的顾虑，在做好保护的同时逐步放手，让福福享受战胜怯懦大胆荡秋千的快乐。

根据孩子不同年龄阶段的特点，父母应当有目的地多交给孩子一些闯荡性任务。孩子可以单独短距离出门活动了，就让他单独短距离出门活动。强调安全非常重要，但不能一味吓唬孩子，让孩子惧怕外出。

外面的世界不是桃花源，针对儿童的犯罪时有耳闻。父母怎么办?无非有三种选择：一是不在乎；二是正确认识其特点，有准备地逐步放手，让孩子得到锻炼；三是不准孩子独自出门。不在乎，显然太大大咧咧，不好。不准孩子独自出门，则是谨慎过了头，也不好。

看电视节目，浏览报纸杂志，最让乐乐妈惊心动魄的是贩卖妇女儿童的新闻。这类报道，每次都让她联想到乐乐，万一乐乐有个三长两短，自己怎么活呢?因此，她经常给乐乐讲述外面世界的凶险，说报上登了，坏人把小孩骗走卖给人贩子，甚至还说些捕风捉影的荒诞消息，什么有人把小孩肉剔出来做成药贩卖，让乐乐听得毛骨悚然。

从乐乐家大门往东走七八十米，路边有个石桌。经常有人在那里下象棋，四周总有不少观棋的人。每逢周末下午，乐乐爸常挤在那里看人家下棋，乐乐妈在家忙着做饭。

那天又是周末，乐乐自己玩了好长时间，觉得无聊，想去找爸爸。乐乐妈说："不行，遇到坏人怎么办？他们用布把你头一蒙，抱走了，上哪去找？到时候，后悔也来不及了。"乐乐很害怕，只好放弃出门，无聊地待在家里。

世界不太平，坏人也像韭菜一样，割了一茬又一茬，总是不断冒出来，但外面是否到了孩子一出门就会被蒙上头抱走的地步呢？显然不是。乐乐妈夸张得有些离谱。人贩子作案，随机贸然下手的可能性很小，大多是有目标有准备而为。乐乐出门找爸爸，被坏人蒙头抱走的可能性可以说趋向于零。为什么这样说呢？

乐乐出门是临时决定，没有规律性，不是每天都在这个时间自己一个人出门。从家到石桌，仅需走几分钟，而且这里不是荒郊野外，时常有人来来往往。坏人就是有目的策划好了要对乐乐下手，此时得逞的几率也几乎为零，更何况是对普通工薪家庭的乐乐下手呢？妈妈完全可以放心让乐乐去找爸爸。

虽然不应当把外面的世界妖魔化，但必要的应变准备还是要做的。君君不到3岁，小沈妈妈就教他记住爸爸妈妈的名字和家里的电话号码，并且告诉他，迷了路或者遇到其他情况，和爸爸妈妈失去了联系，可以找警察叔叔，也可以向别的叔叔阿姨寻求帮助。他们问你，你可以告诉他们爸爸妈妈的名字和家里的电话号码。这样，他们就会帮你找到爸爸妈妈。

"君君，你说，妈妈叫什么名字？……很好。再想想，爸爸叫什么？……很好。你还记得家里的电话号码是多少吗？……很好，都说对了，真聪明！"

为了巩固记忆，有时会提问他，并且还问他："你知道为什么要记住吗？"君君会学着妈妈的话说："怕有意外。"

君君很幸运，没有遭遇一次意外危险。这既是好事，又不是好事。没有遭遇过意外危险，相对来说警惕性和应变能力会打折扣。不过即使这样，小沈妈妈也不希望君君遭遇意外危险。

君君第一次自己买东西，是3岁的时候。那天，小沈妈妈带君君出门。刚来到街上，君君说想喝酸奶。这时，不远路边恰好有一家小超市。小沈妈妈领他来到超市门外两三米远的地方，蹲下来对他说："今天，你自己进去买吧。这是钱，挑自己想喝的酸奶，把钱给阿姨就行。"君君接过钱来，犹豫了一下才转过身子。

小沈妈妈站起来，看着小人儿的背影慢慢朝门口走去。走到门口时，君君回头看了妈妈一眼。小沈妈妈对他摆了摆手，意思是说"别怕，进去买吧"。

"阿姨，钱。"君君进去后，把钱举得高高地交给收款阿姨。阿姨笑着俯下身子问他："你买什么呀？小朋友。"

君君仰着小脸说："草莓酸奶。"阿姨又问："要什么牌子的？有蒙牛的，也有伊利的。"君君不知怎么回答，回过头来看妈妈。小沈妈妈笑着说："蒙牛。"

这次"购物"，君君不光有了"独闯"超市的经历，还知道了什么是"牌子"，增长了见识。

君君快6岁那年，爸爸出差去了广州，家里只剩下小沈妈妈和君君。有天下午，小沈妈妈加班，无法去幼儿园接君君，就给马老师打了个电话，让她告诉君君，放学后坐公交车到单位来找妈妈。

"太危险了！"马老师说，"让人贩子抱走了怎么办？"小沈妈妈说："不会的。放心吧，马老师。我们教过他。万一有陌生人骗他，他知道应该怎么做。”

马老师半信半疑，放学前问君君：“在路上要是遇到陌生人，说认识你妈妈，怎么办?”君君说：“我就大声说，我不认识你！让路上的叔叔阿姨都能听到。”

马老师又问：“他要是硬拉你走，怎么办?”君君说：“我就使劲打他，大声喊救命。”

“你要是害怕了，还能喊出来吗?”马老师担心地看着君君。“能啊!”君君大声喊了一嗓子，“救命啊!”马老师被他的声音和表情逗笑了，总算放下心来。她把君君送到公交车站，等公交车来了，特意嘱咐司机孩子在哪一站下车，请司机多关照。君君下车后，自己打听着妈妈工作单位，找到了妈妈的办公室。

小学二年级的时候，君君参加一个同学的生日聚会，下午放学后从学校直接去了同学家。晚上7点多聚会结束，天已经很黑了。君君背好书包要自己走回去，几个等爸爸妈妈来接的同学，都觉得他胆子大。

还有一件事，值得一说。不知是受了什么人影响，君君上小学三年级时忽然对书法产生了兴趣，想报一个书法班学习。小沈妈妈和老公都支持他，只是觉得现在社会上各类书法班鱼龙混杂，怕选错了，耽误了他。他们经多方打听，有6家书法班可以考虑，其中有市少年宫办的，也有本区少年宫办的，还有社会人士办的。

为了减少盲目性，小沈妈妈和君君商量，决定抽时间去几个书法班实地了解一下。星期六上午，首先去市少年宫书法班。路上倒了两次车，才找到那里。这个书法班仅周三晚上上课，老师是外聘的。因为没赶上上课，所以只能在门外看看教室里面，大概有十几张桌子，墙上挂着几张孩子写的大字。

走廊里有几个父母，在等着接参加美术班学习的孩子。小沈妈妈询问他们，这里书法教学怎么样。有位母亲的侄女在这里学习过。她说，侄女学了三个月就不想再学了。后来听说刘老师书法堂不错，就去了那里，现在很愿学。刘老师是退休教师，写得一手好字，从事少儿书法教育多年，很有经验。她侄女说，刘老师教得很好。

刘老师书法堂属于私人办学，在街头广告栏里有时可以看到他们的招生广告。小沈妈妈看了看手表，时间还来得及，就和君君乘公交车赶到刘老师书法堂去。

刘老师书法堂只有一间教室，因为阴天光线不足，里面的日光灯全都开着，很明亮，有六七个孩子在练字。刘老师见有人来，就从教室出来，跟小沈妈妈和君君打招呼。小沈妈妈和他聊了一会儿，了解了一下有关书法教学的事，又询问上课时间安排等情况，最后到教室里转了转，要了刘老师一张名片，就告辞了。

接下来的两个周末，小沈妈妈和君君又跑了另外 4 家书法班。经过综合对比，感觉刘老师书法堂最好。那里上课时间灵活，白天、晚上、双休日和寒暑假都可以安排；离家也不算远，乘 87 路公交车中途不用转车；他们收费也比较合理。当然，最重要的是刘老师口碑好，很受孩子欢迎。在君君看来，跑过的几个书法班，只有刘老师跟自己打招呼问好，其他老师都没有这样。这是她看好刘老师书法班的一个重要原因。

事情定下来之后，小沈妈妈把学费包好交给了君君，说："星期一放学后，你自己去报名交费，我就不去了。"接着，又特意嘱咐君君要把钱妥善放好，在交给刘老师之前不要拿出来，免得有意外。

星期一下午放学后，君君到刘老师书法堂去报名交钱，没想到那里铁将军把门，吃了个闭门羹。小沈妈妈下班回到家来，君君向她抱怨，说白跑了一趟。

"'吃一堑，长一智'，也不算白跑。"小沈妈妈说，"要是不接受教训，就真白跑了。"说着，把刘老师的名片递给他。君君照着上面的电话号码，拨打那边的电话，几次都没有打通。晚饭后再拨打，终于打通了。他说自己想参加书法班学习，问明天下午 4 点半左右去报名行不行。那边回答，可以。

第二天，君君自己去报名交钱，听刘老师交代了有关上课的注意事项，确定了每周上课时间。回到家里，他对妈妈说："刘老师夸我呢，说你这么小就能自己来报名，是我见到的第一个，将来一定有出息。"小沈妈妈听了，心里别提有多高兴了。

3. 过农家石屋，听潺潺水声

生活在城市里，从某种意义上说就是生活在精致美观的雕琢之中，因为城市本身是人们刻意雕饰的产物。生活在雕琢之中，人很容易变得精细而拘谨。

在培养孩子亲近自然、到野外闯荡方面，小沈妈妈也有意识地做了一些努力。她不希望君君长大以后成为干瘪枯燥、缺乏生活情趣的长袍马褂先生，至少应当乐于在大自然中闯荡跋涉，不断发现自然之美，获得心灵愉悦。

君君上幼儿园前后，小沈妈妈一般是带他到公园玩耍，到动物园看老虎大象。上了小学以后，尽量带他远离钢筋水泥建筑，去城郊野外涉足山林田园，呼吸清新空气。

有一次到郊野游玩是一个和风煦暖的春日，麦田一望无际，青绿的麦穗在微风中缓缓起伏。开阔的田野、温和的阳光、碧蓝的天空，尤其是拂面的轻风让人感到特别惬意。小沈妈妈不禁感叹道："太舒服了！君君，你觉得舒服吗？"君君用稚嫩的童音说："舒服啊。"小沈妈妈说："在家里窝着可没这福气，出来走走真好。"

小沈妈妈曾在离家不太远的地方发现有条浅浅的小河，河水是从南边石滩方向流过来汇集而成的。石滩那边没有一棵树木，满是裸露的大块青石，形态各异。而这边绿树浓荫将100多米长的河流全部遮蔽，地面泥土湿润，长着青草。夏季到来的时候，外面天气炎热，而这里清凉潮湿，河里有小鱼和蝌蚪游动。

君君有两只可爱的小鸭子，是小沈妈妈不久前刚刚给他买来的，养在家里阳台上。那天，小沈妈妈把小鸭子放在一只小水桶里，打算拎着小水桶和君君到河边放游它们。

临走前，小沈妈妈征求君君的意见："咱们还带上小急救包吗?"君君问："为什么?"小沈妈妈说："万一磕着碰着，能用得上。"君君觉得不用带。小沈妈妈思忖片刻，没有再说什么，就拎着小水桶和君君一起出了门。

黄绒绒的小鸭子平时在水泥阳台上"吃住玩耍"，大概非常郁闷。一跳进河里，欢快极了，拍打着小翅膀，一会儿扎进水里寻找吃的，一会儿追逐嬉戏。君君先是看小鸭子戏水，看了一会儿之后，一个人沿着河边找蝌蚪和小鱼，看到后就蹲下来仔细观察。

小鸭子顺着河水越游越远，小沈妈妈用一根枯树枝把它们赶回来，捞到岸上。君君和小鸭子玩了一会儿，问道："妈妈，我到河里玩玩行吗?"小沈妈妈说："行啊，可是水里可能有碎玻璃、破瓦片什么的，要是割破了脚，就不好了。咱没带创可贴，也没带消炎药。"

"没关系，我小心点。"君君挽起裤腿，脱下鞋来。小沈妈妈没有阻拦他，只是说了句"要小心"。君君小心翼翼地把一只细嫩的小脚丫伸进水里，倒吸了一口气说："好凉啊。"接着，另一只脚也伸进去，淤泥立刻没过了他的脚面。

他弯下腰来玩水，每迈出一步都特别小心，生怕下面有扎脚的东西。过了一会儿，两只小鸭子又下到水里。君君看到了，就小心试探着向小鸭子走过去，不料身子忽然失去平衡，在河里踉跄了几步，踩到一个尖利的东西。

“哎哟！”他疼得叫了一声。小沈妈妈赶忙上前，一脚踩到水里，伸手把他扶住。上到岸来，君君右脚的血水和着泥污往下淌，疼得他直咧嘴。小沈妈妈急忙掏出手绢，把他脚上的泥污血水擦掉，然后在河水里洗净拧干，紧紧缠在他的脚伤处。回家的路上，君君一瘸一拐。到家后，小沈妈妈用清水把君君的伤口冲洗干净，然后拿出小急救包来，先后用碘酒和酒精擦拭，最后敷上了创可贴。

“幸亏离家近。”小沈妈妈说，“要是离家远，处理不及时，伤口发炎，受罪就大了。”

有些父母遇到同样的事，会埋怨孩子说：“怎么样？我说带上小急救包，你说不用，这下傻了吧？不听老人言，吃亏在眼前。”孩子听了这种抱怨指责的话，容易产生抵触心理。小沈妈妈的话没有涉及责任问题，只是讲处理不及时可能会出现较为严重的后果，暗示带小急救包非常重要。这样，有利于孩子接受教训。

后来城市扩展，上游开工建造住宅楼，小河断流枯竭，小沈妈妈再也没有带君君到那里去。她把目光转向了郊外连绵的群山。每次爬山之前，她都让君君想一想，看需要带什么东西。君君每次都忘不了把小急救包列入必带物品。

第一次用到小急救包，是君君上小学二年级的时候。那是一个初秋的周末，平缓的山坡上满是茅草和低矮的灌木丛。

一到山前，君君就很兴奋，又跑又跳，看什么都新鲜。他拔下一棵随风摇曳的马尾草，翻来覆去仔细摆弄着观察了很长时间。忽然，有只蚂蚱从他前面的草丛飞起来，低空飞了十几米又落到草丛里。君君急忙赶过去，想捉住它，不小心绊倒在地上，爬起来继续往前跑。蚂蚱却在他快要赶到的时候，猛然从草丛里飞起来，又往前飞出十几米，引得君君再往前追赶。

没多久，君君衣服上弄得又是泥又是土，上衣纽扣掉了一颗，小脸上横一道竖一道抹得脏乎乎，但兴致不减。小沈妈妈和老公远远跟着他，没有制止他，也没有嫌他弄脏了衣服。

走累了，小沈妈妈和老公给前面的君君打了个招呼，就找了块岩石裸露的地方坐下来。拿出矿泉水，刚喝了几口。君君痛苦地捂着手掌跑过来。原来，不知什么时候他左手划破了，伤口流出了鲜血。小沈妈妈赶忙从老公挎包里拿出小急救包，给他清创敷药包扎起来。

玩罢回家的路上，小沈妈妈故意问他："以后还来吗?""来呀。""再受伤呢?""抹药啊。"君君说着话的时候一脸的调皮。

后来有一次春天爬山，差点发生意外。那天天气很好，那几座山他们过去没有爬过。上去后才发现，山上没有常见的蜿蜒小路。途中，曾见一阴冷的山壁凹处有一堆鸡毛。停下观看的时候，君君爸说，这里不像是野兽的窝，难道是鹰巢?可是，鹰巢不会建在这样的地方啊。他和小沈妈妈探讨了一会儿，到底也没说出个所以然来。

没过多久，一家人爬上了一个山头。上去之后才发现，再往上还有一段绝壁，已经无法再往上爬。休息了一会儿，准备下山了。君君爸四下看了看，想找个安全的地方下山。这时才发现，一家人几乎被困在陡崖上了。小沈妈妈也急得冒出一身冷汗，四下寻找，回忆当初是从哪里爬上来的，可是找来找去，却怎么也找不到那个地方。

最后，君君爸找了一个危险性最小的地方，坐在地上慢慢往下挪。挪下去五六米，才到达安全地带，长舒了一口气。接着，小沈妈妈和君君相继坐着挪下来。

事后，小沈妈妈问君君："要是咱们不小心滚下去，怎么办?"君君随口答道："用急救包啊。"

小沈妈妈说："滚下去，可能严重骨折。骨头摔断了，动也不能动，急救包派不上用场。"君君没有办法了。

"用手机打120，请求警察叔叔帮忙。"小沈妈妈说，"最重要的是把出事地点给人家讲清楚，至少能把大致位置讲清楚，方便人家救助。"这一次，让君君知道了手机的重要性。

还有一次，小沈妈妈、爸爸和君君打车到远郊。这年，君君上小学五年级。他们徒步绕过两座山包以后，开始攀登一座像屋脊一样横挡在眼前的高山。抬眼望去，山顶上下全是密密麻麻的松柏林。

从山坡上开始攀爬，还比较轻松，到了半山腰才发现，再往上山坡很陡，根本无法攀登，只能顺着一条长长的石沟上去。石沟里满是大大小小的石头，踩不稳很容易发生危险。

“咱还往上爬吗?”老公征求小沈妈妈的意见。小沈妈妈转而问君君：“你觉得能爬上去，再下来吗？你觉得行，咱就爬。”君君看着石沟，认真估量了一下，说：“行。”

于是，君君在前面打头，小沈妈妈在中间，老公殿后。三个人都小心翼翼地迈出每一步，试探着落脚点的石头是否稳固，手脚并用往上爬。君君第一个爬了上去，站稳后回过身来，伸手拉住妈妈伸过来的手，帮她登了上去。接着，他又和妈妈一齐把爸爸拉了上来。

这里距山顶有三四十米的样子，风很大，额上的汗水很快就被吹干了。穿过布满松柏的缓坡来到山顶，走到山顶南端，眼前的景象让他们惊呆了：一条如玉带的柏油公路从左边远处蜿蜒铺展到距山下不远的地方，然后向右延伸，消失在山的侧面。公路上来回行驶着很多小似甲虫的载重汽车。

老公问：“咱们这是到哪里了？下面怎么会有公路?”小沈妈妈也感到茫然。从城里向这个方向远望，满眼连绵不断的群山。站在近郊的山上远望，群山更是一直延续到目光尽头，所以他们都没想到这里会有一条繁忙的公路。

快回到家的时候，小沈妈妈在路口报摊上买了一张本地交通旅游地图。回到家，她稍事休息就忙着做饭去了。老公在地图上查找发现公路的地方，君君也兴趣十足地凑过来查看。

“这不，咱家在这个位置。从咱家出发往南走……”父子俩指着地图，画着行走的路线，最终确定了发现公路的地方。虽然以前也辨识过地图，但这次让君君感觉特别真切，好像自己就站在地图上这个位置的山顶，俯瞰山下绕山而来、又延伸远去的公路。

君君在郊野游玩中，学会了自救以及紧急情况下如何报警，学会了在野外利用树木识别方向，对识别地图位置有了更深刻的认识。上初中后，他多次和同学相约远足爬山，事先考虑周密，遇事从容应对。同学们都很佩服他。

考上大学那年暑假，他和几个志同道合的同学策划了一次远足登山。他们走过农家石墙小屋，小憩山间溪畔，呼吸着山野清新的空气，倾听身边溪水潺潺。尤其是晚上宿营野外，躺在草丛青石上，欣赏深蓝星空，北斗七星似乎伸手可摘，真是难得的美妙享受！

4. 你看，他和校长说话呢

初中学生的交往范围大多局限在学生圈子，不少学生对老师敬而远之，有的甚至避之唯恐不及。在他们看来，校长更是遥不可及。君君担任班干部，跟老师接触相对多一些，没有交流障碍。上初三时，他还曾跟校长做过“交涉”。

那天，上午第二节课后做眼睛保健操的时候，教室里广播喇叭播放的眼睛保健操音乐忽然变得震耳欲聋。有些同学受不了，干脆把耳朵堵起来。大家本以为是在广播室放音乐的同学不慎调错了音量，很快就会纠正过来，没想到下午第二节课后依然如此。任课老师让君君去广播室要求把音量降下来，得到的回答是：“学校让这样做的。”君君问：“为什么?”，对方说：“不知道。”真是岂有此理！君君去办公室问班主任，才知道原来事出有因。

不久前，教育局按上级要求对各校进行视力普查，发现学生近视问题很严重，就责令各学校“采取有力措施”扭转学生视力迅速下降的趋势。校领导不敢怠慢，三番五次在教职工大会上强调：老师听到第二节课下课铃就不要再讲课，“一定要切实组织好学生做眼保健操”。

话虽这样说，但学校用考试成绩考核老师的“政策”没有发生变化，所以老师们根本不听那一套，为了提高自己所教学科成绩，仍然极力占用学生课间休息时间讲课。没有办法，校方只好出此下策，用震耳欲聋的眼保健操音乐干扰继续讲课的老师，迫使他们停下来。

这显然是不合理的。学生们央求班主任给学校反映一下，能不能换个别的办法，现在耳朵实在是受不了。班主任无可奈何地说，我去提意见，等于白说，弄不好校长还会对我有看法，以为我是打着为学生的旗号想多占点时间。

回家后，君君把这事说给妈妈听。小沈妈妈思量了一会儿，说：“也不能怪老师不去反映，她确实有自己的难处。老师在校长管辖之下，他们的意见校长不一定能听得进去。其实，你也可以直接向校长反映，说不定学生的意见校长更重视。”

第二天下午，眼保健操过后，君君从教室出来，见校长站在楼下操场上往教学楼上观望，就快步跑下楼去，径直跑到校长跟前叫了声“校长”。

校长见有学生主动跑过来和自己打招呼，很高兴，就问他是哪个班的，班里上课纪律好不好，任课老师讲课清楚不清楚，作业多不多，对班主任满意不满意，等等。君君一一回答，校长不断点头。随后，君君说现在眼保健操声音太大，对同学们听力有损害，有的同学听了以后头昏脑胀，希望校长能过问这件事，让广播室把音量降下来，恢复到以前的水平。

君君和校长在操场上谈话，同学们在楼上都看到了。上课铃响后，君君跑回教室，旁边几个同学问他和校长谈的什么，听了之后都很佩服，向他伸出大拇指。没想到，第二天眼保健操的音量就降了下来。同学们都很高兴，君君更高兴，回家告诉了妈妈。

小沈妈妈也没有想到谈话会奏效，自然很高兴，说了几句君君终生难忘的话："这就叫事在人为！事情就是这样：只要去做，就有两种可能，可能会失败，但也可能会成功；不去做，就只有一种可能，就是永远不会成功。"

从初三第二学期开始以后，学校测验考试十分频繁，学习越来越紧张。根据君君的学习成绩，完全有把握考上最好的省重点中学。当地有两所省重点高中——实验中学和师大附中最令初中生向往，到底哪一所更适合君君，家里比较讨论了几次，无法确定下来。最后，还是让君君自己去了解，自己拿主意。他决定参加两校的"招生咨询会"后再说。

每年春天5月份，在中考报名之前，这两所省重点高中都要举行报考前的"招生咨询会"。名为咨询，实际含有不少宣传成分。今年也不例外。实验中学安排在周六，师大附中安排在周日。周六和周日，君君学校都要加课。为了参加这两个会，他向班主任请了假。

周六那天，实验中学大门口和校内彩旗飘扬，来这里咨询的大多是学生父母，只有极少父母是带着孩子一起来的，像君君这种单枪匹马自己参会的学生凤毛麟角。参加咨询会的父母和学生先被安排在阶梯教室听校方介绍本校"办学特色"，然后到偌大的学生餐厅进行现场咨询。

君君主要询问了进入实验班的条件和课程安排、学校的国际交流状况、学生住宿条件和费用、课外活动安排和优秀学生奖励等方面的事宜，还去学生宿舍进行了实地参观考察。

第二天到师大附中参加了咨询会之后，君君感觉两个学校介绍的"办学特色"差不多，都是讲学校有多少特级教师、教师获得了多少荣誉称号、学生获得了多少大奖、教学设备多么先进、高考成绩多么骄人，被名校录取了多少，等等。

回到家来，君君把学校的招生简章给爸爸妈妈看，介绍了自己了解的情况，想听取一下爸爸妈妈的意见。

小沈妈妈和老公都认为，这两所学校师资水平半斤八两，办学思路大同小异，但实验中学每年中考录取分数线都略高于师大附中，也就是说学生学习平均水平略高一些。他们觉得，君君还是报考实验中学好一些。君君比较两所学校课外活动安排等方面的差异，感觉实验中学更适合自己。综合各种因素进行权衡，他最后决定报考实验中学。

上高二时，君君萌生了出国求学的念头，开始搜集这方面信息。数学和英语是他的强项，物理次之，再加上他平时对金融方面的信息比较感兴趣，感觉自己学习金融专业可能更合适。上网查询有关大学和专业的情况，对美国、英国和加拿大几所大学比较满意。

不过，有一点让他很纠结，就是人家对家庭存款准备金的要求。他知道自己家的家底，就是不吃不喝，两年内也不可能有那么多存款。让爸爸妈妈到亲戚朋友那里去借，自己确实无法开口。另外，高昂的学费生活费，家里也负担不起。就算自己打零工能解决一部分费用，开头一两年家里负担也是很重。

有一次，小沈妈妈和他交谈时听出了“话外音”，就详细询问有关情况，了解了君君的想法后非常高兴，当即表示支持他出去闯一闯。随后几天，小沈妈妈去一家中介机构了解了一下出国留学事项，感觉存款准备金问题不难解决。很快，她就和君君达成共识。君君开始做两手准备：既准备参加高考，又准备出国留学。

此后的日子，君君像上足了发条的钟表，劲头十足。春节前，他下载了美英加等国几所大学的报名表，逐项填好后发了出去。接着，就投入到紧张的高考复习。高考前，他先后收到两所大学的录取通知书，权衡之后选择了多伦多大学。多伦多大学经过综合评估，减免了他的学费，这是他选择多伦多大学的一个重要原因。

放弃了高考，他也没闲着，报了雅思培训班。经过两个月的专心学习，考出了 7.7 分的成绩。出国等手续，全是他一个人骑着家里的旧自行车到处跑，自己办妥的，没让爸爸妈妈操一点心。如今，他像羽毛渐丰的雏鹰，马上就要展翅翱翔蓝天了！

附录

孩子闯荡品质培养规划

一、培养目标

孩子年满18岁时，能够独自离开家庭去求学或求职，并取得成功；能够独自或结伴到山泽湖海去感受大自然的魅力，并安全归来。

二、指导思想

尽早开始对孩子进行交流能力培养，培养孩子跟其他小孩及大人正常交流交往，多交给孩子一些闯荡性任务，提高孩子独立处理陌生事务的能力。

让孩子从小亲身感受祖国山河之美。在带领孩子野游和旅游的过程中，逐渐培养孩子掌握有关知识，其中包括自救知识。另外，还要培养孩子学会策划、准备和实施这类活动。

三、实施设想

1. 交流，从襁褓期开始

跟开发孩子智力一样，父母在孩子襁褓期就进入主动交流的角色，为孩子学习语言交流奠定良好基础。在孩子婴幼时期做好两项工作，一是语言表达能力培养，一是跟其他孩子及大人正常交往交流能力培养。父母多带孩子去亲戚朋友家做客，也鼓励孩子邀请好朋友到自己家来玩耍，培养孩子乐于、善于跟他人交往交流的性格。

2. 多交给孩子闯荡性任务

闯荡，会有风险。只要事先做好充分准备，合理操作，便可以将风险大大降低。

幼儿期：培养孩子自己购物，从由父母陪同过渡到孩子独自选购。

培养孩子独自短距离出家门。

少儿期：培养孩子独自乘坐公交车，独自去好朋友家做客，独自向老师咨询有关问题，独自跟老师交流，独自参与学校或社会团体组织的活动。

青少年时期：让孩子独自解决跟自己息息相关的矛盾或者其他重要事情，它可能涉及老师，也可能涉及学校，还有可能涉及其他陌生领域内的机构或个人。

3. 在外出游玩中学习闯荡大自然

在孩子进入少儿期后，家人外出郊野游玩或旅游之前，有意识地让孩子参与准备外出用品，并且尊重孩子的意见，哪怕有些意见并不成熟。这样，有利于归来后和孩子一起总结经验教训。跟旅游相比，郊野游玩能更好地培养孩子闯荡自然、热爱自然和善待自然，所以父母宜多带孩子进行这类活动。孩子上初中后，具备了相关知识和能力，可以自己组织同学去郊野闯荡游玩。

第七课

成熟的孩子走得远

父母成熟，必然造就孩子的成熟。父母成熟，表现在对所遇问题的处理上，对孩子有潜移默化的影响，另外也表现在明白怎样引导孩子上。家庭成员间有良好的交流沟通习惯，父母才有可能及时发现孩子的问题与困惑，把自己的生活与社会经验转化为孩子的财富。

1. 交流沟通：播种与收获

左老师已近而立之年，在某初级中学教语文。学校语文教研组门外是一个装有两个水龙头的水池。老师们和在校午餐的学生常把剩饭剩菜扔在里面，水池里又脏又臭，经常堵塞。左老师的办公桌离门口最近，深受其害。尤其是夏天，有时关着门也能闻到一股恶臭。

左老师曾经特意中午不回家，抓住两个倒剩饭菜的学生，罚他们把水池清理干净，可是无济于事。第二天下午，水池里照旧是一堆剩饭菜。有一次，左老师碰到隔壁化学组一个女老师往水池里倒茶根，皱着眉头狠狠瞪了她两眼。女老师神色坦然，让他心里暗暗不高兴。

后来，总务处为了便于负责维护卫生的班级清理水池污物，在里面放了一个过滤用的铁丝桶。每到下午，铁丝桶里惨不忍睹。左老师只要路过水池，就屏住呼吸用一个手指把铁丝桶推到水池最右边，让它离自己办公室远一点。右边化学组办公室的老师则常常把铁丝桶往左移，让它离化学组远一点。

有一次，不知是谁把铁丝桶拿出水池，放在了语文组门边。左老师出门看到后以为是化学组干的，不禁火冒三丈，一脚把铁丝桶踢到化学组那边，骂道："缺德！什么东西！怎么不往自己门口放！"

化学组老师听到叫骂声跑出来，见门前污物狼藉，也不干了。有个年轻男老师怒气冲冲地对着左老师骂道："你不缺德！你是个什么东西！"左老师骂骂咧咧地指着他迎上去。就在两人要动手的时候，下课铃响了，其他老师怕学生见了影响不好，赶紧把他俩拉开。

左老师上大学时，室友小朱来自农村，没有常洗澡的习惯，被褥也有股说不上来的怪味。本来两人是上下铺，左老师嫌小朱不卫生，说给他听。小朱觉得难为情，就主动提出来换到上铺去。

有天晚上，左老师洗澡回来，进门就皱起眉头，见小朱躺在床上看书，不高兴地说："天这么热，去冲个澡吧，省得身上成天那么难闻，也不怕人家笑话。"就为这话，两人掐在一起，都挂了彩。后来，小朱调换了房间。从那时到毕业，两人再也没说过一句话。

左老师出身高知家庭，父亲在大学任教，母亲是研究所工程师。两人在自己专业领域可谓专家里手，都把事业放在第一位，可是家庭教育知识较为欠缺，平时很少和孩子交流沟通，遇事缺乏耐心，一不如意就瞪起眼来提高嗓门说话。父亲脾气更大，有时甚至还要动手。下面摘撷几个片断，从中可窥见其家庭教育的整体状况。

有年初冬，天气预报说，有股强冷空气将影响本地。早上，母亲按计划要带小左到姥姥家去。这时，已经能听到窗外"呼呼"风声。出门前，她给小左穿上毛衣、毛裤和毛坎肩，还要再加上羽绒服。小左说："妈妈，热。"母亲说："小孩子懂什么！出了门就不热了，今天大风降温。"说着，硬是把羽绒服给他穿上。

出了门，小左还是喊热。母亲生气了，扯了他一把："再说热，别去姥姥家了。"到了姥姥家，小左脱下羽绒服，仍然喊热。母亲不信，把手伸到他的脖领下面，摸着身上汗淋淋的，才发现的确是穿多了。不过，她没说什么，只是给他把毛坎肩脱下来。

父亲很看重我国传统文化，规定刚上小学的小左每天要背诵十二句《弟子规》。只要父亲在家，小左睡觉盥洗前都要背诵一遍当天应当背过的内容。没有背过，不准睡觉。

有一次，小左撅着嘴说："爸爸，我不想背这些东西。"父亲说：

“让你背，你就背。这是为你好。”小左嘟哝道：“我又不懂，背了有什么用?”父亲说：“先背过了再说，长大后就懂了。”小左赌气说道：“我不背了。”父亲眼一瞪：“你敢!”

小左上了初三以后，个子比父亲高出一头，进入青春期的他开始讲究衣着打扮。有天回家来，父亲发现他早上出门时穿的上衣不见了，变成了一件新夹克，就问夹克是哪里来的。他说：“同学的。”

父亲很纳闷：“同学的，怎么跑到你身上了?”他一脸不在乎，说：“我们换着穿。”

父亲这才明白是怎么回事，生气地说：“臭美！明天换回来!”小左什么也没说，眼一闭，头一扬，故意慢慢转身回了自己房间。父亲气不过，追到他房间门口，大声说：“明天换不回来，你别进这个家门!”

左老师上大学时不会妥善处理同学间的关系，工作以后不会妥善处理同事间的关系，在很大程度上源自他赖以成长的家庭。

左老师小时候感觉身上热，妈妈却硬将羽绒服强加在他身上。他不想背诵《弟子规》，爸爸朝他瞪眼说：“你敢。”上初三后，他不愿按照父亲要求换回自己的衣服，父亲以不准进家门来胁迫他就范。这三件看似不起眼的小事，反映的却是家庭教育中的大问题：当父母和孩子发生矛盾时，父母不能和孩子平等交流沟通，而是用高压手段逼迫孩子就范。

父母的行为让左老师深受影响，不自觉地接受下来。上大学时遇到不爱洗澡的小朱，不是想办法妥善解决，而是对人家施加压力。当了老师，见肮脏铁丝桶放到自己办公室一边，则火冒三丈，出言不逊。

如果左老师父母尊重孩子，遇事跟孩子商量，那么上述几件事会是另外一种样子。就说穿羽绒服吧。小左穿上毛衣、毛裤和毛坎肩之后，妈妈还要给他加羽绒服。他皱着眉头说：“妈妈，热。”妈妈蹲下身来，看着他的眼睛，关切地问：“很热吗?”小左点了点头。

妈妈知道穿衣热的滋味不好受，沉吟片刻，说：“今天大风降温，外面很冷。要不这样吧，咱们先出去试试，冷就穿上。”妈妈领着小左走出屋门，外面气温果然降低了不少。回到屋里后，妈妈说：“我看，还是穿上吧，别冻着。”小左摇了摇头，表示不同意。

母亲见他不同意，就没有勉强他，说：“你看这样行吗？咱把羽绒服带上，路上你觉得冷就穿，不冷就不穿。”小左文点了点头。

是否与孩子交流沟通，是否尊重孩子的意见，父母起决定作用，握有主动权与支配权。既可以扼杀相互间的交流沟通，也可以使它成为引导孩子健康成长的互动方式。

有一次周末，电视台的天气预报说第二天有小雨。小沈妈妈听了以后有些举棋不定，就和君君商量：“明天有小雨，你说咱们还去动物园吗?”君君说：“去呀。”

小沈妈妈说：“下起雨来，人肯定比平时少，不拥挤。可是，泥呀水的，弄得鞋上、裤腿上湿漉漉，脏乎乎。”君君听出了妈妈的画外音，不高兴地反问道：“那就不去了?”

小沈妈妈说：“你真愿意去，也行，就怕动物都躲在屋里避雨，咱们什么也看不见，那不就白去了?”君君说：“反正比家里好玩。”

君君这样一说，小沈妈妈觉得有道理，就同意了他的意见：“好吧，听你的。”君君高兴极了，在沙发上颠着屁股欢呼：“噢噢，太好啰……噢噢，太好啰……”

成年人对动物的兴趣远不及孩子。小沈妈妈能理解君君，尊重君君的意见。试想，她不征求孩子的意见，说不去就不去，君君从中会学到什么呢？肯定是不交流，不沟通，独断专行。

很多年轻人是在二十六七岁以后做父母。孩子三四岁以后，父母在社会上已经摸爬滚打数年，积累了不少生活和社会经验。这些经验对正在成长的孩子来说，可以做趋利避害的借鉴。父母积累的人生经验能否成为孩子的人生财富，也取决于两代人是否有交流沟通的好习惯。

父母在孩子很小时就注意营造平等交流的家庭氛围，每天拿出一定时间和孩子交谈，倾听孩子所见所闻，也对孩子说自己遇到的事情，甚至是苦恼，增进彼此间的了解。孩子从中可获得很多意想不到的收益，其中也包括对成年人世界的了解。

孩子遇到难题向父母倾诉，父母能给孩子实实在在的帮助，提供解决难题的办法，孩子会更乐于跟父母交流，有棘手的事更愿意向父母诉说。父母把解决问题的办法或者思路展示出来，让孩子获得宝贵启示。如此良性循环，孩子的本领会越来越大。

君君上幼儿园不久，结识了一个好朋友亮亮。亮亮性情温和，对君君很友好，见到君君就露出灿烂的笑容，经常主动拿出自己的玩具给君君玩。

有天早上去幼儿园之前，君君把小手背到身后，对小沈妈妈说："我要给亮亮礼物，你猜是什么？"小沈妈妈猜了几样东西，都没有说对。君君把小手拿到前面张开，说："你看。"原来是一块奶糖。

下午，小沈妈妈接君君回到家里。君君玩了一会儿，从衣兜里掏出奶糖来，放回了自己的小糖罐，说："妈妈，老师不让给亮亮。"小沈妈妈吃了一惊："为什么？"

原来，君君到幼儿园后和小朋友一起玩疯了，把送礼物的事忘得一干二净，直到放学时才想起来。这时，老师让小朋友排好队往外走，到幼儿园门口去。那里，已经挤满了来接孩子的父母。君君想把奶糖送给亮亮，可是亮亮在队伍最前面。老师让小朋友保持队形，不准跑出来，君君只好排在队列里，很不情愿地把"送礼"放弃了。

"噢，是这样。"小沈妈妈问君君，"你给老师说过要送给亮亮礼物了吗？"君君说："没有。"

小沈妈妈明白是怎么回事了，说："老师不知道你要送礼物给亮亮，知道的话，可能会同意你跑出队伍，到前面把礼物交给亮亮。你没有说要送礼物，老师不知道，当然不会允许你跑出来，怎么能说'老师不让给亮亮'呢？"经妈妈这样一说，君君才明白，原来是自己没有讲明白，就问妈妈："我怎么说呢？"

"你可以把手举起来，让老师看到，然后大声说：老师，我有礼物送给亮亮，能过去给他吗？"说话时，小沈妈妈做出举手和着急大喊的样子，"老师听到了，见你这么着急，可能会同意。"

君君说："老师不同意呢？"小沈妈妈说："你就大声说：我快去快回，我保证！老师要是再不同意，就没有办法了。不过，你已经尽了最大努力来争取，这就够了。退一步说，第二天记着这件事，早早送给亮亮也是一样。"

这次交流，让君君明白了事在人为的道理，学会了如何积极争取让老师听到自己的声音，达到自己的目的。

"种瓜得瓜，种豆得豆。"小沈妈妈播下平等交流的种子，收获了母子间的贴心沟通，也收获了君君的日趋成熟。

2. 你可以站得更高，胸怀更宽广

生活幸福、工作顺利和事业发展，都与良好的人际关系密切相关。包容，可以避免矛盾冲突尖锐化，是造就良好人际关系的一个重要因素。父母做家教规划，它是不可忽略的内容之一。

要想让孩子具有包容意识与行为，父母做出榜样非常重要。如果父母对人尖酸刻薄，你动我一指，我还你十拳，就算把包容的道理说上了天，也不会对孩子有实质性的正面影响。父母能够以自己的实际行动对孩子进行正面影响，再加上孩子遭遇人际关系难题时父母给予的正确指导，孩子才能具有一颗包容的心。

大概是君君四五岁的时候，有天下班后，小沈妈妈去幼儿园接他回家，见他脸上被红色和绿色彩笔画得横一道竖一道，上衣胳膊和肩膀上也是“红绿相间”。

她正想问君君是怎么回事，忽然听到有人生气地质问孩子，“谁给你画的？刚换的衣服又画成这样！”扭头一看，发现旁边一个小男孩也和君君一样，脸和衣服成了“画板”。

小男孩指着不远处一个小女孩，说：“月月画的。”男孩母亲立刻拉着孩子快步走到小女孩跟前，气呼呼地说：“看你给画的！你怎么不画自己的衣服？”

“怎么啦？”随着旁边一声问话，小女孩叫了一声“妈”，接着“哇”的一声大哭起来。男孩母亲见月月妈来了，气呼呼地把孩子拉到她跟前，三言两语把事情讲了一遍，说：“她再画，就赔我们衣服。哪有这样整天画人家衣服的，洗又洗不掉！”

月月妈无可奈何地说：“这孩子，说过她多次，就是不听。你放心，我今天晚上叫她爸爸好好教育教育她。”听了这话，男孩母亲这才余气未消地领着孩子走了。

这时，君君趴在妈妈耳朵上小声说：“老师也批评月月了，让她道歉。月月不听，她可拗呢。妈妈，咱也让她赔吗？”小沈妈妈小声问：“你还生她的气吗？”君君摇摇头。

小沈妈妈小声说：“我看，你还是去哄哄她吧，让她别哭了。告诉她，这事已经过去了，以后别再往小朋友身上画就是了。”君君离开妈妈，独自走到还在哭泣的月月面前，说：“月月，别哭了，这事已经过去了，以后别再画就是了。”

月月妈大为感动，直夸君君是懂事的好孩子，对月月说：“别哭了！你看人家多懂事啊，你把人家画成这样，人家还过来安慰你。”接着她问君君叫什么名字，夸奖了君君几句。

小沈妈妈走过来和月月妈打了个招呼，然后悄声问：“晚上，她爸爸是不是要打她？”月月妈叹了口气：“唉，没办法，这孩子没记性。”

“我看还是别打。孩子可能不知道彩笔画在衣服上很难洗。她这一画，衣服就不好再穿了，扔掉怪可惜的。”小沈妈妈见月月在侧耳听，就转而问她，“月月，你说是吗？”月月看了小沈妈妈一眼，虽然没有说话，但从眼神里可以看出，她认可这个说法。

小沈妈妈对月月妈说：“我看，月月挺懂道理的。你回家可别忘了，在她爸爸面前表扬表扬她。”“什么，表扬她？”

小沈妈妈说：“是啊，月月犯了错误，认识到自己做错了，就该表扬啊。月月，你说是吗？”月月不好意思了。

听君君后来说，月月再也没有用彩笔在小朋友脸上身上乱画。另外，月月还对君君说过“你妈妈真好”。

这件事，小沈妈妈处理得很到位。君君脸上身上被涂画，她反而让君君去安慰哭泣的月月。月月妈要让老公教训月月，她不仅出面阻止，还建议月月妈让老公表扬月月。君君目睹了妈妈处理这件事的全过程，而且还在妈妈的指导下安慰了月月，受到的影响不可小觑。

君君5岁的时候，有天晚饭后跟妈妈到外面散步，走了一段路以后觉得有点累，就到前面路边有座椅的地方去。这时，从一棵大树后面闪出一个三四岁的小男孩，用玩具冲锋枪指着小沈妈妈大喊：“八格牙路！不许动！”小沈妈妈愣了一下，随即好像投降似的小幅度张开两手站住，微笑地看着小男孩。

小男孩用玩具枪冲着小沈妈妈“哒哒哒”开火。小沈妈妈佯作中弹，歪了一下身子。小男孩跑到小沈妈妈跟前，用枪顶了她一下，喊道：“打死大坏蛋！”

小沈妈妈笑了一下，没再理会小男孩，继续和君君往前走，找了一张座椅坐下来。在这里，可以看到那个小男孩正“大摇大摆”地在那边走来走去。

君君问：“妈妈，八格牙路是什么意思？”“是混蛋的意思，”小沈妈妈回答说，“日本人喜欢这样骂人。”

君君不解地问：“那个小孩骂你，你怎么也不说他？”小沈妈妈笑着说：“他是个孩子。再说他是跟电视里学的，觉得好玩，不知道这是骂人。你不也是才知道吗？”

这时候，有个瘦溜溜的小伙子远远朝这边走来。只见小男孩悄悄躲到大树后面，等小伙子走近时忽然从大树后面跳出来，重演了刚才对小沈妈妈那一幕。小伙子先是一愣，但随即用夸张的动作抬腿踢出去，用脚背踢在小男孩臀胯上。虽然踢得很轻，小男孩身子仍然歪了一下。

小伙子瞪起眼来骂了一句：“小兔崽子，找死！”小男孩不敢再“表演”，怯怯地站到路边去。君君目睹了这一幕，扭头看了妈妈一眼。小沈妈妈正看着那边，没有说话。这次经历，给君君留下了深刻印象。

还有一次，君君一家三口到一家小餐馆吃饭。正吃着，灯忽然全灭了，仅有 6 张餐桌的厅堂一片漆黑。女服务员赶忙道歉，说可能是保险丝烧断了，很快就会修好，请大家原谅。

邻桌有个小伙子不依不饶，说耽误了吃饭，要求餐费六折。女服务员很为难。这时，灯又全亮了，前后不到 5 分钟。小伙子让女服务员去叫老板来，“看看怎么办”。小沈妈妈转身拍了拍小伙子肩膀，笑着说：“算了算了，他们不是故意的。这不已经来电了，挺快的，也没怎么耽误。吃饭吧，为这事坏了心情不值得。”

这类事情多了，君君耳濡目染自然很受影响。平时，他遇到“不敬”，都是笑笑就算了，并不计较，也很少给妈妈说。上小学三年级以后，和班里一个叫马琪琪的女生发生了冲突，算是遇到一个大难题。

那天下午，小沈妈妈下班回到家后，发现君君闷闷不乐。这是很少有的情况，莫非他做错事让老师批评了？她还没有开口，君君就伸出腿来，让她看裤腿上的泥污：“你看，都是马琪琪给踩的。”

原来，前几天马琪琪穿了一条浅色新裤子，爱惜得不得了。课间休息时，君君和另一个男生在教室里打闹，不小心踢到马琪琪的新裤子上。君君鞋上不知在哪里沾了些黏糊糊的脏东西，把马琪琪的新裤子弄得很难看。马琪琪当时就不干了，撅着嘴打了君君两下，接着哭起来。

君君赶忙道歉，蹲下来给她擦拭，不想越擦越难看。这时候，上课铃响了。老师拿着教案夹来到教室，马琪琪哭着向老师告状。老师批评了君君。放学出校门的时候，马琪琪狠狠地对君君说："你小心点，以后你穿新裤子，我也给你弄脏。"今天君君穿了新裤子，马琪琪看到后走过来，故意在裤管上踩了两下。君君没说什么，但很生气地瞪了她两眼。

讲完事情经过，君君厌恶地说："马琪琪可讨厌了，就会说'给你告老师'，同学都烦她。"小沈妈妈问："她平时表现怎么样?""不怎么样，不按时交作业，还罚站。"

"这件事，马琪琪是做得有点过分。你本来不是故意的，而且已经道歉了，还给她擦裤子，她不该再计较。"小沈妈妈说，"你生她的气，可以理解。"君君立刻接道："就是嘛。"

小沈妈妈笑着说："不过，不用和她计较，你可以站得更高一些，胸怀更宽广一些。怎么说呢，原谅她，以后有机会多关心她，帮助她。说不定，将来你们还能成好朋友。有个好朋友，总比有个死对头好吧?"君君听了，表情比刚才平和了许多，若有所思地问："怎么帮她?"

小沈妈妈说："她不是经常不按时交作业吗？你可以帮她学习啊，帮她解题，让她按时完成作业。"

第二天到学校，君君没有像妈妈提示的那样主动和马琪琪接近，也没有帮她学习。一切都像往常一样。后来有天早上，君君到校后忙着从书包里往外拿作业本，让组长检查。按照老师规定，家庭作业由各学习小组组长检查。

"马琪琪，作业!"

君君听到二组组长在后面喊，回头看了一眼，见马琪琪很为难地对组长说："我只写了一点。"组长不高兴地说："给你告老师。"马琪琪马上带着哭腔说："昨天我姥爷死了，我姥爷死了。"说着趴在桌子上，埋头抽泣起来。组长没再理她，检查其他同学作业去了。

上课的时候，老师问起家庭作业完成情况。二组组长站起来说："马琪琪没完成。"本来他想接着说"她姥爷死了"，没想到老师立即生气地让马琪琪站起来，劈头盖脸一顿批评。马琪琪站在自己座位上，两臂捂着脸哭。组长不敢说话，也站在自己座位上。

这时，君君把手高高举起来，老师示意他站起来说。"老师，"君君站起来说，"马琪琪她姥爷昨天去世了。""噢，是这样。"老师听罢，示意君君坐下，接着让马琪琪也坐下，算是原谅了她。

第二节课间，君君见马琪琪趴在座位上补写作业，主动过去对她说："哪道题不会，我帮你。"马琪琪很高兴，马上把数学书翻到上一页，指着题号上圈着三角符号的题说："这道不会。"

下午第一节课后，马琪琪把补好的家庭作业交给了组长。组长拉上君君（当时担任副班长兼学习委员）一起到办公室去，把马琪琪的作业让老师过目。君君对老师说："她是挤时间补的，我觉得应该表扬。"第二天，老师在班里表扬了马琪琪。马琪琪很不好意思，脸都红了。

六年级的时候，学校要举行秋季田径运动会。君君他们班体育实力很强，不论男生还是女生，4×100米接力都有夺冠希望。君君在男子4×100米接力接第二棒，马琪琪在女子4×100米接力也是接第二棒。同学们都说，最后一次参加学校比赛，一定要拼出最好成绩。运动员更是憋足了劲，早早开始训练。

男子组预决赛，四个男生发挥得很好，从第一棒开始就一直领先，最后在全班同学震耳欲聋的"加油"声中率先冲过终点，获得冠军。得了冠军，几个运动员都喜形于色，站在终点附近等着女生比赛。女子组开赛后，第二棒让马琪琪不慎接掉，别说冠军，连第三名都没有挂上。大家都很惋惜。

在回班级的路上，刘长生埋怨说："要不是马琪琪掉了棒，女生也能得冠军。"朱文文叹了口气："真可惜，第一棒领先了那么多，还是给跑砸了。"

君君说："跑砸了，她们心里也不好受，咱就别说了。"

两个男生不再言语。快到本班观众席的时候，同学们向他们热烈鼓掌，欢迎他们凯旋。

君君坐下后，发现有几个同学对马琪琪她们颇有怨言，就对同学们大声说："女生没跑好，可是都尽了力。她们回来，咱们热烈鼓掌欢迎，好不好？"同学们七嘴八舌地应和说："好！"

"她们回来了。"不知谁小声说了一句。远远的，几个女生很不自然地低着头，走得很慢。快到班级的时候，同学们热烈鼓起掌来。她们没有想到，同学们会热情地欢迎她们，非常激动。马琪琪眼眶里泪花闪烁，不好意思地低下头来。

君君小小年纪就知道包容体谅比赛失利的同学，让同学们看到她们付出的努力，鼓励她们。小沈妈妈这些年来用心栽培的包容之树，如今已结出累累果实。

3. 见不贤而内自省

认识自身错误与不足的最佳方式是自省。经常自省的人能轻装前进，自然进步就快。孔子提倡"见不贤而内自省"，孩子能具有这种品质，应当是父母的培养追求之一。

怎样才能让孩子具有这种品质呢？最初得益于父母对孩子错误的正

确处理，“动之以情，晓之以理”，让孩子明白自己错在哪里。如果孩子“执迷不悟”，就责令进行强制性自省。另外，父母在这方面要做出好榜样，经常跟孩子进行这方面的交流，让孩子从中受到启发并获益，最终形成自省习惯。

华华邀请要好的小朋友厦厦到家里玩，拿出爸爸的集邮册给他看。厦厦很喜欢一张金鱼邮票，希望华华能送给自己。华华很大方地把邮票送给了他。

几天后爸爸发现了，很生气，说华华是傻瓜，接着把他训了一顿：“你知道这张邮票值多少钱吗？他送给你什么了，你给他这么值钱的东西？孩子，咱再傻也不能干赔钱买卖啊！明天一定要回来！”

没有办法，华华只好第二天向厦厦要邮票，说：“我又不想送给你了，快还给我。”厦厦很不高兴，不想给。最后，华华翻了脸。邮票是要回来了，但两人关系也走到了破裂边缘。

华华擅自将爸爸的邮票送人，属于无意识错误。爸爸处理这件事有三点不足，一是说华华傻瓜，二是只强调邮票的经济价值，三是让孩子把邮票要回来，却没有教给孩子如何不伤感情地处理这件事。

华华听了爸爸的话，只能认为自己错在没有等价交换，把很值钱的邮票白白送人，做了一桩赔钱买卖。在这件事上，华华的最大错误，是没有征得爸爸的同意，就擅自把爸爸的东西送人。如果爸爸了解孩子，知道华华是无意识犯错误，就不会骂他傻瓜，而是心平气和地给他讲道理。

“孩子，爸爸的东西，只有爸爸有权处理。你想把爸爸的东西送人，必须得到爸爸允许。你没有征求爸爸的意见，就把爸爸的邮票送给了小朋友，是不对的。以前你不懂这个道理，爸爸不怪你。现在你懂了这个道理，以后就知道该怎么办了。”

如果有可能，爸爸还可以讲讲这枚邮票的来历，讲讲自己如何用其他邮票换取或者托关系才买到手等等，让华华对爸爸邮票的来之不易有所了解。最后，爸爸可以和华华一起商量怎样妥善把邮票要回来，为这件事画上一个圆满的句号。

这个讲道理的过程看似并不复杂，对孩子形成理性认识错误的思维习惯却意义重大。懂事理，乐于接受批评帮助，是孩子未来“见不贤而内自省”的重要基础。

茜茜3岁多。妈妈早上送茜茜去幼儿园之前，向她交代任务，下午回家后，要把自己的小袜子洗出来，并且把怎样洗告诉了她。茜茜的小袜子搭在椅背上，妈妈让她洗完后仍搭在那里。

“爱劳动的孩子才是好孩子。”临走时妈妈这样说。

因为公司加班，妈妈回到家天已经黑了。她进门没见椅背上有小袜子，就问老公：“茜茜洗了小袜子没有？”老公迟疑了一下，说：“饭在锅里，先吃饭吧。”妈妈放下包到厨房去。少许，盛好饭菜端到餐厅来。

“茜茜！”妈妈喊茜茜过来。茜茜抱着芭比娃娃从卫生间跑出来。妈妈问她洗了小袜子没有。茜茜笑着说：“洗了。”“拿来我看看，洗得怎么样？”茜茜又跑回卫生间去，把湿漉漉的小袜子拿来给妈妈看。

妈妈一看就明白了，沉下脸来问她：“是你洗的吗？”茜茜见妈妈变了脸，没敢说话。

妈妈放下筷子，从茜茜手里夺过她心爱的芭比娃娃，生气地瞪着她说：“你要是骗我，我就把芭比娃娃送给慧慧姐姐。我再问一句，是你洗的吗？”茜茜吓得哭起来。

这时，老公笑嘻嘻地从卫生间走出来，说：“算了算了，茜茜不会洗，是我洗的。我承认错误，行了吧？”

茜茜妈在这件事上的失误大致有两点：第一，茜茜没有洗过袜子，她只是简单交代了一下，让茜茜不知如何下手；第二，发现茜茜撒谎之后，夺过芭比娃娃逼迫她说实话，用威逼代替说理。

茜茜妈和华华的爸爸一样，发现孩子有错误就生气发火。“利令智昏”，“怒”也令“智昏”。其实，问题不像她想象的那样严重。一个3岁多的小孩子笑着“撒谎”，问题能有多么严重呢？大概在茜茜看来，爸爸协助下的“欺骗”是一件很好玩的事。

茜茜妈放弃说理，变脸威逼施压，让茜茜感到恐惧，不知道为什么刚才还觉得挺好玩的事竟严重到这种地步，同时又害怕失去心爱的芭比娃娃。在茜茜头脑中，没有形成对自己撒谎错误的逻辑认识，仅仅是知道撒谎不好罢了。父母处理问题简单化，不利于孩子明白事理。

妈妈发现茜茜撒谎，应当想到里面必有原因，可以心平气和地进行了解，也可以先把事情放一放，等考虑好怎么做更妥当之后，再来处理。比方说，她感觉利用讲故事的方式引起话题比较好。茜茜睡觉前，她像往常一样将茜茜揽在怀里，给她讲故事，不过今天的故事是针对白天的事特意编造的。

故事中的小女孩早上去幼儿园前答应妈妈，放学回来后洗自己的小袜子。可是，她没有洗。妈妈下班后问起她来，她说：“我已经洗好了。”妈妈没有想到孩子会撒谎，心里很难过，晚饭也没有吃好。

“茜茜你猜，小女孩后来向妈妈承认错误了吗？”妈妈用期望的眼神看着茜茜。茜茜天真地问：“妈妈，你是说我吗？”

妈妈反问道：“你没有洗小袜子，是吗？”茜茜低头承认了。妈妈又问：“你是不是忘了？”茜茜说：“没忘，我不会洗。”

“噢，是这样。”妈妈抓着茜茜的小手，带着歉意说，“都怪妈妈，妈妈应该先教会你。这是妈妈的过错，明天妈妈就教你。”

接下来，妈妈告诉茜茜，不会洗小袜子没有关系，可以对妈妈说“我不会”。这样，妈妈在没有教会你之前，就不会向你布置这个任务了。你答应了妈妈，没有说“我不会”，可是又没有洗，就是你的责任了。没有洗，又对妈妈说谎，就更不好了。

这样贴心交流沟通，茜茜明白了自己做不到的事情，不要答应。自己答应的事情，就要去做好。没有做就说没有做，不能撒谎。另外，她还有一个收获：要像妈妈那样知错认错，知错就改。

父母心平气和地把道理讲清楚了，有时孩子并不一定认账。这时候，父母很容易上火，非打即骂，把事情搞糟。孩子不认账，正是父母培养孩子自省习惯的好时机，不过这时的自省是强制性的。

比如说，孩子在外面跑得浑身是汗，回家要喝冰箱里的可乐。妈妈拿出来给他倒了一杯。他喝完还要再喝，妈妈不同意。孩子不高兴了，一屁股坐到地上。妈妈很生气但没有发火，给他讲道理说，他现在体内温度很高，喝太多冷饮对胃肠不好，很容易造成腹泻或者其他胃肠反应。说着，妈妈去给他盛来一杯温凉水。他赌气不接。妈妈让他起来，他就是不起。

妈妈没再理他，去做自己的事。过了一会儿，他气消了，自己坐着无聊，就站起来，到自己屋里玩积木。晚饭前，妈妈问他，知道自己错在哪里吗？他不说话。妈妈耐心地说：“妈妈告诉你，喝太多冷饮对身体不好，你不该耍态度坐在地上。你现在知道自己错了，是吗？”他仍然不说话。

“你怎么这么不懂道理！”妈妈变得严肃起来，命令道，“站到墙角去，想想自己到底错在哪里，想好了再对我说。”他没动。妈妈抬高声音又厉声重复了一遍。他一看妈妈真生气了，才到墙角去面壁。

孩子站在墙壁前面反省自己的错误，思想斗争往往比较激烈，但最终会回到父母讲述的道理上来。条件是父母不能姑息迁就孩子，坚持必须认识错误才能离开面壁处。面壁结束，孩子讲完自己错在哪里。如果讲得不到位，父母可以补充，帮助孩子形成条理清晰的认识。最后，父母不要忘了表扬孩子，肯定孩子知错认错的行为。

强制性自省，虽然不是出于孩子自愿，但仍然进行了自我反省，考虑自己错在什么地方。这是孩子建立自省习惯的开始。

孩子有了一定辨析能力之后，有时对自己错误也不一定看得那么清楚。父母可以留出时间让孩子自己思考省察。孩子思考无果，再点拨启发，最终让孩子自己找到问题症结。这样处理，对孩子日后形成自觉反省很有帮助。

君君上四年级的时候，有次到同学家去玩。当时正值世界杯比赛如火如荼，孩子们深受感染。李彦波刚买了个挺漂亮的足球，拿到这里来炫耀。几个同学脚底下痒痒，相约到楼下空地上，简单分成两伙，踢起了计分比赛。没想到，有个同学一脚把球踢偏，正好打在楼外面的一个花盆上。那个花盆放在略有倾斜的窗台上，本来就重心不稳，晃了一下掉下来，掉在下面水泥地上，“咣”的一声摔碎了。

几个孩子吓得面面相觑，旋即拼命逃走。君君正在犹豫，窗户打开了，一个老大爷愤怒的脸出现在防盗网后面：“好啊，把我花盆砸了！”

老大爷出来后，对君君又是责备又是训斥。君君说：“大爷，不是我踢的。”老大爷问是谁，君君不肯说。“不说就是你，你赔！”这个老人做得也有些过分，非要君君赔30元钱不可，怕君君一去不返，还扣下了他的上衣。

君君穿着背心跑回家，从自己零花钱里拿出30元，回去交给老大爷，赎回了自己上衣。小沈妈妈回到家来，见君君一脸晦气，就问是怎么回事。君君把事情经过说了一遍，叹息说：“今天真倒霉。”

“是有点倒霉。”小沈妈妈点了点头，“可是你想过没有，你为什么倒霉？自己有做错的地方吗？”君君有些惊讶：“我有错？”小沈妈妈说：“我看是有。你好好想想，想好了对我说。”

快吃晚饭的时候，君君到厨房对妈妈说：“我想好了，我们不该在那么小的地方踢球。”“你自己错在哪里呢？”“他们提出在楼下踢球的时候，我应该想到那里很容易出事，让他们换一个地方。”

小沈妈妈称赞道："对！你应该制止在那里踢球。我觉得在这件事上，你应当接受的教训不少，不止这些。这样吧，咱们先吃饭，吃完饭再说。"

这次踢球，君君得出的教训是：要注意场地是否容易发生意外。如果容易发生意外，自己要提出来。同学们执意要踢的话，自己反对未果要坚决退出。另外，即使场地宽敞也可能出现意外。如果有意想不到的损失需要赔偿，赔款主要由造成损失的人承担，其余大家分担。

上了初中二年级以后，班里有些同学开始注意打扮，炫耀名牌。阳阳有个舅舅经常出国，有时送给他一些从国外带回来的衣物。他穿着名牌，自我感觉很好，神气活现。

有一天，阳阳穿了一件崭新的阿迪达斯夹克，走起路来轻飘飘。君君平时对他没有多少好感，迎面碰上，礼貌地点了点头。阳阳手指着夹克上的商标图案，神采飞扬地说："你看，阿迪达斯的，正宗外国货。"君君看了他一眼，没说什么。

阳阳觉得君君应当表现出惊讶和羡慕，所以对他的冷漠有些不快，怏怏地说："这是正宗名牌，让你妈也买一件吧，水货也行啊，穿着就是不一样。"君君没答理他，径自回教室去了。

晚上，和妈妈交流白天见闻的时候，君君把这件事说了，对阳阳的"德行"颇为不屑。小沈妈妈问他："你想想，你穿了挺好的衣服有没有'来精神'的感觉？"君君说："有啊，穿上耐克运动鞋，走路都觉得轻快。"

小沈妈妈接着问道："有没有比一般同学高一等的感觉？"君君想了一下，点了点头："嗯，有点。"

小沈妈妈实话实说："其实，我也喜欢穿漂亮衣服，喜欢穿名牌，穿上以后也觉得自己挺不一般。其实，我也知道，用衣服来衡量人很可笑，可是怎么也去不了这种感觉。"君君说："我自己穿名牌感觉挺好，可是阳阳穿得再好，我也没觉得他有什么。"

“确实是这样。熟悉的人看我们，主要是看人品和能力，并不太在意我们穿得怎么样，不熟悉的才看穿着。不过，”小沈妈妈说，“我穿名牌，自我感觉良好，可是不会向别人炫耀，更不会贬低别人。你呢?”君君看着妈妈的眼睛，回答得很干脆：“我也是这样。”

看到让人反感的言行，反思自己有没有类似表现，可以杜绝自己犯同样的错误。小沈妈妈“见不贤而内自省”，在反思中发现自己没有这类不良表现，为君君做出了好榜样。君君不断受到这种影响，也逐渐具备了“见不贤而内自省”的好习惯。

4. 善对轻侮，逐步发力

小孩子在幼儿园或学校里遭遇嘲笑或者被起外号是较为常见的现象。有些小孩子不在意嘲笑，也就没什么了。如果在意，则常常发生冲突。如何消解冲突并且使孩子从中学到一些终身受用的方法，父母可以动一番脑子。

有个刚上小学一年级的女孩子瑶瑶，身体比一般同学胖不少。班里有个小男孩很不友好，见面叫她“死胖子”、“肥猪”。瑶瑶本来就不愿别人说自己胖，听到他喊很生气，皱着眉头追打他。小男孩欺她跑不快，边跑边扮着鬼脸回头逗她：“死胖子，就是死胖子!”

一连几天，小男孩见面就故意喊她，气她。瑶瑶气哭了不止一次，回家把事情告诉了妈妈。妈妈听后非常生气，说：“明天放学，我到学校去，你把他指给我。”

第二天中午放学后，妈妈在校门口见到瑶瑶，就让瑶瑶指出“那个坏小子”。小男孩在街上被瑶瑶妈拦住，自知理亏，没敢做声。瑶瑶妈一脸凶相，指着他鼻子狠狠威胁道：“你再敢说瑶瑶难听的，看我不扇你嘴！”事情就这样解决了，小男孩从此再也没敢喊瑶瑶“死胖子”。

其实，解决这种事情有好多办法。父母出面威胁，大多能奏效，但存在着跟对方父母发生冲突的可能。从培养孩子的角度看，父母亲自出马，孩子袖手旁观，无法提高处理这类事情的能力，不可取。另外，父母对人家孩子耍横，对自己孩子也没有好影响。

这种事，妈妈让瑶瑶自己去找老师解决，效果要比自己亲自出马好得多。孩子自己出面，对独自处理同学间的矛盾是个锻炼，还可以避免父母间可能发生的冲突。

小沈妈妈也遇到过类似的事情。她的出发点是尽量让孩子自己去处理，在锻炼孩子、提高孩子能力方面考虑得多一些。处理原则是与人为善，逐步发力。

快要上小学四年级的时候，君君班转来一个男同学叫林林。有同学说，他是别的学校“撵出来的”。林林脸盘子和块头比一般同学都大不少。老师上课提出的简单问题，他一个也答不上来，可是满脸的不在乎，好像是应该的。下课后，他在教室内外走路摇摇晃晃，碰这个一膀子，撞那个一下子。班里同学没有一个愿意和他在一起。转来没几天，大概是出于某种敌意，他给君君起了个很难听的外号，叫“吊死鬼”。

那天课间，他站在楼道里冲着君君嚷：“吊死鬼，过来！”君君个头不比他矮，身体也蛮结实，看了他一眼，没答理他。

“哎，吊死鬼，叫你呢，怎么不答理人？”“你才吊死鬼呢。”君君生气地回了他一句。

“怎么，想捣捣？”林林把眼一瞪，拉出拳击的架势。君君没理他。这时上课铃响了，大家都涌进了教室。下课后，老师宣布放学，同学纷纷离校，林林没找君君“捣捣”，也背着书包跑走了。

君君在班里一直人缘很好，没有同学给他起过外号，也没有同学这样放肆对待他，所以遇到这事心里特别窝火。他想，自己是班干部，总不能和他打架吧？为这事“告老师”，又太不值得。怎么才能让他闭上那张不干净的嘴呢？

晚上闲聊，君君把事情告诉了妈妈。小沈妈妈很纳闷：君君从哪里看像吊死鬼？是长相，还是别的？这个林林，真是莫名其妙。她感觉，林林是那种不可理喻的孩子，这回君君算是碰上了难题。

怎样才能让林林停止寻衅呢？小沈妈妈和君君一起探讨，结果是有三种办法。

第一种办法，是面对面直接解决问题。只要他再故意找事，喊君君外号，就和他打架，让他知道君君是不好惹的。俗话说，“软得怕硬的，硬的怕横的，横的怕不要命的”。哪怕打不过他，也要拼命厮打，让他心虚气短，不敢再找麻烦。

第二种办法，是借用别人力量，不面对面解决。这样做主要是考虑他怕谁。毫无疑问，在学校里他最怕班主任老师，因为班主任老师不会容忍无事生非，更不会容忍辱骂同学的现象存在。向班主任告状，让惠老师批评教育他，比君君动手打架要好得多。

打架，两个人都会伤及皮肉，甚至会伤得比较厉害。《小学生守则》不允许学生打架。作为品行端正的学生，不是迫不得已，不应当把武力当做解决矛盾冲突的首选。

第三种办法，也是借用别人力量。在家庭中，孩子没有不怕父母的。一般来说，父母都希望孩子“学好”，走正道，不会容忍孩子寻衅滋事欺辱同学。向他父母告状，让他父母批评教育他，看起来也是一种比较好的选择。

依靠班主任解决这个矛盾，君君胜算的可能性较大，因为很了解惠老师，知道她会怎样处理。依靠林林父母解决问题，把握就比较难说，一是没有和他们打过交道，不知道他们是否偏向孩子，二是君君的“告状艺术”是个未知数。单纯从胜算的角度说，找班主任解决最合适。不过，小沈妈妈觉得找林林父母更好一些。

她认为，虽然林林多次挑衅，但年龄还小，作为同学应该帮他一把，帮他改掉自己的坏毛病。这样做，成功的可能性很小，但值得去做。努力不成，再向他父母告状也不迟。告状不是让他父母打他骂他，出发点是善意的，还要讲究艺术，才有可能达到目的。如果他父母不配合，就只好找惠老师想办法了。不管怎么说，问题最后总是能解决的。君君感觉很受启发，和妈妈探讨了很久。

星期一到校一见面，林林还是像以前一样，张口就喊外号。君君平静地看着他说：“你觉得这样好吗？别人给你起难听的外号，见面就喊你，你会怎么想?”林林“哼”了一下，说：“我怎么想，你管不着。”

君君依然平静地看着他，说：“我是想帮你，没别的意思。”林林稍愣了一下，接着笑起来，说：“去你的吧，还帮我呢。”

君君仍然不恼怒，说：“好好想想，我确实没有恶意。”

君君的善意和容忍，林林一点也没放在心上。放学路上，他隔着马路一边大叫君君外号，一边挥手说“拜拜”，引得不少路人扭头观看。君君瞟了他一眼，没理他。

过了几天，君君见林林一个人在学校沙坑边上练立定跳远，就主动跑过去和他切磋，自己也跳了几次。这次，林林比较友好，接下来几天也比较友好。君君以为，可能是他慢慢想明白了。没想到周末大扫除快要结束的时候，他两手耍着扫把走进教室，见君君还在扫地，就说：“吊死鬼，查卫生的还没来啊。”

君君很不高兴，直起腰来说：“你还有完没完！这事，我不想让老师知道，也不想让你妈妈知道。可是，你别逼我。”林林满不在乎地说：“不就是去告状嘛，我才不怕呢。”

放学后君君没有立刻回家，到办公室去向惠老师要林林家的电话号码。惠老师问他，为什么不直接向林林要。君君把事情经过大致讲了一遍，说："我想告诉他爸爸妈妈，让他爸爸妈妈知道这件事。老师，你就别找他了。"惠老师答应了。

君君上幼儿园时就不惧给老师打电话，现在自然不发憷和林林的爸爸妈妈通话。不过，怎样说话才能达到目的，他心里没底，就问妈妈该怎么说。小沈妈妈提供了一个大致意见。君君默默"演练"了几次，感觉有把握了，才拿起电话机拨通了林林家的号码。

"阿姨，您好！我是林林的同学，有件事想对您说一下。"君君童声童气，心态阳光，没有一丝抱怨，"阿姨，您别生气。事情是这样，林林给我起了个外号，叫吊死鬼。"

君君把事情经过大致说了一下，强调自己已经做了努力，希望林林别这样，可是林林依然如故。自己不想把事情闹到老师那里，没有办法，才请她来帮忙。他还强调，自己这样做是想和林林成为好朋友。林林母亲在那头一个劲地说："孩子，你放心。我一定批评他，一定批评他。"

从此以后，林林再也没叫过君君外号。虽然他们两个始终没有成为好朋友，但也没有再发生矛盾冲突。

孩子在学校里，难免遇到一些人际关系方面的难题。只要家庭成员间有良好的交流习惯，孩子乐于把自己的苦恼讲给父母听，父母就有机会引导孩子解决这些难题，增长本领。

小沈妈妈在处理君君遭辱这件事上，有几点把握得很好，对其他父母有一定借鉴意义。第一，父母不出面，让孩子自己去解决，锻炼孩子处理这类事情的能力。第二，引导孩子与人为善，而且要站得高一些，从帮助改过的角度来制止对方。第三，在孩子帮助、制止无效的情况下，找到能够有效制止对方的人，借用他们的力量。第四，"告状"时注意表达技巧，让对方能愉快接受自己的请求。

5. 有一种习惯叫夸赞

刚接触不久，和老毕一起工作的人就发现他眼里没有好人。怎么说呢？他是从外单位调来的，说起过去一起工作过的同事，不是贬这人能力差，就是嫌那人毛病多。总而言之，他嘴里没有值得称道的人。

老毕工作能力没有问题，这一点大家有目共睹。不过，一起工作时间长了，同事就开始讨厌他了。大家发现，他对本单位本办公室的人大都瞧不上眼，公开或私下评价都不高。有些话传到当事人耳朵里，人家当然不满意。随着时间推移，老毕工作越来越不顺心，于是又产生了“此处不养爷，自有养爷处”的调动念头。

我们无法知道老毕小时候接受了怎样的家庭教育，但他喜欢看人家缺点不足，却无疑来源于自己的家庭，来源于早年父母有意或无意的教育影响。

毛毛4岁多，会背不少古诗词，但性格一直不开朗。最近，妈妈发现，他听不得妈妈夸奖别的孩子。妈妈到幼儿园去接他回家，见一个小朋友往大门口跑的时候摔倒在地，头碰到地上，疼得咧了一下嘴，但没有哭，爬起来继续往大门口跑。

“毛毛你看，那个小朋友真勇敢，摔得多疼啊，一声都没哭！”毛毛对妈妈的话不以为然，说：“我摔倒也不哭。他画画不好，画得可难看呢，我比他强。”

一天，妈妈带着毛毛去超市，碰到一个同事领着儿子。妈妈俯下身子拍着小男孩的脑瓜，夸他长得漂亮。毛毛站在一边，一脸不高兴。妈妈又夸小男孩的童鞋样式新颖，颜色搭配协调。毛毛撅起嘴来，说："我的也漂亮，你怎么不说啊？"妈妈很尴尬，不知说什么好，只好跟同事告辞。

妈妈怎么也想不明白，毛毛怎么会变成这种样子？其实，毛毛变成这样，是妈妈"无意塑造"的结果，只不过她没有觉察而已。妈妈最喜欢毛毛，最心疼毛毛，可是几乎没有夸奖过他。在她的潜意识里，孩子都经不起夸奖，一夸奖就找不到北，所以她只夸奖人家的孩子。匪夷所思的是，有时候她夸奖人家孩子的时候，还贬低毛毛。

毛毛 3 岁那年，妈妈高中同学聚会。在饭店大门外，妈妈看到一位老同学带着儿子走过来，和他们打过招呼后，满脸欢喜地打量着老同学的儿子，说："你家宝宝都是吃什么啊，长得这么猛。你看我们家毛毛，怎么吃也不长肉。瘦得像个什么似的，一点不场面，真愁人！"

她这样做，可能是想显示自己不偏不倚实话实说，也可能是想讨得老同学欢喜，也许都不是。可是她不知道，这样说很伤毛毛自尊。

随着年龄增长，毛毛对妈妈夸别人贬自己的行为从反感发展成生气，最后干脆变成只要妈妈夸奖别人家的孩子就反嘴，偏说自己比人家强。就像妈妈不顾及自己在别人面前的感受一样，他也不顾及妈妈在别人面前感受。妈妈怎么也想不到，毛毛的毛病竟然是自己"言传身教""培养"出来的。

怎样才能避免出现"毛毛现象"呢？不要贬斥孩子，尤其不要在外人面前贬斥孩子。要善于发现孩子的美，发现孩子的优点，该赞美就赞美，该表扬就表扬。另外，父母还要多发现自然和生活中的美，像山川湖泊的原始美，动植物的外形美，建筑的造型美，人的相貌美和衣着美等等，并且不吝赞美之辞。

在日常生活中，大量存在着这类机会。父母有心培养孩子心态阳光灿烂，可以大有作为。

就说洗脸吧，小沈妈妈是这样做的。她先拿来镜子让君君照一照：“你看，这里有一道灰，鼻子上也抹了一道。多不好看啊，该洗洗小花脸了。”洗完之后，再拿镜子让他照一照，说：“呀，小脸洗干净了，真漂亮！”

买来新玩具，也常引导君君仔细观察。就说玩具熊吧：“太可爱了！你瞧它的小眼睛，黑溜溜的，让人一看就喜欢。毛茸茸的小耳朵，一看就忍不住想摸一摸。好家伙，还带着小围巾呢，像个小绅士。”

看到根深叶茂的大树、色彩艳丽的花卉和碧蓝如洗的天空，她也常常要欣赏赞叹一番。晴朗的秋夜，她曾把君君抱上窗台，看深蓝色的天空中闪烁的繁星，说：“你看，星空多美啊。”君君眨着亮晶晶的眼睛，被童话般的境界所吸引。

有一次，君君在超市看上了一个孙悟空面具，爱不释手。小沈妈妈拿过来仔细端详了一下：“嗬，样子还挺调皮，挺逗呢。我戴上，你看看好看吗。”说着把面具戴在脸上，君君一看就乐翻了。她又给君君戴上，笑着左看右看，说：“好，君君变成了小小美猴王！”

过春节，她给君君换上一身新衣服，上下打量，眼里满是掩饰不住的高兴。“太帅了！来，照照镜子。”她把君君拉到穿衣镜前，给他整整衣领，“这是哪里来的小帅哥呀？噢，原来是我们家君君！”

在妈妈熏陶下，君君看到美景美物也常把感受表达出来，而且也无师自通会夸奖别人。有一次，小沈妈妈看着菜谱做了一个“黄焖鸡”，君君大饱口福，边吃边说：“今天妈妈做的菜，好香啊。”有时，还夸妈妈是“好妈妈”，甚至说是“最好的妈妈”。

有这样一种情况，因父母经常称赞孩子，孩子受影响也会赞美父母。可是，随着孩子年龄增长，对父母的赞美越来越少，以至逐渐

“绝迹”。这到底是为什么呢？

问题还是出在父母身上。在他们内心深处，有一种居高临下感，不自觉地认为自己作为长者赞美孩子是应该的，而孩子赞美自己则有僭越之嫌，“小辈哪能表扬长辈？”在这种意识支配下，听到孩子赞美自己，他们表现不出应有的欣喜，常常是心不在焉进行应付。孩子得不到鼓励，渐渐地也就没有了赞美的积极性。

还有一种情况，孩子的赞美对象仅限于父母和极个别很熟悉的人。这是赞美初期特有的现象。孩子能做到这一步，已经很不错了，父母不必急于让孩子将赞美的范围扩大。有的孩子可能会在某个时候忽然开口称赞小哥哥勇敢或者夸赞幼儿园阿姨漂亮。这是家庭教育影响水到渠成的结果。

君君属于那种在家能夸赞父母，在外却有些“不开窍”的孩子。有一次，君君在街上被邻居马阿姨夸奖活泼可爱。君君仅说了一句“谢谢阿姨”，就不再说什么。马阿姨走后，小沈妈妈蹲下身子问君君：“马阿姨笑起来漂亮吗？”君君回答说：“漂亮啊。”

小沈妈妈说：“你要是对马阿姨说‘你笑得真漂亮’，马阿姨会笑得更漂亮。你知道是为什么吗？”君君想了一下，说：“她高兴啊。”

小沈妈妈说：“太对了！你想想，马阿姨夸奖你，说你活泼可爱，你心里肯定很高兴。你说马阿姨漂亮，马阿姨也会很高兴。”

于是，小沈妈妈和君君约定，以后见马阿姨穿了漂亮衣服，笑得阳光灿烂，都要赞美几句。比如说，“我喜欢看阿姨的风衣”，“阿姨笑起来真美”，等等。有一次，君君说马阿姨“笑起来真好看”，马阿姨心花怒放，连说君君是好孩子。君君从马阿姨的喜悦反应中得到鼓励，更愿意夸奖她了。

平时，父母之间难免要谈论在单位遇到的事，发些感慨，对一些同事评头品足。如果今天说张三不好，明天说李四不咋地，后天又说王五不是东西，那么孩子也会被传染，对周围的人形成同样的评价习惯。怕给君君负面影响，小沈妈妈在他面前谈论起同事来，多是说人家如何勤快，多么善于动脑筋，如何会处理上下关系，等等。

有播种就有收获。君君上了小学以后，有天跟妈妈去买塑钢窗上的把手。拐进一个胡同，走了没多远就看到一家路边小店，门外立着一些塑钢材料。站在门口，能闻到里面一股难闻的气味，屋里地面比外面大约低30公分左右，很潮湿。外面天空晴朗，里面光线却十分暗淡。房子看起来比较窄，但很深，最里面的隔间里亮着一盏昏黄的电灯，有个小男孩正趴在灯下的桌子上写作业。

小沈妈妈买完塑钢把手，拉着君君的小手迈上门槛，出门后深深吸了一口新鲜空气。君君小声对妈妈说："里面写作业的小哥哥，是二年级的。"小沈妈妈"噢"了一声，表示听到了。

父母们遇到类似情形，大多会感慨这里学习环境差，然后教育孩子要珍惜自己的良好学习条件。小沈妈妈没有这样。她对君君说："那个小哥哥写作业很认真，一点都不分神。咱们进门，我看他眼皮都没抬一下。我和他爸爸讨价还价，他也没抬头看。这孩子真好。"

过了几天，老公出差回来。小沈妈妈对他说起这件事，又夸奖那孩子："很多有作为的人，都是穷苦出身。这孩子将来可能很有出息。"老公也感叹了一番，说："衣食无忧不一定是好事。"

"咱家也算衣食无忧了，可是君君一点也不比那孩子差。"小沈妈妈说着，转脸故意问坐在旁边的君君："你说，那个小哥哥学习劲头比你大吗?"君君说："当然比我大。他家多黑啊，又难闻。"

小沈妈妈和老公对视了一下，会心地笑了。君君能看到人家学习环境比自己艰苦，需要克服的困难更多，觉得人家比自己强，说明他能发现人家的可贵之处。一个小学一年级学生能这样看问题，当父母的自然十分满意。

小学三年级下学期，班里的明明同学连续两次数学小测验不及格。数学老师很生气，发卷子前用手指使劲戳他的试卷，说他学习不上心，光想玩，退步越来越大，再退步就要交白卷了。说到气头上，老师把卷子往讲台上一掷，让他站起来。明明是第一次被罚站，老老实实低头站着，一声不敢吭。

明明和君君在一个卫生值日小组，平时挺乐意帮助人。有一次，邻班有个同学忘了带跳绳，马上要上体育课了才想起来，赶紧跑到这里来借。明明一点都没犹豫，把自己的跳绳给了他。还有一次，一个同学扭伤了脚，走路一瘸一拐。每次上厕所，不是君君就是明明扶着他。下楼去操场边的厕所，来回要占去大半个课间休息时间。

罚站后，明明一直闷闷不乐，放学后还坐在座位上发愣。君君到教室后面拿了两把笤帚，自己一把，另一把递到明明手里，说："放学了，该干值日了。"

明明是个不善表达的孩子，不声不语走到教室后面，低下头使劲扫起地来。君君在相邻的过道，一边扫边说："咱们组做值日，你干得最好。同学都知道。"见明明没说话，他又加了一句，"你最爱帮助人。同学也都知道。"明明头也没抬，说："这有什么用？"君君说："怎么没用？同学都想帮你，我也想。你肯定能考好。"

上高中以后，班里有个同学是明明家的邻居。有一次闲聊时说到明明，君君记得他小学时候挺愿帮助人，做卫生值日很卖力气。后来有一天，那同学见到君君就说："明明对你印象可好啦！他向我要你家电话号码，说可想你啦！"

多看人家优点长处的人，必然树敌少而朋友多，比起那些喜欢看人家缺点不足的人来，人生之路会顺畅得多。

6. 碰到这种老师，幸还是不幸

老师对孩子的成长影响巨大。一个孩子在成长过程中，会遇到很多不同的老师。遇到好老师，是孩子的福音。遇到教育行为有待提高的老师，是福是祸就看父母是如何引导孩子了。

君君遇到过不少好老师。上幼儿园的时候，大姐姐一样的窦老师和蔼可亲，经常抱起小朋友来，亲亲他们的小脸颊。有一次上课，她对小朋友们说："窦老师喜欢你们，希望你们也喜欢窦老师。"中午，君君睡不着的时候，窦老师坐在床边有节奏地轻轻拍着他，让他慢慢入睡。上小学接触的第一个老师是班主任司老师。见面后的第一堂课，她说："我很高兴认识你们！接下来我们将天天在一起，我会努力做一个你们喜欢的好老师。"君君回家说给爸爸妈妈听，爸爸妈妈都非常高兴。

司老师和几个老师上课都不拖堂，同学们已经习惯了。上了二年级以后，班主任郑老师教数学，也是从不拖堂，只有教语文的王老师经常晚下课，有时甚至刚宣布下课，上课铃已经响了。

有天上午第二节课，君君上课后就憋着尿，本想一下课就赶快去厕所，没想到王老师又没有分析完课文。君君坚持了几分钟，感觉快要憋不住了，一边捂着肚子准备往外跑，一边火急火燎举起手来。王老师瞟了他一眼，摆了摆手示意他放下，然后开始布置作业。要不是王老师很快就布置完作业，他肯定要尿在裤子里，那种"鼓胀欲爆"的痛感真是终生难忘。

回家以后，君君把这事告诉了妈妈，气愤地说："同学都讨厌王老师，就知道拖堂。人家郑老师多好，下课就走。”

君君憋成那样，王老师也没批准他赶快去厕所，确实有些过分，但小沈妈妈没有顺着君君的话抱怨老师做得不对。父母抱怨老师，不解决任何问题，只能让孩子对老师不敬，有害无益。想办法让孩子学会解决问题，才是正确的做法。

她问君君：“你们对王老师提出过不要拖堂吗？”君君说：“谁敢啊，瑞瑞那天说了一句，她就火了。”

“老师拖堂，可能是想多教给你们一些知识。你们就别计较了，计较也解决不了。你看这样好不好，找个课后时间和王老师说说，同学憋尿快憋不住的时候，最好能允许他们去厕所。只要你别带着气，态度诚恳，王老师准能答应。”君君听后若有所思，没说什么。

“不过，最好的办法是上课不憋尿。不憋尿，就一点麻烦也没有了。”小沈妈妈问，“怎么才能不憋尿呢？”君君显然考虑过这个问题，回答得很干脆：“只要有尿，不憋得慌，课间也去上厕所。”

老师不理智，是孩子很可能遇到的事。父母在孩子面前抱怨甚至谩骂老师，坏事就变成了更坏的事。父母冷静，理智，让孩子知道该如何应对，让孩子变得成熟起来，就把坏事变成了好事。

添添是爸爸妈妈快40岁的时候才有的宝贝儿子，生活上被照顾得十分细致周到。爸爸妈妈都身材适中，他却长得比一般孩子胖很多。因为数学考试经常不及格，教数学的韩老师很不喜欢他。

期中考试后，韩老师讲评试卷，说添添的成绩拉了全班成绩的后腿。添添听了，嘴角一撇，脸上现出不满的神情。韩老师看得清清楚楚，很恼火，抬高声音说：“有的同学光知道长肉，就是不长脑子。”添添一听就知道是说自己，接着脸就拉了下来。

晚上，添添哭哭咧咧地对爸爸说，老师骂他了。爸爸一听韩老师说得这么难听，气呼呼地说：“她自己长得和蛤蟆似的，还有脸说人家长得怎么样。添添，以后她再胡说八道，全当是放屁，这个耳朵进，那个耳朵出。听见了吗？可是她讲课，咱不能这个耳朵进，那个耳朵出，要认真听，认真记！”

过了几天，韩老师布置家庭作业，其中有一个要求是作业完成后家长必须检查，发现错误让孩子改正。第二天作业收上去，韩老师发现添添错了几个地方。不用说，准是家长没检查。上课的时候，她让添添站起来，问他作业错这么多是怎么回事，家长检查了没有。添添说，爸爸让我自己检查。

“我要求是家长检查。”韩老师很生气，抬高嗓门说，“就你家长特殊，不按老师要求做！”添添面无表情，还是重复刚才那句话：“我爸爸让我自己检查。”

韩老师讥讽道：“你爸爸让你跳河，你也跳！”教室里爆发出一阵大笑。添添又羞又恼，嘴里嘟囔了几声，气得干脆自己坐下了。韩老师厉声让添添站起来，接着又让他到讲台旁边罚站。从这以后，添添对立情绪更大，成绩也更糟了。

对孩子被骂这件事，添添的爸爸单独找韩老师善意沟通，韩老师诚心道歉的概率还是比较大的。沟通不成，可向学校负责人反映，以求得妥善解决。如果校方不配合，还可向学校的上级主管部门乃至新闻媒体反映……总之，问题会得到解决。他选择的是在家辱骂，既没有解决问题，也没有让添添学到处理这类事情的本领，反而和老师对立更严重，最后落得添添受气又退步，很划不来。

君君上小学三年级的时候，也遭遇过老师说话难听。那天，校方检查各年级语文和数学作业批改情况。检查完之后，通知各班到艺体办公室把本子抱回去。

君君是第一次到艺体办公室，喊“报告”进去后，见几个老师坐在里面，大都斜靠在椅子上，眼睛都看着他。办公室里挺乱，君君不知道自己班的本子放在哪个桌子上，又不好一个桌子一个桌子翻找。正犹豫的时候，一个面相挺凶的男老师很不客气地问："你找谁？"君君小声说："不找谁，是张老师让我来的。"

"哪个张老师？""三年级一班张老师。"

"张老师让你来干什么？""抱本子。"

"抱本子就抱本子吧，怎么眼睛还贼溜溜的。"

旁边有个老师帮腔说："张老师怎么找了这么个学生抱本子。"

这时陆续有学生喊"报告"进来。君君一声不吭顺着桌子找，找到本子后一声不吭地抱起来，匆匆离开了这里。君君是班里的好学生，没有老师对他说过难听的话。这次，他感觉很伤自尊。

小沈妈妈听了这件事，淡淡地说了一句"老师说的是挺难听"。她感觉，老师不会无缘无故说那些话，就让君君考虑自己有哪些地方表现得不够好。君君想不出自己哪里表现得不好。

小沈妈妈启发他说："你想想，为什么老师要问你'你找谁'？为什么说你'眼睛还贼溜溜的'？你当时进门后是什么样子，说话了吗？"君君这才有点开窍，开始回忆自己当时的表现。

这次被老师伤自尊，君君悟出了两个道理。一是到一个陌生办公室，进门后要大大方方主动向里面的老师做自我介绍，然后说是哪个老师派自己来的，来做什么。二是别人说自己不好的时候，自己不必太在乎人家话是否难听，自己可能真有不好的地方。

君君上小学四年级以后，作业量大增。教语文、数学和英语三科的老师好像在比赛谁布置的作业多，尤其是双休日，作业一大堆。班里同学当着老师的面叫苦连天，但无济于事，几个老师照样布置海量作业。

君君写作业的速度在班里是属于比较快的，过去 1 个小时冒头就能完成作业，现在需要两个多小时。过去，他可以天天抽出 1 个小时练习书法，还有看书娱乐的时间。现在作业要抓紧，才能挤出时间练一会儿书法，看书娱乐时间也大幅压缩。

有天吃晚饭的时候，君君不高兴地说："妈妈，老师今天让抄三遍课文。你说，抄那么多课文有什么用？老师也真是。"

小沈妈妈"嗯"了一声，继续吃自己的饭，没有说话。学生作业多，早就不是什么新鲜话题，多年来时常见诸新闻媒体，同事朋友间也常常谈论感慨。没想到原本感觉比较遥远的事，如今已经变成孩子必须面对的现实。君君作业大幅增加，费时费力，她早就看在眼里。君君偶尔发出抱怨，她也听在耳朵里。

君君睡觉前背靠床头，小沈妈妈像往常一样坐在床边和他闲聊。聊到作业的时候，君君说："现在老师一布置作业，全班同学就一块儿叹气'唉'。"

听他学得惟妙惟肖，小沈妈妈笑起来，告诉他说，现在才刚刚是个开始，等上了初中和高中，作业更多。楼上你大勇哥哥都是 11 点以后睡觉。你爸爸单位胡伯伯的女儿，写作业经常写到 12 点，困得连眼皮都睁不开。作业多不能全怪老师，上上下下都向老师要分数，老师也没有办法。这种现象有好多年了，报刊上经常讨论，到现在也没有找到一个解决的好办法。

说到这里，小沈妈妈问君君："你想想，你有好办法让惠老师她们少布置作业吗？"君君嘴一撇，摇了摇头。

"就是啊，"小沈妈妈说，"这事不光咱无能为力，就是校长也无能为力。对咱自己无法改变的事，只有一个办法，就是积极接受。"

什么是积极接受呢？第一，是不抱怨。抱怨不能改变眼前的一切，只能败坏自己的心情。第二，咱不能改变老师，却可以改变自己。改变被动接受的习惯，把繁重作业看成是对自己的锻炼和考验，看能不能战胜它。第三，提高写作业效率，利用零星时间，见缝插针。对于抄写性作业，提高抄写速度，挤出时间来钻研需要动脑子的作业。

此后，小沈妈妈再没听到君君抱怨作业多。君君呢，晚上 8 点以前，准能写完各科作业。上了初中，尤其是初中二年级以后，作业大增，君君也能坦然面对。任课老师都发现，有时布置作业多一些，班里学生唉声叹气，叫苦连天，君君却一声不吭，记下作业之后立刻拿出课本和作业本，埋头赶写。

在多年连续不断的交流中，小沈妈妈的生活和社会经验了无痕迹地变成了君君的宝贵财富，使君君由一个天真幼稚的小孩子，变成了处事稳健的成熟少年。

附录

孩子成熟处世培养规划

一、培养目标

孩子年满18岁时，能够较为成熟地处理上下左右人际关系，做到“尊重所有的人”，“严于律己，宽以待人”，“勤于自省，知错必改”，“多看别人长处，不吝赞美”，“面对不友好的出格行为，善意相待，但有自己的退让底线和妥善处理办法”，“对于无力改变的东西，积极接受”。

二、指导思想

培养孩子主动跟父母交流沟通的习惯，是一项需要尽早做好的基础性工作，宜从孩子襁褓期开始。交流沟通对孩子来说意义重大，在开发智力、自立自尊自强和成熟处世等很多方面都会获益。

在父母自身行为方面，要成熟处理各类关系和各种矛盾，以期对孩子产生良好影响。对孩子的教育要注重三个方面，即正确对待他人的优缺点，正确对待批评和挑衅，学会跟各种人相处。

三、实施设想

1. 培养交流习惯

从开始和孩子对话就注意尊重孩子，让孩子喜欢跟父母交谈。在家里逐渐形成每天谈话交流的好习惯，父母和孩子都谈谈自己所见所闻和所思所感，为父母及时发现问题提供一个良好平台。

让孩子乐于向父母敞开心扉，父母需要做到两点：一是父母和孩子意见相左时，要和孩子商量，尊重孩子的合理要求；二是孩子遇到难题时，父母确实能帮助孩子妥善解决。

2. 少看不足，多赞长处

孩子父母引导孩子多发现眼前所见之美，并且把赞美说出来，要从自己做起。多看孩子的优点长处并且及时夸奖，也要从自己做起。不要为显示自己“公正无私”而在夸赞别人孩子时当面贬低自己孩子。把孩子发现、赞美别人优点长处的行为，从家庭引向家庭之外，使之逐步成为一种习惯。

3. 宽以待人

父母从自己做起，让孩子耳濡目染。孩子被小朋友或同学有意无意“冒犯”，父母不要让孩子以牙还牙，要引导孩子宽容以待。以后他人遇到困难或遭到不公正对待，还要“不计前嫌”予以帮助。

4. 善对不敬言行

孩子遇到同学恶意挑衅，父母引导孩子善意规劝对方，但也要让孩子知道规劝无效时自己该怎么办，知道如何用对方监护人能够接受的方式“告状”，以及“告状”无果后如何向班主任反映解决。

5. 勤于自省

孩子最初犯错误大多是无知造成的，父母应当明白这一点。发现孩子犯错后，冷静找出孩子犯错的原因，让孩子认识到自己错在哪里。父母理性处理带来的是孩子诚心认错，为孩子自省打下良好基础。引导孩子自省有两种方式，强制性自省和启发性自省。采用前者，父母要在讲清道理的基础上进行，并且将强制自省和惩罚区别开来。

6. 对无法改变的东西，积极接受

世界并不完美，有些现象不仅孩子无法改变，大人也无法改变。对无法改变的东西，引导孩子积极接受，而不是消极接受。老师是孩子的教育者，但总有些老师“行为不合规定”，父母引导孩子正确对待，从而学会成熟处世。